prometeo
libros

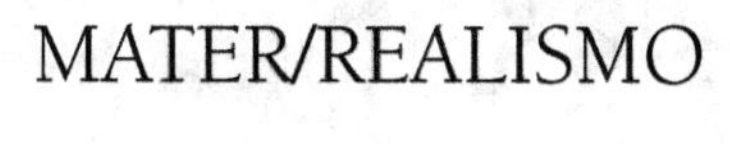

MATER/REALISMO

María J. Binetti

Mater/realismo
Aportes para una filosofía feminista de la diferencia sexual

prometeo
libros

Binetti, María José,
    Mater/realismo : aportes para una filosofía feminista de la
diferencia sexual / Binetti, María José. - 1a ed . - Ciudad
Autónoma de Buenos Aires : Prometeo Libros, 2018.
    240 p. ; 23 x 16 cm.

    1. Estudios de Género. 2. Feminismo. 3. Filosofía
Contemporánea. I. Título.
    CDD 305.42

Ilustración de tapa: Celina Chirino
Diagramación: Eleonora Silva
Corrección de galeras: Luz Ascona

*A todas mis madres,
con devoción matricial.*

Agradecimientos

Este libro ha sido posible gracias al apoyo institucional del Consejo Nacional de Investigaciones Científicas y Técnicas de Argentina, y al generoso y reiterado recibimiento de St. Olaf College. Agradezco igualmente el apoyo del Instituto Interdisciplinario de Estudios de Género de la Universidad de Buenos Aires y del Instituto de las Mujeres y de Género de la Universidad de Luján. En especial, gracias a Francisco García Bazán por sus respuestas inagotables, a William McDonald por descubrirme el universo de la filosofía feminista, a Elsa Drucaroff por el entusiasmo de la sororidad, y a Julia Eisbroch por la libertad de la palabra precisa.

Introducción
Razones para una filosofía feminista

La historia oficial de la filosofía, subsidiaria de la historia oficial de la humanidad, ha sido pensada, escrita y actuada por varones a partir de sus corporalidades, subjetividades y praxis masculinas. A fin de justificar su posición hegemónica, el logos masculino se construyó especulativa y culturalmente en oposición al no-logos femenino, erradicado de la historia y el pensamiento. Excluidas de la creación activa de la cultura, las mujeres hemos sido desplazadas al lugar objetos, reflejos o espectros del *desideratum* masculino. La exclusión de las mujeres de la producción activa del conocimiento no es un hecho externo o accidental respecto de una supuesta universalidad, neutralidad o asexualidad filosófica, sino un constitutivo inmanente a su despliegue falo-logo-onto-teo-céntrico, determinante del sentido en el cual el pensamiento se ha pensado a sí mismo a fin de justificar, dentro y fuera de sí, la exclusión de las mujeres y la construcción de la hegemonía masculina.

Tal es el contexto en el cual emerge la filosofía feminista como punto disruptivo de los supuestos ontológicos y políticos que lograron naturalizar la masculinidad del logos hegemónico. El giro feminista de la filosofía no constituye una mera modalidad aleatoria del pensamiento contemporáneo, sino un acontecimiento esencial de la misma, tan decisivo respecto del devenir histórico como lo ha sido hasta hoy su organización falogocéntrica. Decimos con esto que el feminismo no expresa una más de las tantas escuelas u orientaciones posibles del pensar presente, sino una necesidad inmanente de la propia concepción autorreflexiva del filosofar, transversal a cualquier otra producción de conocimiento. Así las cosas, entendemos que la reflexión feminista de la filosofía constituye hoy la única alternativa viable para un efectivo reconocimiento cultural, capaz de levantar vuelo en el ocaso de la historia patriarcal. A ella le corresponde, en un amplio sentido, la autoconsciencia crítica del onto-teo-logos androcéntrico, retroactivamente explicativa de la historia hegemónica y proactivamente transformadora del advenir.

Si la historia oficial del pensamiento se ha formado a imagen y semejanza del sujeto masculino, claro, distinto y sólido, incapaz de concebir y gestar, pero muy capaz eyectar el mundo y arrojarlo a la ley del más fuerte y sagaz, la propuesta feminista de este libro consiste, por el contrario, en concebir otra historia siguiendo el arquetipo nocturno, indeterminado, fluido y conceptual de la mujer. Christine Battersby resume la propuesta de estas páginas en la siguiente pregunta: "¿Qué sucedería en la filosofía si tratamos de pensar la identidad en términos que tomen como norma el cuerpo femenino?".[1] Tratar de pensar esa nueva medida filosófica es el objetivo de este trabajo, confiado por lo demás en aquella concreta presunción sapiential según la cual lo que sucede en filosofía, sucede luego en todo lo demás.

A lo largo de los últimos setenta años, el pensamiento feminista ha desplegado una inmensa constelación de olas y líneas, perspectivas, niveles de análisis y categorizaciones que han ido definiendo y profundizando cada vez más su contenido y acción. En el contexto de esa multiplicidad, el presente trabajo se alinea con lo que denominaremos un feminismo de la diferencia sexual enmarcado en la tercera ola feminista y elaborado en continuidad generativa y generacional con la primera y segunda ola. Con el feminismo en general y el feminismo de la diferencia sexual en particular, asumimos la realidad de la identidad femenina como hecho ontológico, subjetivo, histórico y cultural. Asimismo, en sintonía con el pensamiento de la diferencia, nos proponemos la conceptualización «en sí y por sí» de la identidad femenina en tanto que diferir ontológico radical; es decir, nos proponemos explicar en qué sentido la diferencia sexual femenina ocuparía el lugar originario de un diferir ontológico al cual se remonta el nacimiento de lo real. Concebir la identidad sexual femenina como diferir radical supone recíprocamente concebir la realidad según el modo gestante y naciente de lo femenino, con las implicancias éticas, políticas, religiosas y culturales que intentaremos mostrar.

---

[1] Christine Battersby, *Phenomenal Woman. Feminist Metaphysics and the Patterns of Identity*. Nueva York, Routledge, 1998, p. 23.

El hecho de pensar la identidad femenina como diferir radical exige el esfuerzo dialéctico y especulativo de concebir la diferencia en la inmanencia de la identidad, fuera del dualismo que las excluye de manera irreductible y que ha sostenido durante milenios la oposición irresoluble entre lo masculino y lo femenino, con la clara subordinación de la segunda al primero. En este sentido, nuestra propuesta consistirá en elaborar un paradigma diferencial o autodiferencial no-dualista, respecto del cual la identidad femenina funcione como paradigma ontológico en virtud de su desdoblamiento creador. En efecto, si la identidad femenina expresa un diferir radical, lo hace por su capacidad autodiferenciante, esto es, por su energía mater/real: conceptiva, naciente y transformadora. Como veremos en estás páginas, la experiencia histórica demuestra que cuando tal materialidad matricial es asumida como articuladora de la conciencia subjetiva y social, el resultado es una cultura en las antípodas de la historia oficial falogocéntrica.

Este trabajo se enmarca en una ontología material, monista y dialéctica que abrevamos de dos grandes fuentes especulativas: el idealismo absoluto y el último giro realista o materialista del siglo XX. Del idealismo absoluto —en su versión más bien romántica o sistemática— proceden las coordenadas ontológicas fundamentales de esta propuesta, a saber: el monismo reflexivo y dinámico en lugar del dualismo sustancialista y abstracto, el principio de la inmanencia radical, la unidad dialéctica de identidad y no-identidad, la mediación de todas las cosas y la continuidad cíclica del devenir. Por otra parte, dado que el monismo proyectado será esencialmente materialista, o más bien, mater/realista, nos enmarcamos a su vez en la nueva especulación material de autores como Slavoj Žižek, Markus Gabriel, Adrian Johnston y Catherine Malabou. Estos autores protagonizan hoy el giro ontológico del siglo XXI, articulado en continuidad con la especulación idealista. Asimismo, resulta e hoy inviable concebir lo material sin considerar el vitalismo de Gilles Deleuze y Félix Guattari, herederos del monismo de Spinoza, en quienes abrevan fundamentalmente los nuevos materialismos.

Por supuesto, a tales referencias se suma el marco teórico feminista, en cuyo caso asumimos los supuestos del feminismo de la diferencia sexual, atravesado y potenciado por los nuevos feminismos materiales, generacionales, posthumanos y ecofeministas. En cuanto al feminismo de la diferencia, partimos y nos movemos en el terreno conceptual elaborado por Luce Irigaray y continuado por Luisa Muraro en conjunto con las pensadoras de Diotima. Con Irigaray y Muraro afirmaremos la diferencia sexual como diferir ontológico, el matricidio fundante de la historia oficial falogocéntrica y la propuesta de una simbólica materna/material/matricial autónoma del logos patriarcal. Pensadoras de la diferencia sexual son, entre otras, Rosi Braidotti, Elizabeth Grosz, Catherine Malabou, Adriana Cavarero, Christine Battersby, Michelle Boulous Walker, Sara Ruddick, Iris Marion Young, Adrienne Rich, Alison Stone y María Milagros Rivera Garretas.

En el caso de los nuevos feminismos materiales, insertos en el último giro ontológico, seguiremos a autoras como Stacy Alaimo, Susan Hekman, Claire Colebrook, Moira Gatens, Karen Barad, Vicki Kirby, Diana Coole y Samantha Frost, quienes critican el construccionismo lingüístico por haber reducido la materia a mero sustrato receptivo de la acción humana parlante y sus relaciones políticas, reeditando así –bajo el imperio lingüisticista– la hegemonía falogocéntrica y la pasividad mater/real. Por el contrario, el nuevo paradigma material busca recuperar la potencia autoactiva de materia, dispuesta en reciprocidad medial con sus propias transformaciones históricas, culturales y lingüísticas. En torno al continuum medial de la naturaleza y la cultura, la materia y lo no-material, se despliega tanto el ecofeminismo como el ciberfeminismo y el pensamiento posthumano.

En el caso de la filosofía ecofeminista, esta permite extraer las últimas consecuencias ontológicas, éticas y religiosas de la diferencia sexual femenina, concebida como creación universal. En efecto, si el universo entero se parece a un gran seno mater/real diferenciado por incontables singularidades y multiplicidad de finitudes, entonces todas las cosas participan de una misma vida, sincronizan su energía y empatizan las unas con las otras de manera esencial. El modelo de la inmanencia material supera la trascendencia androcéntrica con la fuerza de un vitalismo universal, ecológico y posthumano, elaborado por autoras como Mary Daly, Vandana Shiva, Jane Bennett o Barbara Holland-Cunz.

El núcleo duro de este trabajo es ontológico y, por derivación, se desplegarán las implicancias subjetivas, éticas, políticas y religiosas de la concepción propuesta. Sin embargo, dada la naturaleza concreta de la filosofía y la fuerza efectiva de sus conceptos, apelaremos a la realidad empírica para contrastar en ella la conceptualidad articulada. El recurso a los hechos –históricos, prehistóricos, religiosos, síquicos o biológicos– tiene por fin la mostración empírica de una concepción ontológica que solo es tal en su acontecer. Recurriremos así a la contribución de distintas disciplinas que desde sus respectivos niveles de análisis replican la inmanencia del origen mater/real. Atenderemos en especial algunos aportes de la arqueología prehistórica e histórica, la antropología, la historia, el sicoanálisis, la biología y, someramente, la genética y las neurociencias. En el caso de la arqueología no histórica, asumimos los principales lineamientos teóricos trazados por Marija Gimbutas, en consonancia con las tesis centrales de la antropología evolucionista de Robert Briffault. En cuanto a la sicología profunda, trabajamos en la estela abierta por algunas ideas de Carl G. Jung o Erich Neumann, en referencia a la cultura; y de Imre Hermann, Donald W. Winnicott o Jessica Benjamin, en cuanto a la teoría del apego y el análisis infantil. En el ámbito histórico-religioso, introducimos elementos teóricos de Bernard Clive Dietrich, Joseph Campbell, Mircea Eliade, Robert Graves, James J. Preston y Barbara Walker.

La metodología a seguir parte del factum de la diferencia sexual en su vivencia subjetiva, material, histórica, social, política y religiosa, e intenta elevarse desde allí a su concepción ontológica. Se trata por lo tanto de una metodología esencialmente autorreflexiva y reflexivamente medial, configurada por estrategias diversificadas de introspección autoconsciente, diálogo comparativo, analogía, deconstrucción y síntesis dialéctica; y basada en fuentes textuales y no textuales de variada índole. Los niveles de análisis conceptual que atravesaremos son en rigor tres. El primero es el nivel fáctico-histórico, testimoniado por la experiencia y elaborado por distintas disciplinas. El segundo es el nivel crítico-feminista, que apunta a la deconstrucción del falogocentrismo hegemónico y a la econstrucción simbólica de una propuesta alternativa autónoma. El tercer nivel de análisis es el ontológico-especulativo, y decide la última explicación de la praxis subjetiva, social, ética, política y religiosa que el feminismo sostiene. Estos tres niveles, que el trabajo procurará distinguir y desagregar, operan sin embargo de manera recíproca y simultánea, implicándose mutuamente en la mater/realidad conceptiva y conceptual que nos proponemos elaborar.

El libro se articula en cuatro capítulos de diversa contextura temática. El capítulo 1 es netamente especulativo y aborda la cuestión de la «diferencia» como categoría filosófica a partir de sus dos grandes concepciones, a saber: el dualismo esencialista de la metafísica clásica, fundada sobre el entendimiento representativo, la trascendencia del acto perfecto y los principios lógicos de identidad abstracta y no-contradicción; o bien el monismo autorreflexivo del idealismo absoluto, desfundado por la racionalidad concreta del concepto, la inmanencia virtual de lo absoluto y el principio dialéctico de la identidad autocontradictoria. La «identidad en/por la diferencia» del idealismo absoluto se desplaza históricamente hacia la différence o différance del posestructuralismo francés y más recientemente a la negatividad disruptiva y creadora del nuevo realismo especulativo.

El capítulo 2 avanza desde el dinamismo de la diferencia ontológica hacia el diferir sexual y vuelta, a fin de integrar ambas nociones en el desdoblamiento matricial de la identidad femenina. La categoría de diferencia sexual es aquí elaborada a partir de las grandes teóricas del feminismo de la diferencia –en especial, Luce Irigaray, Luisa Muraro, Rosi Braidotti y Elizabeth Grosz– bajo dos coordenadas especulativas: la superación del dualismo heterosexista y la inmanencia autodiferenciante de la matriz material. Por acción recíproca y correspondencia universal, la diferencia ontológica será asimismo elaborada según la condición conceptual, relacional y naciente de la mater/realidad.

El capítulo 3 apunta a una suerte de filosofía feminista de la historia y la religión abreviada, con la intención de visibilizar los núcleos conceptuales que han operado en las sombras del sistema cultural hegemónico la multiplicidad de sus aspectos políticos, religiosos, éticos, subjetivos, entre otros. Asumimos aquí la tesis de un matricidio fundacional de la historia falogocéntrica, que eliminó tanto el apego inmediato a la matriz de la vida, como la conciencia de su continuidad esencial y el orden simbólico de esa cultura primitiva, todo lo cual intentaremos reconstruir.

Por último, el capítulo 4 expone las últimas consecuencias ecofeministas y posthumanas de la inmanencia mater/real propuesta como paradigma ontológico. El matricidio que sostiene el falogocentrismo hegemónico se replica en el filicidio de la humanidad y el ecocidio de la tierra, cuya reparación exige una refundación cultural centrada en la sacralidad de la vida mater/real y su festiva veneración.

Si el pensamiento filosófico puede definirse como la conciencia actual y activa de su época, la filosofía feminista consuma el presente. Esta es la autoconsciencia de un momento histórico interceptado por múltiples micro y macroacciones de emancipación, empoderamiento y potenciación de las mujeres, procedentes de las más diversas realidades sociales, económicas, etarias, étnicas, religiosas, etcétera, y sin embargo contenidas y alimentadas todas ellas por una misma ginergia liberadora. Sin desconocer la complejidad e interseccionalidad de los colectivos feministas y de mujeres –cuyas particularidades socio-políticas serán objeto de los respectivos estudios culturales–, reivindicamos aquí la irreductibilidad de lo femenino como modo de ser específico, universal y concreto, cuya autoconciencia redefine el horizonte especulativo contemporáneo. En este sentido, reducir lo femenino a mero constructo cultural, tal como lo hacen ciertos estudios de género y transgénero, supone o bien desconocer la especificidad de la filosofía respecto de los estudios culturales, o bien reducirla a un nominalismo anti-realista del cual tomamos distancia. La mujer de la cual hablaremos no se define ni por un constructo lingüístico ni por una representación abstracta, sino por el dinamismo inmanente y concreto de la mater/realidad en su continuo diferir particular y singularísimo. La filosofía de esa mujer no es ni esencialismo claro y distinto, ni análisis discursivo, ni travestismo cultural. Ella es concepción mater/material en continuo nacimiento. De esa mujer y ese feminismo hablaremos aquí

CAPÍTULO 1

La concepción de la «diferencia»

La cuestión filosófica de la diferencia tiene una larga historia dualista que ha tejido el destino social, ético y político de los iguales y los diferentes, los mismos y los otros, nosotros y ellas. Sin embargo, dicha cuestión tiene también una larga prehistoria no dualista, donde los contrarios se integraban e invertían en alternancia recíproca e identidad esencial. La (pre-)historia no dualista de la diferencia –cuyo prefijo sugiere, como observa Luce Irigaray,[1] un abuso descalificador por parte de la historia oficial falogocéntrica– roza la historia oficial de la filosofía por el legado de los viejos pensadores que habitaron las costas egeas de Asia Menor durante los tiempos presocráticos. Estos primeros filósofos dan cuenta de un estado de conciencia primitivo de remota datación histórica, para el cual la realidad entera constituía un mismo organismo material, vivo y divino. Según la conciencia primivita, la estructura dinámica de la realidad era determinada por la inmanencia cíclica del origen, la continuidad de los opuestos y el retorno del devenir, eternamente repetido. Es un lugar común de la historiografía filosófica afirmar que para presocráticos el *arché* era *hyle* y la *hyle*, *psyché*; vale decir, que ellos identificaron la esencia del todo con una materialidad autoactiva y creadora, continente, alimento y divinidad universal.

Llámeselo agua, aire, fuego o elemento indeterminado, el *arché* por partenogénesis y a él volvía en una suerte de justicia ontológica restituyente del origen. El principio y elemento de todo era seno, así como también era tumba, es decir, era origen y fin a la vez, según el ritmo inmanente y cíclico de un renacimiento continuo por el cual todo lo sido vuelve a ser: las fases menstruales-lunares, las estaciones del año, los procesos de crecimiento y decrecimiento, el nacimiento y la muerte, la creación y la aniquilación, etcétera. Porque el origen y el fin son uno

---

[1] Cf. Luce Irigaray, *Yo, tú, nosotras*, trad. Pepa Linares. Madrid, Cátedra, 1992, p. 89.

y lo mismo, el *arché* resulta centro y medio de lo real, mediación de sus fuerzas opuestas y equilibrio universal restitutivo de la medida justa.

Para este estado de conciencia primitivo, la identidad medial de los contrarios reponía el devenir cíclico constante de todas las cosas. De aquí que el cosmos viviente estuviera sujeto a destrucciones y renacimientos periódicos, conforme con una rigurosa alternancia de las fuerzas dominantes, medidas en todo caso por una justicia universal compensadora de cualquier desequilibrio. Condensación y rarefacción, agregación y desagregación, unión y separación, amor y odio, paz y guerra fueron interpretados por la especulación presocrática como las fuerzas opuestas generadoras de una unidad en continua circulación interna. De esa perfecta integración de los opuestos, cuyo *logos* y *metra*[2] eran inmanentes a la materialidad original, procede ese temple sereno y armónico que la conciencia primitiva legó al espíritu clásico.

También el alma individual nacía por partición del arché universal, al cual volvía al morir para renacer de su seno conforme con los ciclos de una eterna repetición. La idea de un alma individual de naturaleza inmaterial, inmortal y autosubsistente es inconcebible para la lógica hilozoísta de la conciencia primitiva, lo mismo que resultan impensables para ella la linealidad de una vida con principio y sin fin, la caída material de un espíritu trascendente o la transmigración purgatoria hasta alcanzar una salvación definitiva. Muy lejos de lo que será el espiritualismo posterior, la conciencia arcaica prefiere el materialismo de muchas almas mortales, animadas por el principio vital de la materia y subsistente en la circularidad del origen, que la trascendencia de un alma inmortal.

Materialismo dinámico, continuidad de los opuestos, naturaleza cíclica e inmanencia determinarán esa concepción primitiva que Peter Sloterdijk describe bajo el símbolo de la «esfera»: a la vez seno, caverna, tumba, templo divino y huevo universal. Esa "vieja ontología de la esfera"[3] expresa aquella ancestral sabiduría de la Diosa, que reveló a Parménides el camino de la verdad y el ser bien redondo, pleno, material, pura fecundidad sin mella. Respecto de esta ontología, comenta

[2] *Metra* significa, etimológicamente, seno materno, medida, orden, esencia e inteligencia, tal como lo desarrollamos en el capítulo 3.

[3] Peter Sloterdijk, *Esferas II. Globos. Macroesferología*, trad. Isidoro Reguera. Madrid, Siruela, 2003, p. 106.

Sloterdijk, "ser y abundancia son solo dos palabras para lo mismo: en el horizonte de la ontología clásica lo real es siempre lo no-expoliado, lo completo, envolvente, desbordante. Es lo no-roto, no-castrado".[4] Tal es el mundo que la inmanencia material hace posible: un mundo sagrado, divino, perfecto en sus propios límites, capaz de celebrarse a sí mismo en cada regeneración. Sobre él volveremos más adelante.

Pero la realidad histórica indica que esa plenitud esférica de la conciencia primitiva, para la cual toda oposición y diferencia era continuidad, armonía, dinamismo cíclico y renacimiento eterno, esa ontología termina con Platón. Sócrates, Platón y Aristóteles inaugurarán la historia oficial de la filosofía bajo el cielo ideal, trascendente e inmóvil de las esencias puras.

1.1. Dualismo metafísico y lógica representativa

Respecto del estado de conciencia primitivo –abusivamente calificado de prehistórico–, la historia oficial de la filosofía comienza con la ruptura dualista del *continuum* material y dinámico. Una vez quebrada la unidad esencial del todo, la dualidad medial se fijó en un dualismo estático, cuyas partes irreductibles se excluyeron mutuamente en una jerarquía monopolizada por el *logos* inmóvil y trascendente. La invención del *logos* puro gana entonces el centro de la filosofía y convierte su reino en un mundo de idealidades trascendentes, imaginadas como actos perfectos, infinitos e inmateriales. La narrativa oficial sepultó de este modo la conciencia primitiva, su inmanencia material y la actitud de reverencia cósmica que le era consustancial, en una embestida intelectualista de compleja articulación cultural.

La metafísica clásica, sistematizada icónicamente por Platón y Aristóteles, resulta consustancial a la lógica abstracta de entendimiento representativo, y ambas se rigen por los principios de identidad, no-contradicción y tercero excluido. A esta lógica le corresponde una forma de interpretar la realidad bajo la modalidad sustancialista de entidades individuales, determinadas esencialmente por lo que ellas son y diferenciadas clara y distintamente de lo que no son. Sustancialismo, esencialismo, dualismo y espiritualismo serán los rasgos comunes de la

---

[4] Peter Sloterdijk, *Esferas II. Globos…, op. cit.*, p. 28.

metafísica tradicional, acuñada por el entendimiento representativo de la lógica clásica. A continuación, aludiremos brevemente al surgimiento histórico de la metafísica clásica.

La lógica representativa, cuyo *logos* es el baluarte de la tradición filosófica, se caracteriza por la abstracción formal de los objetos de conocimiento, sean estos sustancias o accidentes que el intelecto se re-presenta a través nociones formales. Abstraído por el entendimiento formal de la realidad inmediatamente dada, el objeto es pensado como entidad individual clara y distinta, relacionada externamente con otras tantas entidades individuales y abstractas. Este tipo de intelección abstracta se funda en los principios lógicos de identidad (A es A) y no-contradicción (A no es ni puede ser no-A), determinantes a su vez de una metafísica de tipo sustancialista, para la cual cada cosa es idéntica a sí misma y diferente de todas las demás. Desde esta perspectiva, cualquier entidad –sustancial o accidental– es lo que es en virtud de su «esencia»: reflejo participado del *logos* eterno y trascendente. Dicha esencia determina de una vez para siempre el modo de ser de cada realidad, la distingue y separa de todas las demás. De este modo, las identidades esenciales están eternamente fijadas y los sujetos que las portan solo cambian en virtud de la contingencia e imperfección del mundo finito, a tribuida a la defectuosidad de la materia. Este tipo de sustancialismo, donde cada cosa es en sí misma lo que es a diferencia de todo lo demás, supone un ordenamiento jerárquico de lo real que ubica la idea pura en el vértice superior, la materia inerte en el fondo más bajo y, entre ambos, las múltiples exclusiones, marginalidades y subordinaciones de los respectivos opuestos y contradictorios.

La intelectualización de la metafísica clásica sistematizó en términos especulativos una larga tradición religiosa precedente, remontable al chamanismo tracio y cristalizada en orfismo. El mundo griego debe al orfismo la invención de un espíritu puro, separable del cuerpo y autosubsistente, la moralización punitiva de la religión, y la degradación del mundo material, cuestiones sobre las que volveremos más adelante. El legado órfico fue acogido por la tradición pitagórica, con la cual el pensamiento filosófico sistematiza por primera vez el dualismo en la ancestral tabla de los opuestos. La tabla pitagórica de los opuestos distingue, excluye, independiza y jerarquiza: lo uno y lo múltiple, el reposo y el movimiento, lo determinado y lo indeterminado, lo recto y lo torcido, la luz y la oscuridad, lo bueno y lo malo, lo masculino y lo femenino. La alineación de la sexualidad femenina con el principio corruptor, torcido, oscuro y perverso de lo real, por oposición y exclusión del principio uno, perfecto, luminoso y viril, es históricamente fundacional de la simbólica falogocéntrica que dominará la historia hegemónica hasta nuestros días, y hasta podría ubicársela en el punto de confluencia entre el patriarcado occidental y el oriental, ambos de estirpe indoeuropea, como volveremos a ver.

La corriente órfico-pitagórica expresa el dualismo bajo un misticismo ético-religioso abocado a la salvación trascendente del espíritu. El alma constituye el principio viril, puro y racional del hombre, llamado a liberarse de la materialidad ininteligible y corruptora del cuerpo y ganar así la beatitud eterna que le corresponde por esencia. En caso de no logarlo, su espíritu será castigado con la transmigración de cuerpo en cuerpo —*metempsícosis* o *metensomatosis*— hasta quedar totalmente purificado y alcanzar la vida celestial. En el ámbito ontológico, la ancestral *metra* de todas las cosas, su orden y equilibrio universal, es traducida por los pitagóricos bajo la idea del «número» como esencia inmanente y cualitativa de las cosas. El ritmo aritmético que mide tiempos y movimientos reproduce la vieja *metra* inmanente a la armonía y justicia universales, todavía en un estadio cultural intermedio entre el materialismo primitivo y el dualismo espiritualista posterior, definitivamente establecido con Platón.

La naturaleza aritmética del ser, el dualismo metafísico y la espiritualidad del alma componen la herencia órfico-pitagórica de Platón, quien definirá su trascendencia con la sanción del mundo ideal, puramente inteligible, inmutable, autosubsistente e independiente del mundo material, temporal y corruptible. Las ideas, *eidos* o formas esenciales —que etimológicamente remiten a lo visto, lo que se ve, la apariencia exterior, y, por lo tanto, connotan el dominio de lo luminoso y solar sobre lo oscuro y lo cavernoso— constituyen los principios activos y determinantes de la realidad, a los cuales se subordina el principio material meramente pasivo, indeterminado y degenerante de la perfección ideal. La materia es así erradicada del dominio auto-activo, creador e inteligible, y convertida en esa *chora* —χώρα— vacía, indeterminada y meramente receptiva de la cual habla el *Timeo* en analogía con la madre.

Aristóteles continuará la herencia platónica descartando que la materia pudiera ser causa activa de lo real, y diseñando una filosofía primera o metafísica a la exacta medida de entidades eternas, inmóviles y separadas, que por excluir de su identidad el principio material resultan pura energía motora. La *Metafísica* aristotélica comienza con la crítica al hilozoísmo presocrático por haber conocido solo la causa material de lo real e ignorado la realidad de sustancias inmateriales, perfectamente actuales e inteligibles. Tales entidades son para Aristóteles pura energía, vida y conocimiento, y hacia ellas aspiran todas las cosas como a su último fin. La filosofía primera y suprema de Aristóteles se ordena a la contemplación de tales entidades separadas, inmóviles y eternas, convalida la concepción platónica de un orden puramente inteligible o ideal, autosubsistente y eterno, ajeno al mundo material y sensible. Desde entonces, la metafísica girará en torno a tales realidades inmateriales, perfectamente actuales e inteligibles, de manera tal que la vida será asociada a lo inmaterial y su conocimiento, pura contemplación pasiva y receptiva de tales formas.

En su tratado de *Física*, Aristóteles retoma la *chora* del *Timeo* –madre y materia recipiente– para asimilarla a lo que las doctrinas no escritas de Platón denominan «la díada de lo grande y lo pequeño», esto es, el elemento infinito e indeterminado de lo real, siempre subordinado a la determinación de lo Uno "como si fuera una madre"[5] en subordinación al varón. La materia ratifica así su lugar de receptáculo pasivo e indeterminado, dependiente de actualidad formal que la hace existir. Desde el punto de vista físico, Aristóteles sistematiza su dualismo intelectualista a través de la teoría hilemórfica: composición por complementariedad y subordinación de la materia pasiva y la forma activa, a semejanza del varón y la mujer, el padre y la madre. La esencia de las sustancias finitas –su *ousia*, el *to ti en einai,* lo que una cosa es– responde a la actualidad formal, fija y necesaria del orden inteligible, mientras que la materia responde a la ininteligibilidad e indeterminación corruptora de la perfección esencial.

Con Platón y Aristóteles, la historiografía filosófica oficializa el hallazgo del pensamiento puro, inteligible, auto-activo e inmaterial, y lo consagra en la perfecta identidad del *nous/noetón*, que es tanto acción

[5] Aristóteles, *Física.* Madrid, Gredos, 1995, 192a 10.

intelectiva como contenido inteligido. El reino de la filosofía queda así clausurado en lo puramente espiritual y felizmente alejado del cavernoso mundo material. El dominio solar y refulgente de la especulación se elevó victorioso sobre las oscuridades materiales y sensibles de la caverna, finalmente vaciada y esterilizada de toda fuerza de realidad.

En esa caverna platónica, esa misma que Luce Irigaray ha interpretado tan especularmente,[6] fueron sepultados el hilozoísmo primitivo, la energía vital de la tierra, la celebración de su renacimiento y, en última instancia, la diferencia sexual. En palabras de Irigaray, la filosofía fue entonces "invitada a esa tachadura del comienzo. Al menos si quiere alcanzar el grado más alto de su ascensión. Pero a esa erección, aunque ella solo esté destinada a la parte superior del alma, el hombre no llega sin riesgos, especialmente sin el riesgo de volver a caer".[7] La erección infinita de la filosofía dura ya más de 2500 años y su eyacular trascendencia ha convertido la vida en un infierno especular.

1.2. La contradicción de la identidad romántico-idealista

La lógica representativa y la metafísica sustancialista que dominaron la historia de la filosofía durante por lo menos 2500 años reciben en la modernidad tardía su golpe de gracia bajo el principio lógico-especulativo que sancionó la contradicción de todas las cosas. La nueva filosofía será especulativa en lugar de intelectualista; creadora en lugar de representativa; conceptiva en lugar de contemplativa; monista en lugar de dualista; inmanente en lugar de trascendente; medial en lugar de inmediata; circular en lugar de lineal; dialéctica en lugar de simple; y subjetiva en lugar de sustancial. Nos referimos en concreto al idealismo absoluto, con el cual irrumpe en la escena filosófica un nuevo estadio de conciencia y retorna, en cierto modo, aquella larga prehistoria hilozoísta cuyo *arché* era capaz de albergar el dinamismo dialéctico de la diferenciación absoluta.

El idealismo absoluto se presenta en la historia de la filosofía como la metafísica de la Revolución Francesa, o bien, como la autoconsciencia

---

[6] Cf. Luce Irigaray, *Espéculo de la otra mujer*. Madrid, Akal, 2007, p. 219 ss.

[7] Luce Irigaray, *Espéculo…*, *op. cit.*, p. 281.

efectiva del proyecto libertario de la modernidad. Habida cuenta de la crítica kantiana a los límites de la razón teórica, el idealismo se aparta de la metafísica intelectualista y se propone como una metafísica de la libertad creadora, devenida sujeto absoluto en lugar de facultad operativa, como lo era para Kant. Tanto los románticos del *Atheneum* como los jóvenes teólogos de Tubinga comparten el desafío de superar el formalismo kantiano mediante la asunción del yo fichteano, ontologizado a su vez por el monismo absoluto de Spinoza. La inmanencia spinoziana, actualizada por la libertad creadora del sujeto absoluto, convirtió al uno-todo –el *hen kai pan*– de la tradición monista en un dinamismo autorreflexivo y dialéctico.

A fin de explicar la emergencia de lo múltiple, diverso y finito en la identidad del uno-todo inmanente, el idealismo concibe un nuevo tipo de identidad y diferencia, superador de la metafísica clásica y su lógica representativa. En efecto, los dos grandes principios de identidad abstracta y no-contradicción que durante milenios sostuvieron el dualismo lógico, metafísico y científico, se redujeron con el idealismo a una mera tautología vacía, obra de la inmediatez irreflexiva de un entendimiento representativo que es incapaz de concebir el dinamismo inmanente al todo, porque el devenir solo actúa por la fuerza de la contradicción. La objeción idealista al pensamiento clásico insiste en que la proposición «A es A» se desmiente por su propia forma –vale decir, por la diferencia formal entre sujeto y predicado–, además de ser desmentida por el desdoblamiento inmanente de la primera A, efectivamente constituida en tanto que segunda A. De este modo, la especulación sobrepasa la identidad estática del entendimiento abstracto –para el cual A es A– por una nueva identidad dinámica y concreta, concebida en y por su propio desdoblamiento –el pasaje de la primera A a la segunda A–, es decir, por la diferencia o negación supuesta en la autodeterminación de la identidad.

El primer principio de la racionalidad idealista afirma que «A es A y no-A», o mejor, que «A no es A». Eso significa que el idealismo supera el dualismo de la identidad y la diferencia por un desdoblamiento dialéctico que incorpora "la identidad en la diferencia y la diferencia en la identidad".[8] La identidad simple e inmediata del intelectualismo es así

---

[8] Georg W. F. Hegel, *Enciclopedia de las ciencias filosóficas en compendio: para uso de sus clases*, trad. R. Valls Plana. Madrid, Alianza, 2005, § 118.

reemplazada por la identidad reflexiva de la identidad y la diferencia, es decir, por una identidad autodiferencial, que no es ni simple identidad ni mera diferencia, sino la unidad conceptiva de ambas. El concepto de esa nueva identidad/diferencia determina la revolución especulativa del idealismo, en cuya órbita gravita el pensamiento contemporáneo.

La identidad es diferencia, autocontradicción, negatividad reflexiva e inmanente, en el mismo sentido en que la autodiferenciación paga el precio de una identidad en continua producción y devenir. Al hilo de esa nueva modalidad autodiferenciante emergen dos grandes categorías que articularán en lo sucesivo el pensar filosófico, a saber: negatividad y mediación, recíprocamente actuantes de la dialéctica idealista. El concepto de negatividad, entendido por la metafísica dualista como opuesto excluyente de lo positivo, adquiere con el idealismo la consistencia afirmativa y creadora de lo absoluto, por el hecho de expresar su desdoblamiento inmanente y reflexivo. No se trata, por lo tanto, de una simple negación abstracta, que pone la privación donde antes había alguna cosa, sino de un contramovimiento inmanente a la afirmación misma; es decir, el contramovimiento reflexivo de la afirmación cuya negatividad revierte sobre sí misma como negación de la negación, que es creación de lo otro. La categoría de mediación, por su parte, enuncia esa misma reversión dinámica de la negatividad desde su aspecto afirmativo y creador, toda vez que lo negativo no permanece en la abstracción de sí mismo, sino que subsiste en lo otro como producción de lo nuevo.

La identidad dialéctica del sujeto, la fuerza creadora de lo negativo y la mediación de todas las cosas en el seno de la inmanencia radical inauguran un nuevo estadio de conciencia, donde los términos otrora excluidos y degradados por la escisión dualista son ahora incorporados al devenir de lo absoluto. Dado el protagonismo teórico del idealismo absoluto en la discusión posterior sobre la diferencia ontológica y la dialéctica de la identidad, nos detendremos brevemente en dos de sus mayores usinas conceptuales, a saber: el primer romanticismo o *Frühromantik* concentrado en el *Atheneum* de Jena (1798-1804) y el sistema especulativo de Georg W. F. Hegel.

1.2.1. El romanticismo

En líneas generales, podría decirse que el romanticismo reemplaza el modelo representativo de la metafísica sustancialista, sostenido por el entendimiento abstracto y coronado con el ideal mimético del arte clásico, por el paradigma especulativo de la razón conceptiva y el ideal del arte como creación absoluta. El pensador romántico es un artista que crea libremente sus conceptos, en acción recíproca con la creación de lo real. Realidad, verdad y conocimiento son para el romántico acción libre y creadora.

En continuidad con la crítica kantiana del conocimiento especulativo, el romanticismo abandona el entendimiento finito como órgano de conocimiento absoluto, para establecer en su lugar la libertad de la imaginación infinita concretada en la creación artística. *Poiesis o autopoiesis* libre son el sustituto epistemológico de la vieja adecuación formal al objeto, no por mero capricho subjetivo sino por la estricta necesidad ontológica de un absoluto en constante producción. Esto explica uno de los primeros supuestos del idealismo, a saber, que la «idea» asumida por este como esencia de lo real no expresa la representación del entendimiento abstracto, sino "lo que es objeto de la libertad",[9] vale decir, la misma acción libre, reflexiva y creadora. La esencia de todas las cosas es, para el idealismo, inteligibilidad libre, infinita y creadora.

Junto con el paradigma especulativo del arte como creación ontológica absoluta, el romanticismo sobresale en la historia de la filosofía por la valoración del sujeto singular como realidad absoluta, síntesis de lo particular y lo universal, lo finito y lo infinito, lo real y lo ideal. No se trata aquí de una bella subjetividad simple e inmediata, ni de un sujeto pensante claro y distinto, ni de un yo trascendental-epistémico. Por el contrario, la singularidad romántica constituye lo absoluto mismo en su identidad actual, viva y concreta, que es a la vez diferencia absoluta y desgarramiento esencial. Atravesada por una contradicción radical, la singularidad romántica se concibe absoluta.

Lo que determina el valor absoluto de la singularidad romántica es justamente la inmanencia del uno-todo en cada una de sus realizaciones

---

[9] Georg W. F. Hegel, *Primer programa de un sistema del idealismo alemán*, en *Escritos de juventud*, ed. José M. Ripalda, 1ª ed. Buenos Aires, Fondo de Cultura Económica,1978, p. 219.

finitas. Una misma identidad se actualiza en la infinita diferencia de lo vivo, y posibilita entonces concebir lo absoluto en cada instante y realidad. El dios del romanticismo no es el acto perfecto de la trascendencia abstracta, sino la virtualidad infinita, viva e inagotable del devenir. Él no expresa tampoco una identidad sustancial y estática, sino la autodiferenciación dialéctica y expansiva de la realidad, impulsada por su no-identidad absoluta. La primacía romántica de la subjetividad singular se justifica entonces por la inmanencia monista que decide su consistencia ontológica.

La misma inmanencia que absolutiza lo singular, convierte también la naturaleza en el escenario performativo del absoluto. En efecto, el monismo romántico significa que no hay trascendencia alguna más allá del universo natural y material donde lo absoluto se realiza a sí mismo como tiempo, espacio y finitud. El universo material –interpretado por el dualismo abstracto como infernal caverna del espíritu trascendente– comprende con el romanticismo el tiempo y el espacio absolutos, la revelación de lo divino, el lenguaje viviente de la infinitud. El gran organismo cósmico alimenta cada uno de sus miembros con una misma vida universal. Por identidad esencial y mediación recíproca, la subjetividad romántica se reconoce en la naturaleza como en el espejo visible de su alma.

Los primeros románticos alemanes reeditan en los términos de la libertad moderna aquella primitiva conciencia hilozoísta, que Friedrich Schlegel define como un "panteísmo de la naturaleza",[10] encantada por bosques y animales fabulosos, las montañas y los palacios de sus leyendas, las hadas, los elfos, esos espíritus elementales escondidos debajo de las piedras, los misterios y terrores de sus profundidades subterráneas, ese encantamiento en el cual el romanticismo más temprano poetizó la intuición ontológica de una misma vida universal circulando por las venas de todas las cosas. Ese viejo romanticismo para el cual "todas las naturalezas emergen de su inocencia, de su indiferente identidad consigo, se relacionan por medio de sí mismas con su otro y con eso se encaminan hacia su destrucción o, en sentido positivo, vuelven a su

---

[10] Friedrich Schlegel, *Dialogue on Poetry and Literary Aphorism,* trad. e intr. Ernst Behler - Roman Struc. Pennsylvania, The Pennsylvania State University Press, 1968, p. 27.

base",[11] ese idealismo romántico establecido sobre la intuición dialéctica del devenir, contiene la clave especulativa de lo que interpretaremos luego como la pura inmanencia materna/material que es origen, tumba y mediación de todas las cosas.

El alma romántica vibra con la energía vital que hermana al universo. Naturaleza y subjetividad constituyen para ella lo cóncavo y lo convexo de una misma unidad divina, replicada en todas las cosas. De allí ese *sym-pathos* esencial que caracteriza a los románticos y determina su *ethos* universal en sintonía con la realidad entera. Siglos antes de que el ecofeminismo posthumano reclamara, como veremos, una ética y política material de alcance cósmico, Novalis justificaba al respecto el carácter moral de la naturaleza en la razón de la libertad creadora de la que es sujeta y auguraba que "el sistema de la moral debe convertirse en el sistema de la naturaleza [...]. La naturaleza llegará a ser moral",[12] porque una misma energía vital actualiza naturaleza y cultura, materia y espíritu, en perfecta continuidad y reciprocidad inmanentes.

La resignificación romántica del mundo natural supone asimismo la transvaloración no-dualista de la materia, recuperada ahora de la pasividad inerte a la cual la sometió el hilemorfismo clásico, y reinstalada en el medio productor de lo absoluto. Friedrich W. J. Schelling fue uno de los primeros en comprender que la superación romántica del dualismo abstracto implicaba la restitución de "la esencia y dignidad de la materia".[13] Materia y espíritu ya no serán elementos simples, independientes y opuestos, jerárquicamente dispuestos como pasividad y actualidad respectivas, sino que compartirán una identidad esencial dinámicamente autodiferenciada. En palabras de Schelling, "la materia no es más que el espíritu intuido en el equilibrio de sus actividades", una especie de "espíritu cristalizado"[14] en su construcción sensible.

Lejos de la clásica receptividad vacía que la historia oficial atribuyó a la materia, Schelling la reinterpreta en los términos potenciales,

[11] Georg W. F. Hegel, *Ciencia de la Lógica*, trad. A. y R. Mondolfo, Solar. Buenos Aires, Hachet, 1968, p. 384.

[12] Novalis, *Los fragmentos. Los discípulos en Sais,* introd. y trad. Mauricio Maeterlinck. Buenos Aires, El Ateneo, 1948, p. 119.

[13] Friedrich W. J. Schelling, *Le système de l'idéalisme transcendantal*, trad. Christian Dubois. Lovaina, Éditions Peeters, 1978, p. 453.

[14] Ibid, p. 453.

intensivos o virtuales de un sustrato capaz de concebir activamente lo real y la describe como una matriz infinitamente gestante. La materia schellingiana se parece también –como la platónica-aristotélica– a "la madre y la nodriza de todo el mundo visible",[15] solo que en este caso se trata de una generación autoactiva en lugar de una pasiva degeneración. Su energía inagotable procrea y revitaliza el dinamismo continuo de lo real, en un juego de fuerzas continuamente abierto que "vuelve a parirse una y otra vez".[16]

Uno de los mayores méritos de la filosofía de Schelling consiste en reemplazar el acto perfecto y trascendente del dualismo sustancialista, causa primera e incausada del ser, por la potencia conceptiva inmanente del monismo subjetivo: desfundamento –*Ungrund*– sin fondo del ser. El encumbramiento solar del acto puro es así sustituido por el abismo oscuro de la potencia material, de la cual nacen todas las cosas como de una negatividad esencial. Schelling invierte la causa primera luminosa, actual y trascendente de la tradición filosófica en un *Ungrund* abisal, potencial e inmanente. Después de milenios de inteligibilidad solar, el romanticismo schellingiano restituye a la conciencia filosófica el vacío primordial de la mítica más remota.

A lo largo de toda su obra, Schelling acentúa la naturaleza conceptiva y gestante del absoluto, con la cual retorna aquella inmemorial tradición de la caverna subterránea y nocturna en el origen naciente del ser. La noche más remota de todos los tiempos, cuyo seno era nacimiento y tumba del ser, reaparece con la modernidad bajo la clave especulativa de una potencia infinita, virtualmente capaz de concebirlo todo. Cuando Schelling describe "el ansia que siente el Uno eterno de engendrarse a sí mismo",[17] firma con ello la defunción del absoluto sustancialista, trascendente y acabado en su propio acto inmutable para inaugurar la nueva era especulativa de un sujeto dialéctico y dinámico, incompleto en su virtualidad procesual y siempre ansioso por renacer.

El pensamiento schellingiano en particular y el romanticismo en general alimentan dos de las mayores corrientes del pensamiento

[15] Friedrich W. J. Schelling, *Las edades del mundo*. Madrid, Akal, 2002, pp. 197, 208.

[16] Ibid.

[17] Friedrich W. J. Schelling, *Investigaciones filosóficas sobre la esencia de la libertad humana y los objetos con ella relacionados*, trad. H. Cortés y A. Leyte. Barcelona, Anthropos, 1989, pp. 166-67.

contemporáneo, a saber, la posmodernidad y el nuevo realismo especulativo.[18] La idea cardinal que impacta sobre ambas líneas reside en la determinación potencial y medial del fundamento, inagotable en su devenir inmanente. La reevaluación posmoderna de lo oscuro, lo indecidible y paradójico, lo inconsciente, la singularidad, la materia, el deseo puro, la imaginación, el *pathos* afectivo, la inocencia del devenir, el juego, la poesía, el mito, etcétera, esa reevaluación positiva es herencia romántica. Si, como afirma Maurice Blanchot,[19] por romanticismo se entiende un exceso de pensamiento que supera cualquier discriminación representatitiva del entendimiento abstracto a fin de mantener siempre abierta la alternancia creadora de la libertad, entonces tanto la filosofía posmoderna como el nuevo realismo especulativo se mueven en la órbita del romanticismo.

Para resumir estos párrafos, aquello que la vieja tabla pitagórica de los opuestos alineaba con el mal, lo torcido y oscuro, la materia, lo indeterminado y, en última instancia, lo femenino y las mujeres, es resignificado por el proyecto romántico a partir de la transformación de sus supuestos ontológicos. El resultado final de ese intento ha sido el socavamiento del viejo paradigma falogocéntrico y la apertura hacia cierta feminización conceptiva y conceptual del pensamiento y la cultura. En este punto, coincidimos con Lisa C. Roetzel en que el romanticismo inaugura la "feminización de la filosofía",[20] en el sentido de reinstalar la identidad femenina en el lugar de la diferencia original, a partir de lo cual los atributos tradicionalmente achacados a la mujer y con ella devaluados, serán transvalorados de manera positiva y activa.

Dicho en términos de filosofía feminista, la reconceptualización de lo femenino en su potencialidad material, creadora y singular le permitió al romanticismo desafiar la tradición filosófica para lanzarse como el proyecto metafísico de la revolución moderna, presente y futura.

---

[18] En rigor de verdad, deberíamos señalar también la influencia del pensamiento de Schelling sobre el materialismo posthegeliano, el existencialismo y el sicoanálisis, no obstante lo cual, dados los límites de este trabajo, nos limitamos a destacar lo arriba apuntado.

[19] Cf. Maurice Blanchot, *L'Entretien infini*. París, Gallimard, 1969, pp. 518 ss.

[20] Cf. Lisa C. Roetzel, "Feminizing Philosophy", en Schulte-Sasse, Jochen (ed.), *Theory as Practice. A Critical Anthology of Early German Romantic Writings*. Mineápolis y Londres, University of Minnesota Press, 1997, pp. 361-381.

1.2.2. La sistematización hegeliana

En el contexto del idealismo romántico, Georg W. F. Hegel merece especial atención tanto por el rigor sistemático de su obra, como por el alcance histórico de esta y su último renacimiento a la luz del giro especulativo contemporáneo. Hegel es romántico por, como sostiene Friedrich Beiser, "su concepción orgánica de la naturaleza, su crítica al liberalismo, sus ideales comunitarios, su spinozismo vitalizado, su concepto de dialéctica, su intento de sintetizar comunitarismo y liberalismo: todas estas ideas suelen ser vistas como propiamente hegelianas, pero son parte de una herencia romántica común".[21] En especial, Hegel suscribe a la idea romántica de "lograr la identidad-en-la-diferencia, la unidad-en-la-oposición",[22] quintaesencia concepual del proyecto idealista en su intento por explicar el dinamismo inmanente de lo real.

En consonancia con el romanticismo, Hegel se propone superar el dualismo representativo del entendimiento finito –el *Verstand*– por el concepto concreto de la razón –la *Vernunft*–, es decir, superar la lógica abstracta por la especulación creadora. Mientras que la primera obedece al principio de identidad y no contradicción, la segunda se afirma en la contradicción autodiferencial de lo idéntico. Asimismo, mientras que la representación abstracta fija, define y cierra lo dado, el concepto especulativo abre, invierte y media la inmediatez. Este último sintetiza en concreto lo que la representación opone en abstracto, e identifica en su síntesis medial lo que aquella excluye en la simplicidad de la inmediatez.

En una primera aproximación, Hegel determina el concepto como el "pulso vital"[23] de todas las cosas, es decir, su elemento activo y constituyente. El concepto se presenta como el origen conceptivo de lo real, inmanente al ser pero dialécticamente negador de su identidad inmediata en la medida en que debe ser efectivamente productor de su devenir diferencial. La actualidad creadora del concepto es idéntica al ser en su propia diferencia absoluta, vale decir, es identidad diferenciante y, de

---

[21] Frederick C. Beiser, *Hegel*. Nueva York y Londres, Routledge, 2005, p. 35.

[22] Frederick C. Beiser, *The Romantic Imperative. The Concept of Early Romanticism*. Cambridge, Harvard University Press, 2003, p. 33.

[23] Georg. W. F. Hegel, *Ciencia de la Lógica...*, *op. cit.*, p. 36.

ese modo, resulta la "actividad que se media consigo misma",[24] capaz de flexionar, negar y producir lo efectivo. En virtud del concepto, Hegel supera el representacionismo abstracto por la creación libre, y restituye lo absoluto a la inmanencia autoconceptiva de lo real, nacido de su acción creadora.

Lejos de la lógica abstracta, el primer principio especulativo reclama "la identidad en la diferencia y la diferencia en la identidad",[25] de cuya contradicción procede el devenir. Tal tipo de identidad constituye su propia negación reflexiva, revertida sobre sí en tanto que "relación negativa consigo misma o diferenciación de sí".[26] La identidad solo existe en la diferencia, lo negativo, en el desgarramiento de su simplicidad inmediata, de donde deviene mediación efectiva, continuamente tensionada por una contradicción inmanente que la constituye en tanto que tal. Entre la identidad de la simple inmediatez –A es A– y la diferencia abstracta del dualismo –no-A no es A–, la nueva identidad reflexiva y medial abre el espacio de una relación infinita entre lo mismo y lo otro –porque A es no-A–. La identidad hegeliana es concretamente identidad relacional, o bien, relación, acción recíproca o mediación; no, claro está, en el sentido dualista de relacionar dos entidades sustanciales, sino en el sentido inmanente de una misma contraidentidad.

Solo porque lo mismo es lo otro, hay para Hegel devenir, multiplicidad y exterioridad en el seno de la inmanencia absoluta. El carácter diferencial que determina la identidad se manifiesta en diversos niveles de profundidad dialéctica, que podríamos resumir en tres grandes planos de análisis: la diversidad múltiple del mundo empírico, la dualidad de los extremos opuestos y, finalmente, la autocontradicción absoluta. En un primer momento diferencial, lo real expresa la diversidad extrínseca e indeterminada de una multiplicidad de seres iguales, desiguales o parecidos. En un segundo momento, pone en tensión términos opuestos, mutuamente relativos. En tercer y último lugar, la polaridad diferencial se reduce a la contradicción de la identidad, única capaz de mediar e integrar en sí misma todas las cosas. En el principio y fundamento es

---

[24] Georg W. F. Hegel, *Enciclopedia de las ciencias filosóficas en compendio: para uso de sus clases*, trad. R. Valls Plana. Madrid, Alianza 2005, p. 338.

[25] Ibid, p. 118.

[26] Ibid, p. 116.

entonces la autocontradicción del absoluto, superada como devenir y mediación, y actualizada en multiplicidad de seres diversos y opuestos.

La diferencia es la verdad de la identidad, su redención inmanente, la única esperanza de un devenir múltiple y heterogéneo. La filosofía hegeliana es lo suficientemente dialéctica para mantener el juego continuo de la diferencia y la contradicción. También es, por lo mismo, lo suficientemente medial para reconvertir lo negativo en energía determinante y creadora. Dialéctica y mediación configuran un mismo movimiento diferencial, donde lo negativo determina el punto de ruptura y renovación, la novedosa emergencia de lo absoluto. Valga aclarar aquí que la mediación hegeliana no tiene nada que ver con una suerte de tercera cosa «entre» otras dos cosas opuestas, o un estado intermedio de mezcla o yuxtaposición. Por el contrario, la mediación constituye el dinamismo de la contradicción, la acción efectiva donde la identidad se afirma y niega a la vez a fin de subsistir en su alteridad, no como otro sino como ella misma. El ser y la nada, la esencia y la existencia, lo universal y lo individual, infinitud y finitud son, en la mediación, identidad concreta y diferencial.

Cuando este tipo de identidad reflexiva, negativa y medial es puesta en el origen de lo real, el resultado es la desfundamentación del ser por desdoblamiento inmanente del no-ser. Por eso, en el principio no es ni la presencia del acto puro ni la ausencia de la nada total, sino la mediación de lo uno, que es creación, multiplicidad y devenir. La negatividad reflexiva del origen, negada en tanto que tal a fin de devenir algo, opera la desfundamentación dialéctica de lo uno, expuesto y contrapuesto en su propia alteridad. Hegel reemplaza así la verticalidad lineal de lo trascendente, consustancial con la horizontalidad lineal de lo finito, por el círculo de los círculos –la infinita *en-kyklos-paideia* romántico-idealista–, cuyo centro replica en todas partes y su circunferencia se expande indefinidamente. En el círculo de los círculos, cada momento, cada individuo, cada particularidad es principio y fin, comienzo inmediato y resultado mediado, inmediata presuposición y posición mediada, centro y periferia de lo absoluto. El círculo infinito, principio y fin de sí mismo, expresa un dinamismo desfundacional inmanente, cuyo origen deviene resultado y cuyo resultado pone su presuposición.

Asimismo, cuando tal identidad es puesta como ser y esencia de lo real, entonces el viejo modelo sustancialista conforme con el cual «A es esencialmente A», resulta medialmente revertido por la exigencia de no ser esencialmente A. La «esencia» concebida por Hegel constituye la reflexión negativa del ser inmediato –simple e indeterminado con el cual comienza la Lógica–, de manera tal que "la esencia, en tanto ser que se media consigo mismo a través de la negatividad de sí mismo, es la referencia a sí solo siendo referencia a otro, el cual [otro], sin embargo, no es como ente sino como un *puesto y mediado*".[27] Cuando la identidad es contradicción inmanente, la esencia se define por «lo que el ser no es», pero llegará a ser en su desdoblamiento medial.

La concepción de la esencia como pura negatividad autodeterminante del ser quiebra y supera su clásica definición como «lo que el ser es». Lejos de representar la inmutabilidad de una perfección determinante de la existencia, la esencia hegeliana constituye el desdoblamiento de un ser contradicho y desfundado por sí mismo. La esencia no preexiste ni precede lo sido en su eterna inmovilidad, sino que "procede del ser; por consiguiente, no existe inmediatamente, sino que es un resultado de aquel movimiento".[28] En pocas palabras, la esencia resulta del devenir, es producto histórico y temporal, efecto de la acción libre que la crea y presupone en esa creación.

El paradigma sustancialista de la esencia como la identidad abstracta de lo que eternamente es queda así desplazado por el paradigma reflexivo de lo que el ser dinámicamente no-es, pero será, por el devenir de lo originario. La esencia es lo sido –*Gewesen*– como efecto retroactivo de su propia posición; lo que era el ser –el *tó ti en einai*– después de haber acontecido. El devenir esencial del ser hegeliano no tiene nada que ver con el desplazamiento lineal entre el principio y fin del dualismo abstracto, sino que se trata más bien de un movimiento circular infinito, donde el origen resulta efecto su propia posición. En esa infinita circularidad, la esencia repite el pasado inmemorial del ser como resultado de su devenir. Ella es por eso mediación o también, como dirá luego el neo-hegelianismo francés, repetición de lo sido por su diferencia absoluta.

Por último, cuando ese tipo de identidad dialéctica se desplaza a la constitución del sujeto, el resultado es "el movimiento del ponerse

---

[27] Ibid, p. 112.

[28] Georg W. F. Hegel, *Ciencia de la Lógica…*, *op. cit.*, 1968, p. 343.

a sí mismo o la mediación de su devenir otro consigo mismo. Es, en cuanto sujeto, la pura y *simple negatividad* y es, cabalmente por ello, el desdoblamiento de lo simple o la duplicación que contrapone, que es de nuevo la negación de esta indiferente diversidad y de su contraposición […] el devenir de sí mismo, el círculo que presupone y tiene por comienzo su término como su fin y que solo es real por medio de su desarrollo y su fin".[29] Negatividad reflexiva, desdoblamiento dialéctico y mediación dinámica determinan al sujeto romántico-idealista, capaz de sostenerse en medio de dolor, desgarramiento y el mayor esfuerzo de lo negativo.

Una vez que el desdoblamiento autodiferenciante del ser es puesto como su desfundamento esencial, entonces resulta que "todo lo que existe muestra en él mismo que en su igualdad consigo es desigual y contradictorio y que a pesar de su diferencia y contradicción es idéntico consigo mismo".[30] Tal es la identidad hegeliana, idéntica a su diferencia y contradicción en el devenir paradojal y transformador que la realiza. Esta existe en un báquico delirio que traspasa cualquier claridad y distinción, desfonda cualquier fundamento fijo e implosiona los contornos de la finitud. La vena romántica del pensamiento hegeliano se consuma así en la disolución continua de todos los límites por la proteica invención del devenir.

Sobre el desdoblamiento negativo de la identidad por la diferencia, el ser por el devenir, la esencia por la reflexión, la sustancia por el sujeto, sobre tal dinamismo basaremos en lo sucesivo la argumetación de este trabajo. Y lo haremos a los efectos de visiblizar la matriz mater/real de ese devenir conceptivo y conceptual que el propio idealismo no termina de explicitar.

1.3. La diferencia del posestructuralismo francés

Hegel ingresa al pensamiento francés contemporáneo gracias a las lecciones de Alexandre Kojève y Jean Hyppolite sobre la *Fenomenología del espíritu*. A las lecciones de Hyppolite asistieron Gilles Deleuze, Jacques Derrida, Michel Foucault, Louis Althusser y Alain Badiou. A las

---

[29] Georg W. F. Hegel, *Fenomenología del espíritu*, trad. W. Roces. México, Fondo de Cultura Económica, 1966, pp. 15-16.

[30] Georg W. F. Hegel, *Ciencia de la Lógica…, op. cit.*, p. 362.

de Kojève, Jean Paul Sartre, Maurice Merleau-Ponty, Georges Bataille, Emmanuel Lévinas y Jacques Lacan. La recepción francesa de Hegel está atravesada por el materialismo marxista –centrado en la acción productiva humana-masculina–, la fenomenología de la conciencia y la filosofía existencial. En esa intersección, Hegel ingresa al pensamiento francés como un filósofo de deseo en continua dialéctica existencial.

Si puede pensarse alguna noción capaz de aglutinar el pensamiento francés contemporáneo, tal es el concepto de «diferencia», expurgado del dualismo intelectualista e incorporado a la inmanencia creadora del devenir. Bajo el nombre de la *difference* o *différance*, el pensamiento francés logra escapar al funesto designio de un *cogito* claro y distinto que hipotecaba su tradición intelectual, e introducirse en la nueva herencia del idealismo absoluto, la cual decidirá en lo sucesivo su futuro. Fuera de todo dualismo, la diferencia del postestructuralismo francés no es abstractamente ni diferencia ni identidad, ni presencia ni ausencia, ni ser ni pensamiento finito, ni interioridad ni exterioridad, ni determinación ni indeterminación, ni posicion ni privación, etcétera. Esta se afirma por encima de las representaciones finitas como la paradójica mediación de todos los opuestos. En medio de toda oposición, la diferencia constituye un "tercer genero"[31] o "género neutro",[32] saturado de realidad, pleno, excesivo, infinito e idéntico respecto de sus ulteriores diferenciaciones. La identidad de la diferencia produce, por exceso inmanente, su infinito diferir. De aquí que ella funcione como origen siempre diferido del devenir, fuente de toda multiplicidad, oposición y diversidad.

El exceso paradojal e imposible de la diferencia es el origen de todo, no al modo de una primera causa inmóvil y ejemplar, sino de un infinito desgarramiento inmanente, que afirma lo otro en la reflexión de lo mismo. A excepción de aquellos autores contemporáneos donde el dualismo reaparece bajo la figura de un Otro total e incomensurablemente Otro –reedición del viejo modelo sustancialista y trascendental que vicia el pensamiento heideggeriano, levinasiano, lacaniano, etc–, a excepción de ellos, la diferencia constituye un dinamismo original, inmanente a su propio desdoblamiento. Esta significa así, antes que

[31] Jacques Derrida, *Khôra*. París, Galilée, 1993, p. 16.
[32] Maurice Blanchot, *Le pas au-delà*. París, Gallimard, 1973, p. 108.

un fundamento inmóvil y sustancial, un desfundamento escindido o desfasado de su propia identidad, cuya acción originaria resulta retroactivamente efecto de sí misma en tanto que otra, es decir, mediación o repetición.

La diferencia es entonces el *à venir* de sí misma en tanto que otra. Su acontecer abre el espacio de la existencia finita como desdoblamiento temporal y contingente de un exceso infinito e inagotable. Esa repetición de lo eterno en lo temporal, de lo infinito e imposible en la finitud efectiva, es lo que Derrida y Deleuze denominan –con una expresión tomada de Hegel– "relación diferenciante",[33] a fin de significar la acción recíproca de la diferencia entre sí misma y lo otro. En su carácter relacional, la diferencia produce lo otro contra sí misma por un movimiento reflectivo de inversión y eyección que multiplica y disemina todas las cosas. La diferencia temporaliza, espacializa y mantiene abierto el juego de la existencia. Esta imprime a lo real la forma de una intra e interconexión infinita, justificada por el desdoblamiento esencial del origen. Nada es simple, todo se desdobla y reduplica, y solo en tal desdoblamiento emerge la esencia de lo real. Por otra parte, en tanto que relación, la diferencia constituye el *milieu* de toda oposición, ese entre-dos que a la vez separa y une lo diferencial. Nuevamente, no se trata aquí de un «entre» dos cosas, sino del dinamismo original e indeterminado de la diferencia, cuya acción medial repite recíprocamente lo uno en lo otro. De la mediación resulta la "esencia ternaria"[34] de la diferencia, que no es ni 1 ni 2, sino siempre el 3 de la identidad medial.

Entre los pensadores franceses de la diferencia y la repetición, el caso de Gilles Deleuze merece una consideración especial por varias razones. Primero, porque su inmanencia radical despeja toda sombra y sospecha de dualismo y trascendencia, cosa que no sucede con otros en quienes la diferencia aparece reificada bajo la figura del Otro totalmente Otro. Segundo, porque se trata de una filosofía de cuño explícitamente ontológico y materialista, a diferencia del sesgo lingüisticista de los teóricos de la deconstrucción. Por último, porque su vitalismo universal y su

---

[33] Cf. Jacques Derrida, *Marges de la Philosophie*. París, Les Éditions de Minuit, 1972, pp. 14-15; también Gilles Deleuze, *Différence et répétition*.París, Puf, 1968, p. 224.

[34] Jacques Derrida, *L'écriture et la différence*, París, Éditions du Seuil, 1967, p. 435.

«devenir-mujer» se aproxima a la cuestión de la diferencia sexual tal como la plantearemos en este trabajo.

En consonancia con la superación del intelectualismo abstracto, Deleuze apela a un pensamiento sin representación ni imagen, cuyo contenido u objeto es su propia acción conceptiva, tal como sucede con la idea o el concepto, ambos energía vital y creadora. *Diferencia y repetición* denomina «idea» al uno-todo de la inmanencia absoluta, que es pura potencia y reflexión diferencial. La potencialidad indeterminada de la idea contiene implícitamente la multiplicidad de singularidades que el devenir actualizará, y por eso es ella la síntesis universal y concreta del acontecer efectivo. En este mismo sentido virtual e implicativo, el «concepto» deleuziano-guattariano se presenta como la fuerza inmanente, conceptiva o productora de la realidad misma. Los conceptos son intensidades, centros de vibración, creaciones activas de su propio contenido virtual.

Ahora bien, la acción creadora de la inmanencia pura solo es posible por la virtualidad autodeterminante de la diferencia. Tambien en este caso, la diferencia deleuzeana se aparta del dualismo sustancialista –que escinde de manera irreductible negación y afirmación, diferencia e identidad– para insistir en un tipo de negatividad determinada, afirmativa y creadora. En continuidad con la lógica especulativa, Deleuze rechaza la negación simple e inmediata del intelectualismo, mera carencia y privación, para reemplazarla por la productividad medial de un "(no/?)-ser positivo",[35] es decir, por el proceso reflexivo de la negación misma devenida afirmación pura, positividad, *sive*, diferir. Este tipo de negación realiza, desde el punto de vista conceptual, el potencial multiplicador de la diferencia.

Acentuando su vena más spinoziana, Deleuze piensa la diferencia en sí misma como potencialidad pura, *infinitum actu* o *energeia* capaz de desplegar el contenido concreto implicado en la idea. La idea crea por diferenciación de sí misma y así produce el tiempo, el espacio y lo finito, en la determinación de su propia infinitud. El contenido múltiple y singular del universo nace en su seno autodiferencial, capaz de reproducir su medio en todas partes por un descentramiento equivalente al policentrismo universal y reticular de la vida. La creación diferenciada de

---

[35] Gilles Deleuze, *Différence et repetition…, op. cit.*, p. 262.

la idea se actualiza en tanto que otro, y de ese modo separa y distingue, multiplica y disemina el acontecer efectivo. Sin embargo, ella también relaciona y articula, media, sintentiza e integra todas las cosas, en tanto que relación diferencial y síntesis universal. La energía o virtualidad infinita del diferir originario le permite a Deleuze abandonar la metafísica del acto perfecto y trascendente para ubicarse en la inmanencia radical del devenir. Multiplicidad de devenires y singularidades actualiza la unidad ideal-intensiva del origen por la progresiva diferenciación de lo virtualmente implicado en ella, es decir, por una *explicatio* agencial o performativa que avanza según especificaciones graduales y continuas de su potencia inicial. De lo potencial a lo actual, de lo implicado a lo explicado, de lo infinito ideal a la finitud temporal transcurre una autodiferenciación intensiva. La propuesta deleuzeana, de un empirismo superior o empirismo de la idea expresa justamente la inmanencia de lo ideal infinito en la actualidad múltiple de la finitud. La acción recíproca o medial que hace posible la implicación de lo infinito en la finitud es lo que Deleuze denomina «repetición». Por la repetición de la diferencia, lo eterno se hace historia, singularidad, finitud, mientras que lo finito adquiere un sentido absoluto.

La repetición expresa el movimiento circular y retroactivo de actualización del origen por su autodiferenciación. Lo que se repite es un mismo devenir diferencial, escindido y recuperado en su inmanencia reflexiva. Porque no estamos aquí en el dominio del entendimiento representativo, sino en el actualismo de una energía paradojal, Deleuze aclara que no hay repetición de lo puramente finito ni de lo puramente infinito, sino de su mutua implicación. Por lo mismo, no hay repetición de la identidad ni de la diferencia en sentido excluyente, sino de la identidad en la diferencia y de la diferencia en la identidad como construcción recíproca y medial. "Lo que se repite es la repetición misma",[36] es decir, "el devenir-idéntico del devenir mismo".[37] El automovimiento de la repetición suprime la diferencia en la diferencia misma, y de allí su identidad diferenciada. En virtud de esa creación inmanente que es la repetición, la realidad abandona el paradigma de un ordenamiento trascendente, centralizado, finalista, jerárquico y orgánico, para asumir un

[36] Ibid, p. 377.
[37] Ibid, p. 59.

devenir rizomático, sin órganos ni originales, cuyo *médium* replica en todas partes como lo tercero de una nueva realidad. El báquico delirio de la identidad reinscribe de este modo su implosión creadora en "un devenir-loco, un devenir ilimitado, un devenir siempre otro, un devenir subversivo de las profundidades".[38]

Ahora bien, desde la perspectiva de una filosofía feminista, lo más relevante del caso deleuziano-guattariano consiste en la especificación sexual de la diferencia ontológica que convierte el «devenir-mujer» en el seno de toda diferencia y repetición. Cuando *Mil mesetas* afirma que "todos los devenires comienzan y pasan por el devenir-mujer. Es la llave de los otros devenires",[39] supone con ello la diferencia «mujer» en el lugar de origen, medio y clave de todo devenir. El devenir-mujer constituye el "primer cuanto o segmento molecular"[40] del cual derivan todos los demás devenires: niño, hombre, animal, partícula imperceptible. En su diferir matricial –que *Mil mesetas* describe como seno de un rizoma, seno de todo enunciado, seno del rostro, seno de las multiplicidades, seno del agenciamiento, seno de la molécula, seno del territorio, etcétera– acontece entonces el devenir en tanto que "eterno retorno del estado naciente".[41]

La mujer del devenir deleuzeano no designa una entidad sustancial accidentalmente determinada por el sexo femenino, sino un dinamismo infinito de mediación o repetición capaz de revertir sobre su origen en eterna condición naciente. Ella no indica tampoco una *res* abstractamente individual o universal, sino la realidad de la *mulier tantum*, en el mismo sentido en que aquel joven y spinoziano Deleuze concebía la esencia *tantum* como potencia intensiva, material y cuantitativa, pura energía vital. Comprendida en estos términos, la mujer concentra en sí una virtualidad infinita, esa *implicatio* absoluta habilitante de toda *explicatio* ulterior. Su esencia resulta pura energía creadora, intensidad, potenciación capaz de un dinamismo universal a diferentes escalas expansivas y extensivas. La mujer *tantum* concibe, contiene y alimenta la multiplicidad real. Su devenir expresa, en pocas palabras, ese "punto

---

[38] Gilles Deleuze, *Logique du sens*. París, Les Éditions de Minuit, 1969, p. 298.

[39] Gilles Deleuze y Félix Guattari, *Mil mesetas. Capitalismo y esquizofrenia*, trad. José Vázquez Pérez, Valencia, Pre-textos, 2002, p. 279.

[40] Ibid, p. 280.

[41] Félix Guattari, *Caosmosis*. Buenos Aires, Manantial, 1996, p. 116.

de vista irreductible que significa a la vez el nacimiento del mundo y el carácter original del mundo".[42]

Sobre la especificación femenina de la diferencia ontológica, tal como Deleuze la considera volveremos en el capítulo siguiente con las precisiones feministas del caso. Por ahora, baste evocar la imagen de esa matriz conceptual como paradigma de la inmanencia radical en la cual ocurre, siguiendo la lectura žižekiana de Deleuze, el desdoblamiento de lo uno como hecho ontológico elemental.[43]

1.4. El último realismo especulativo

La última filosofía francesa representada por autores como Slavoj Žižek y Catherine Malabou profundiza la herencia idealista hacia una nueva avanzada especulativa y material, conocida como el nuevo giro ontológico y realista del siglo XXI, e interpretada por muchos –entre ellos Žižek, Makus Gabriel o Adrian Johnston– como una radicalización del idealismo. En contraste con la posmodernidad estructuralista –dominada por el giro lingüístico, la herméutica textual y un construccionismo de corte sociologizante– la nueva especulación afirma el acceso a lo real en su densidad ontológica absoluta. Si el sujeto posestructuralista construye su materialidad por micro prácticas discursivas y relaciones políticas, la materialidad neorrealista preexiste retroactivamente a su propia acción subjetiva como origen negativo de su continuo diferir.

La materia de la nueva especulación constituye el sujeto reflexivo, dinámico y libremente creador de una autopoiesis infinita. Su determinación especulativa la distingue del materialismo vulgar, mecanicista o positivista, para el cual el todo material preexiste a la conciencia como objeto dado a su inmediatez representativa, así como del materialismo marxista, cuya materia se entrega muda y pasiva a la producción androcéntrica y sus relaciones de naturaleza economicista. A diferencia de ambas alternativas, el nuevo realismo sostiene la inmediatez sustancial de la materia en la inmanencia de su propia mediación diferenciante,

---

[42] Gilles Deleuze, *Proust et les signes*. París, Presses Universitaires de France, 1964, p. 133.

[43] Cf. Slavoj Žižek, *Órganos sin cuerpo. Sobre Deleuze y consecuencias*. Valencia, Pre-textos, 2004, p. 87.

de manera tal que ella misma deviene sujeto negativo de su propia reflexividad. El primer principio neomaterialista asegura entonces que "el no-Todo es materia",[44] y lo es por la doble negación de una diferencia creadora de la cual emerge lo otro.

Lo negativo vuelve a cumplir aquí la función medial de ruptura y continuidad, diferencia y relación, capaz de garantizarle al sujeto material la identidad del devenir transformador. La negatividad opera una des-fundamentación inmanente, que el nuevo realismo interpreta en los términos emergentes y espontáneos de un evento creador. Valga volver a insistir en que no se trata aquí de la negación simple y abstracta del dualismo, privativa del ser particular, sino de una negatividad relacional, por la cual la materia reflexiona sobre sí misma a fin de diferenciarse y llegar a ser. Lo negativo medial opera el punto de retorno, desdoblamiento y reproducción de la materia misma, que Žižek denomina en este sentido una nada "menos que nada",[45] es decir, una negación que no equivale a la nada absoluta, sino que actualiza el potencial creador de la materia. La promoción de lo negativo a primer principio (des-) fundamental del orden ontológico se traduce en una materialidad que es siempre y en todo caso «no-Todo», y por lo tanto proceso in-, des- o trans-materializante, multiplicado por la propia diferencia material.

La diferencia absoluta del no-Todo material se reproduce en las incontables diferencias mínimas del mundo finito y contingente, siempre en tensión, desajuste o paralaje consigo mismo. La nueva ontología reinterpreta la diferencia radical como la ruptura dialéctica de una realidad que es siempre, y en todo caso, incompleta, desajustada, escindida contra sí misma. En lugar del exceso imposible de la *difference* o *différance* o totalmente Otra, para la neoespeculación lo único real es la partición diferencial, contingente e incompleta de lo finito, sin otro más allá que un desajuste permanente. Solo la incompletitud y el desajuste del diferir es real, vale decir, la imposibilidad de una clausura totalizante de la realidad misma, con la especificación virtual e intensiva de lo negativo. Este nuevo materialismo relee el despliegue especulativo de lo absoluto en

---

[44] Slavoj Žižek, *The Parallax View*. Cambridge, MIT Press, 2006, p. 168; cf. también *Absolute Recoil. Towards A New Foundation of Dialectical Materialism*. Londres y Nueva York, Verso, 2014, p. 1; Levy Bryant, Nick Srnicek y Graham Harman (eds.), *The Speculative Turn: Continental Materialism and Realism*. Melbourne, Re.Press, 2011;

[45] Slavoj Žižek, *Absolute Recoil…, op. cit.*, pp. 385, 391.

los términos potenciales de lo que siempre está llegando a ser, sin más garantía que su propia emergencia disruptiva y siempre incompleta.

En el caso de Žižek, su pensamiento se acerca por partida doble a la dialéctica potencial del *Ungrund* schellingiano y a la dialéctica conceptual del absoluto de Hegel, cuyo "concepto mismo es no-todo".[46] La filosofía de Žižek profesa el idealismo de un absoluto no-absoluto, continuamente fracturado, contradicho o desajustado consigo mismo. El no-todo material se define para él por la virtualidad reflexiva del diferir, de la cual emerge —como de una menos-que-nada— la realidad efectiva en su novedad creadora y su contingencia radical. La libertad creadora del sujeto idealista es aquí asimilada a la espontaneidad circular de la materia, por la repetición retroactiva del origen en lo originado. Casi como respuesta anticipada a cualquier objeción dualista que intentara priorizar de manera unilateral la materia por sobre el espíritu, la naturaleza por sobre la cultura o viceversa, Žižek desarma la discusión parafraseando esa idea de la *Fenomenología del espíritu* según la cual "el espíritu es un hueso"[47] y lo «es» al modo reflexivo, dialéctico y medial de una identidad desdoblada. Žižek entiende que la cópula de un juicio infinito —el espíritu «es» un hueso— supera la identidad siempre inmediata y representativa de los términos abstractos para alcanzar el dinamismo de la especulación por el cual la identidad es mediación, vale decir, desdoblamiento creador de una materialidad que hace de propia negación el nacimiento todas las cosas.

Esta misma línea argumental explica la afirmación žižekiana según la cual "*solo* el materialismo puede explicar exactamente los fenómenos del espíritu, de la conciencia, etcétera",[48] porque se trata aquí de una materia diferenciadamente no-material, que resulta pura novedad emergente. Lo que Žižek enuncia sobre la conciencia y el espíritu, vale igualmente respecto de la cultura, la sociedad, la historia, etcétera, concebibles en el seno de la propia mediación material. La exterioridad de la materia, esas partes *extra* partes que la diferencian y afirman, no solo aluden a la exterioridad cuantitativa de la masa, sino también incluso a

---

[46] Slavoj Zizek, *The Sublime Object of Ideology*. Londres y Nueva York, Verso, 1989, p. 6.

[47] Slavoj Žižek, *The Parallax View…*, *op. cit.*, p. 5; *Absolute Recoil…*, *op. cit.*, p. 332; Georg W. F. Hegel, *Fenomenología…*, *op. cit.*, pp. 205-06.

[48] Slavoj Žižek, *The Parallax View…*, *op. cit.*, p. 67.

la emergencia histórica y cualitativa de fenómenos anímicos, espirituales y culturales, en y por los cuales la materia se reconoce a sí misma. Por ellos se actualiza el desdoblamiento no-material, más-que-material o trans-material de la materia misma, determinante de su concepción.

La orientación especulativa de Žižek es compartida por Catherine Malabou, cuyo materialismo recurre a la categoría de «plasticidad» a fin de explicar la emergencia más-que o no-toda material de la materia misma. Malabou define lo plástico como "la unidad originaria de acción y ser actuado, de espontaneidad y receptividad. Medio en la diferenciación de los opuestos, la plasticidad mantiene los extremos juntos en su acción recíproca, habilita la función de una estructura de anticipación donde los tres términos del proceso temporal son articulados: la síntesis originaria, la hipotiposis o corporización de lo espiritual, la relación de los momentos del tiempo".[49] Plasticidad es entonces otro nombre de la mediación y, por eso mismo, supone tanto la indeterminación potencial del origen como la determinación efectiva de la diferencia, ambas en acción recíproca y circular. Lo plástico-material subsiste en su continua transformación espacio-temporal, inmanente a todas las cosas e incluso a los fenómenos no-materiales tales como la conciencia, el espíritu, la cultura. En la medida en que la plasticidad es origen, medio y fin, mantiene la identidad esencial del devenir en la irrupción de lo nuevo, contingente y accidental.

La novedad y contingencia del devenir en el seno de la inmanencia material se justifica por la espontaneidad de lo plástico, cuyo origen no es más que la autoposición, retroactiva de lo sido. La acción recíproca origen/originado garantiza tanto la consustancialidad esencial del devenir, como su continuidad cíclica y la emergencia de lo nuevo sin otra necesidad que su propia acción inmanente. La espontaneidad material supera la linealidad de las causas empíricas y la verticalidad del acto trascendente restituyendo al origen la inmanencia puramente virtual de la acción creadora. Mientras que el orden trascendente del fundamento sustancialista se mide por el dualismo causa-efecto, principio-fin, necesidad-azar, etcétera; en cambio, el orden libre y creador de la plasticidad se mide por la sobredeterminación o transdeterminación inmanente del

---

[49] Catherine Malabou, *The Future of Hegel. Plasticity, Temporality and Dialectic,* trad. Lisabeth During. Nueva York, Routledge, 2005, p. 86.

origen, que es diferencia y negación. Malabou se refiere en este sentido a la producción de eventos o acontecimientos materiales[50] en los cuales se inscribe la mediación no-material de la materia.

El evento material contiene la disrupción de lo nuevo en la inmanencia de lo originario por la acción recíproca de lo que Malabou denomina "plasticidad intermedia" o "plasticidad-enlace",[51] capaz de mediar la transición de lo mismo a lo otro, de la masa a la vida, de esta última a la autoconsciencia y del alma individual al espíritu universal. Respecto del advenimiento de la vida o la autoconsciencia, el sustrato físico constituye para Malabou una suerte de "proto-sí mismo",[52] cuyo desdoblamiento reflexivo produce la multiplicidad de los fenómenos anímicos y espirituales que solemos diferenciar de la masa física. Malabou concluye así en la atribución de libertad, subjetividad e historicidad al mundo material en su conjunto.

En síntesis, el nuevo realismo especulativo restituye la virtualidad creadora del sujeto material, siempre mediado, desdoblado o negado por infinitas configuraciones diferenciales que él mismo realiza. No solo el hombre sino también la naturaleza y el cosmos narran la historia de la materia en su devenir libre y creador. Aquel viejo hilozoísmo presocrático cuya materia exultaba vida y divinidad, retorna hoy a la conciencia contemporánea como un nuevo materialismo posnaturalista y posculturalista, en cuya diferencia gravitan todas las cosas.

En tanto conciencia del propio tiempo histórico, el nuevo materialismo especulativo es consistente con la exponencial escalada científica y tecnológica que promete transformar la faz de la tierra y la existencia humana. Este sintoniza asimismo con las nuevas corrientes de pensamiento ecológico, poshumano y biocivilizatorio, abiertas a la empatía universal. En última instancia, el giro material es consistente con el feminismo de la diferencia, los nuevos feminismos materiales y, en última instancia, con el mater/realismo feminista que propondremos en estas páginas.

---

[50] Cf. Catherine Malabou, *The New Wounded. From Neurosis to Brain Damage*, trad. Steven Miller. Nueva York, Fordham University Press, 2012, p. 212.

[51] Catherine Malabou, *What Should We Do with Our Brain?*, trad. Sebastian Rand. Nueva york, Fordham University Press, 2008, p. 69.

[52] Ibid, p. 59.

1.5. Algunas conclusiones

El objetivo de este primer capítulo consiste en trazar las coordenadas especulativas fundamentales en las cuales se encuadrará el realismo feminista que desarrollaremos en adelante. Nos concentramos en la categoría de «diferencia», para desplazarnos transversalmente desde ella a otras categorías nucleares como identidad, sustancia, sujeto, mediación y negatividad, también estructurantes del edificio conceptual trazado. Tales nociones fueron entendidas por la tradición hegemónica en los términos de un dualismo sustancialista, lógicamente abstracto y epistémicamente representatitvo, que sostuvo durante milenios la construcción jerárquica, centralizada y esencialista del falogocentrismo hegemónico.

El golpe de gracia a esa milenaria construcción provino de la especulación misma y, en concreto, del idealismo absoluto, con el cual acontece en la filosofía la superación no-dualista de la diferencia. Subrayamos en estas páginas la emergencia del idealismo clásico alemán como punto de ruptura e inflexión especulativa, en cuyo contexto gravita el posestructuralismo francés, el nuevo giro especulativo y, en definitiva, el feminismo de la diferencia que propondremos en este libro. La superación del dualismo esencialista por el monismo dialéctico, la (des-)fundación del acto puro trascendente por la virtualidad dinámica del origen, la implosión del representacionismo abstracto por la espontaneidad creadora, la diseminación de la sustancia inmediata en el devenir medial del sujeto, todos estos son algunos principios sobre los cuales se afirma la revolución especulativa que el idealismo se propuso.

La inflexión conceptual del idealismo consiste en haber asignado a la diferencia el derecho de la identidad y atribuido a lo otro la construcción de lo mismo. Su inmanencia especulativa es lo suficientemente dialéctica para no dejarse seducir por los ecos patriarcales del gran Otro trascendente ni por la bienaventuranza eterna del último fin. Frente a la lógica dualista y salvacionista del entendimiento representativo, la inmanencia dialéctica afirma el juego negativo de la identidad, capaz de sostenerse en la apertura creadora un permanente diferir. A partir del idealismo, la identidad se concibe reflexivamente en y por la negatividad virtual de su diferencia. Dualismo, fundacionalismo y finalismo lineal quedan superados por el desdoblamiento relacional de lo uno, que resulta en todo caso 3. Desde entonces, el origen es mediación, lo absoluto es resultado y el devenir, eterna repetición creadora.

La posteridad idealista del pensamiento francés, de fuerte sesgo antropocéntrico, material y fenomenológico, se esforzó por extraer todas las consecuencias posibles de un diferir esencial, que implosiona los límites del entendimiento representativo. El nuevo paradigma de una identidad circular, contradictoria y diferenciante se impuso bajo el nombre de *difference* o *différance*, en sí misma indeterminada, infinita y activamente creadora. La *difference* opera de manera circular, relacional y recíproca por el desdoblamiento de sí misma en la eterna repetición de lo finito. Su inmanencia radical actualiza el continuo devenir transformador de todas las cosas, ya no tan claras y distintas como supieron ser en su pasado cartesiano.

Finalmente, el último pensamiento francés abandona el paradigma lingüisticista que dominó a la posmodernidad estructuralista para volver a la tradición especulativa del idealismo y reinvindicar el acceso a lo real en su propia diferencia. Lo que Adrian Johnston denomina el último programa sistemático del idealismo[53] propone la liberación del espíritu a la espontaneidad emergente de la vida material. Mientras que el idealismo clásico ponía el acento en la construcción del absoluto en la inmanencia material, la nueva especulación acentúa la construcción de la materialidad misma como absoluto virtual. En este último caso, la diferencia esencial de la materia, su no-totalidad más-que o trans-material, es interpretada como ruptura de una realidad en desajuste estructural e insuperable consigo mismo.

Lo descrito hasta aquí constituye el marco especulativo desde el cual emergerá en lo sucesivo la discusión de la diferencia sexual como cuestión filosófica y, estrictamente dicha, ontológica. El objetivo que perseguiremos podría resumirse en concebir –conceptiva y conceptualmente– la diferencia sexual como diferir ontológico, y eso significa al menos dos cosas. Primero, significa pensar la identidad, subjetividad o esencia femenina en los términos autodiferenciantes de su propio desdoblamiento creador. Segundo, y quizás más relevante, significa pensar la diferencia ontológica asumiendo como paradigma metonímico el

---

[53] Cf. Adrian Johnston, *Adventures in Transcendental Materialism. Dialogues with Contemporary Thinkers*. Edimburgo, Edinburgh University Press, 2014, pp. 23, 13.

cuerpo femenino. Lo primero supone una especificación sexual de la diferencia ontológica; lo segundo, una universalización ontológica de la diferencia femenina. Reontologizar la diferencia sexual y sexualizar la ontología, concebir y nombrar lo real en femenino y lo femenino en realidad sintetizan la propuesta de una ontología feminista, tan particular y singularísima como universal.

CAPÍTULO 2

El feminismo de la diferencia

El feminismo de la diferencia nace del mutuo intento por restituir la diferencia sexual a la filosofía y relaborar la diferencia ontológica desde la identidad femenina. La resexualización de la diferencia ontológica no impacta solo en la concepción de las mujeres empíricamente consideradas, sino que abarca radicalmente la concepción de la mujer *tantum* en su devenir esencial, lugar del origen, sentido del ser y la vida. Una filosofía de la diferencia sexual está llamada a reconsiderar y resignificar el mito de la caverna y su cielo solar, las fantasmagorías de los ideales perfectos, el vaciamiento de la materia, la caída original del nacimiento, la maldición de los cuerpos, la profanación de la vida, las tablas de la Ley y ese tabú punitivo que criminaliza la existencia mater/real.

Dicho en otras palabras, el feminismo de la diferencia sexual apunta a la refundación del sentido del ser en su totalidad por la recuperación del origen matricial de la existencia. A esta concepción esencial, que es ginergia activa y creadora, nos atreveremos en lo sucesivo, siguiendo las marcas de las grandes pensadoras de la diferencia.

2.1. En el principio fue el matricidio material

Comenzaremos este capítulo inscribiendo la tesis histórica y conceptual que articular este trabajo. A saber: el origen, fin y sentido del falogocentrismo reside en la apropiación de la fuerza creadora de la mujer y la negación del vínculo inmediato con la matriz de la vida, lo cual habilita la doble conversión de las mujeres y su descendencia en propiedad privada del varón, desapegada de su razón vital. El universal despliegue ideológico y político del patriarcado, desde sus micro- hasta sus macro-acciones políticas subsidiadas por los recursos, estrategias y métodos simbólicos y físicos más diversos, toda esa parafernalia responde al objetivo de dominar la fuerza reproductora de la mujer y apropiarse de su progenie, quebrando y reprimiendo el vínculo directo que los une a la matriz de vida.

Así las cosas, entonces la quintaesencia del falogocentrismo no es de naturaleza sexista, ni heterosexista, ni cisgenérico-normativa, sino de naturaleza ontológico matricial y consiste en la alienación del vínculo mater/real, del cual depende tanto el lugar del origen como el *continuum* vital y la virtualidad expansiva de la existencia. Suponemos entonces que el modelo metafísico del falogocentrismo hegemónico, es decir, su dualismo sustancialista y heterosexista, exige como condición de posibilidad la ruptura del monismo vitalista que la unidad matricial expresa. En la pérdida de la relación matricial por la imposición trascendente del falo-onto-teo-logo-centrismo reside el núcleo duro del patriarcado como alienación no solo de las mujeres, sino de la humanidad, la naturaleza y la realidad en su conjunto.

La historia oficial, la de ellos, comienza con la lucha a muerte no entre el amo y el esclavo, sino entre el varón y la madre. El comienzo no dicho de la historia patriarcal es el asesinato simbólico y no solo simbólico de la madre, junto con la conversión de su descendencia en propiedad privada de un varón jurídicamente instituido en padre. La primera y fundacional apropiación, esa que hizo posible todas las demás alienaciones y dominaciones, acontece sobre el seno materno por obra del varón vencedor. La reificación de la vida humana como mercancía masculina signó el destino de ese *homo lupus homini* que fue antes que nada el lobo de sus propios hijos e hijas.

Historiadores tan diversos como Lewis Henry Morgan, Friedrich Engels, Gerda Lerner o Françoise Héritier disponen el comienzo de la civilización histórica en la explotación de un sexo por el otro. Morgan ubica la "clase sexual"[1] en la raíz de todo el aparato clasista, mientras que Héritier comenta al respecto: "buscando de dónde podía provenir esa valencia diferencial de los sexos y cuáles serían los fenómenos tomados en consideración en primer lugar para explicar su presencia universal, he llegado a la conclusión hipotética de que no se trata tanto de una carencia por parte de las mujeres (fragilidad, peso y talla inferiores, inconvenientes derivados del embarazo y la lactancia), cuanto de la

---

[1] Lewis H. Morgan, *Ancient Society*. Tucson, University of Arizona Press, 1985, pp. 49-50.

expresión de una voluntad de control de la reproducción por parte de quienes no disponen de ese poder tan particular. Esto lleva a hablar de la procreación".[2] Gerda Lerner convalida la presunción de Héritier afirmando que "la opresión de las mujeres antecede a la esclavitud y la hace posible".[3] Se trata, en efecto, de controlar primero la condición de posibilidad material del orden social, a fin de controlar luego su sistema de producción.

La tarea del pensamiento feminista, que comienza por visibilizar el dato histórico de la dominación, consiste estrictamente en deconstruir y convertir el dato empírico en un concepto transformador de lo real, es decir, en reconstruir la concepción mater/real de la existencia. Tal es la propuesta disruptiva, novedosa y regeneradora de Luce Irigaray cuando afirma que "toda la cultura occidental reposa sobre el asesinato de la madre".[4] En efecto, no se trata aquí de una mera constatación de hecho, sino de una estricta creación conceptual sobre la cual asienta el proyecto origariano de refundación cultural. Si es verdad que "occidente ha construido su subjetividad en contra de su origen natural",[5] la cuestión consiste en desenmascarar el matricidio y restituir lo real a su verdadero nacimiento

A la tesis del matricidio falogocéntrico le sigue la segunda tesis histórica y conceptual que sostiene nuestro trabajo. A saber, la liberación de la capacidad creadora de la mujer y la restitución de su autonomía material y simbólica como clave del proyecto cultural feminista. En la habilitación ontológica de la fecundidad femenina reside a nuestro juicio la quintaesencia del feminismo como teoría y praxis emancipatoria, no sólo de las mujeres, sino de lo real en su conjunto. Luce Irigaray enuncia ese proyecto en una afirmación instituyente: "es importante que descubramos y afirmemos que nosotras somos siempre madres desde que somos mujeres. Nosotras creamos y procreamos algo más que niños: amor, deseo, lenguaje, arte, sociedad, política, religión etc. Esta creación, esta procreación nos ha sido secularmente prohibida y es

---

[2] Françoise Héritier, *Masculino/Femenino. El pensamiento de la diferencia*. Barcelona, Ariel, 1996, vol. I, p. 24.

[3] Gerda Lerner, *La creación del patriarcado*. Barcelona, Crítica, 1990, p. 124.

[4] Luce Irigaray, *Le corps-à-corps avec la mère*. Montreál, Les editions de la pleine lune, 1981, p. 81.

[5] Luce Irigaray, *Key Writings*. Nueva York, Continuum, 2004, p. IX.

necesario que nos reapropiemos de esta dimensión maternal que nos pertenece en tanto que mujeres".[6] A la reconstrucción de esa libertad creadora específicamente femenina, esencialmente humana y vitalmente universal se ordena el feminismo de la diferencia que describiremos en este libro.

Antes de hacerlo, nos detendremos en las principales categorías que enmarcan la epistemología feminista de los últimos 50 años a fin de posicionar en ella las teorías del diferir sexual.

2.2. Sexo, género y *queerness*

Desde el feminismo ilustrado del siglo XVIII y la primera ola sufragista del siglo XIX hasta el último giro material del nuevo milenio, pasando por la radicalización sexual de la segunda ola y la multiplicidad interseccionada y decolonizante de la tercera, a lo largo de ese complejo proceso de crecimiento y expansión, el pensamiento feminista ha elaborado una serie de conceptos y categorías en permanente disputa y redefinición. Cada una de esas nociones define un campo de exploración y acción específico que no por acotado resulta menos creativo o enriquecedor. Una de las grandes categorías que ha modelado el campo de discusión feminista de los últimos 50 años es la categoría de «género», netamente distinguida de la de «sexo», y eventualmente terciadas en el sistema «sexo-género». La noción de sexo, por su parte, se refiere a una realidad biológica determinada por cierta composición genética, hormonal, neuronal, gonádica y fenotípica, mientras que la sexualidad designa el ejercicio del sexo conforme con una multiplicidad de elementos psíquicos, consciente e inconscientes. El género en cambio expresa los comportamientos culturalmente asignados a cada sexo, producidos y reproducidos a través de múltiples mecanismos de socialización y educación. A diferencia del sexo biológico, el género constituye una categoría socio-política tendiente a visibilizar las variables culturales que han mediado la construcción histórica de los cuerpos sexuados. En una estricta correlación dualista, el sexo se ubica del lado de la –así supuesta– necesidad natural, determinista e inmutable,

---

[6] Luce Irigaray, *Le corps-à-corps avec la mère...*, *op. cit.*, p. 28.

mientras que el género responde a la contingencia cultural, lingüística y siempre diversificada de las relaciones sociales y políticas.

Bajo el impulso de cierto constructivismo nominalista y sociologizante, la categoría de género ha logrado imponerse como lugar obligado de las teorías y praxis feministas, especialmente promovida por el feminismo institucionalizado a través de órganos de gestión internacional bajo la clara ascendencia norteamericana. Su nombre ha ganado la calle, los medios masivos de comunicación y la academia como sustitutito genérico de las mujeres, pero también de varones, gays, intesexuales, travestis, etcétera. Desde el punto de vista etimológico, el término «género» proviene del latín *genus-eris* y designa, en primer lugar, el origen o nacimiento; en segundo lugar, un nacimiento común o modo de ser compartido. Raza, patria, familia o ascendencia se cuentan entre esas modalidades compartidas, así como lo hace también el sexo. Desde el punto de vista gramatical, el género constituye una categoría lingüística en relación con el sexo –en el caso de algunos seres vivos– o con cierta asignación cultural del mismo –en el caso de seres inanimados–. En el caso de las lenguas romances, la atribución universal de uno u otro género expresa cierta aprehensión sexual de la realidad, ausente por ejemplo del inglés, donde sustantivos y adjetivos son genéricamente neutros o indeterminables. Es justamente en el ámbito anglófono y más precisamente anglo-americano donde surge el género como categoría de las teorías feministas.

La epistemología feminista toma la categoría de género del campo de la biología de mediados del siglo XX y, en concreto, de los estudios clínicos de John Money, sexólogo y endocrinólogo neozelandés, quien supuso la neutralidad sexual de varones y mujeres, y utilizó el género a fin de justificar la construcción psico-social de los roles femeninos y masculino, especialmente en aquellas personas intersexuales a quienes se les reasignaba uno de los dos sexos. En el mismo sentido, el sicoanalista americano Robert Stoller distinguió el sexo biológico de la construcción psico-social del género y la auto-percepción subjetiva del individuo. En el caso del pensamiento feminista, la asunción del género así entendido permitió visibilizar lo que Simone de Beauvoir conceptualizaba como el devenir cultural y político de la mujer, dualistamente separado de un ser mujer natural.

Durante las décadas del '70 y '80, las feministas americanas utilizaron el género para referirse a la organización social de las relaciones entre los sexos y su uso pasó a la academia como sustituto de la categoría «mujer», considerada un abuso esencialista y reaccionario. Con el género, el feminismo parecía liberar de una diferencia sexual que había sometido a las mujeres durante milenios. La historiadora americana Joan W. Scott propuso la definición ya canónica del género: "el género es un elemento constitutivo de las relaciones sociales basadas en las diferencias que distinguen los sexos y el género es una forma primaria de relaciones significantes de poder".[7] La definición de Scott articula los dos elementos determinantes del género, a saber, su doble referencia a la sexualidad biológica y la construcción política, ambas articuladas según un sistema de relaciones entre varones y mujeres determinado por la distribución jerárquica y excluyente del poder que empodera a los unos a costa de las otras. En tal construcción, el sexo biológico constituye el sustrato universal e indeterminado sobre el cual se inscribe el ordenamiento cultural del género como sobre una tabula rasa.

Masculinidad y feminidad genéricas son entonces el producto de una operación simbólica impresa en los cuerpos y las subjetividades. Teresa de Lauretis explica al respecto que "el género es una representación",[8] pero una representación performativa que simultáneamente actúa la construcción y deconstrucción de los cuerpos, es decir, una suerte de representación conceptual de lo real. En la medida en que "el género no es propiamente de los cuerpos o algo originalmente existente en los cuerpos, sino el conjunto de efectos producidos en los cuerpos, conductas y relaciones sociales por el despliegue de una tecnología política compleja",[9] en esa misma medida la teoría del género reedita el viejo dualismo de la receptividad material, pasivamente entregada a la acción del *homo* parlante.

Desde su aparición en la epistemología feminista, el género fue objeto de continuas discusiones y elaboraciones. En un primer momento –propio de la segunda ola feminista su noción fue comprendida en

[7] Joan W. Scott, "El género: una categoría útil para el análisis histórico", en Mary Nash y James Amelang (eds.), *Género e historia*. Valencia, Alfons el Magnánim, 1990, p. 44.

[8] Teresa de Lauretis, *Technologies of Gender: Essays on Theory, Film, and Fiction*. Bloomington & Indianápolis. Indiana University Press, 1987, p. 3.

[9] Ibid, p. 3.

referencia al dimorfismo sexual masculino-femenino. De allí surge la síntesis del «sistema sexo-género»,[10] de Gayle Rubin, entendido por su autora como la configuración social del sexo biológico que se presta pasivamente a la acción androcéntrica, activamente productora. Sin embargo, en un segundo momento, la noción de género eliminó la referencia a un sustrato material dado y absorbió lo real en un culturalismo lingüístico constructor de cuerpos, sexos, sexualidades, géneros y transgéneros sin distinciones epistemológicas ni medida de realidad comparativa. La propia evolución del concepto de género avanzó entonces desde su referencia dualista a lo biológico-natural hacia el monismo lingüístico de un constructivismo radical, determinante de la realidad entera en tanto que producto cultural.

La categoría sociopolítica del género, especialmente útil en los estudios históricos, sociales o culturales, tiene el mérito de haber puesto en cuestión la supuesta objetividad, neutralidad y universalidad de los modelos culturales hegemónicos, desenmascarando la operación política que los sostiene y explorando nuevas posibilidades de acción, subjetiva y colectiva. Sin embargo, su transposición al ámbito ontológico como última categoría explicativa supone un reduccionismo de corte sociologizante o lingüisticista que ha llevado a negar la consistencia ontológica de la identidad femenina y sustituirla por una nueva neutralidad indecidible capaz de devenir todos los géneros, sexos, sexualidades y corporalidades fantaseables y deseables. El punto de llegada de la absolutización del género y su implosión trasgenérica resulta ser —curiosamente— la identificación de la mujer con un constructo heterosexista, tal como se deduce de la indecidible y potencialmente infinita enumeración de mujeres, lesbianas, gays, bisexuales, travestis, bigénero, trigénero, cross-dresser, drag king, drag queen, femme queen, pangénero, pansexual, intersexual, asexual, transexual, persona trans, marimacho, género fluido, andrógino, tercer sexo, persona de experiencia transgénero[11] Según tal clasificación, indeciblemente siempre abierta, las

---

[10] Cf. Gayle Rubin, "The Traffic in Women. Notes on the Political Economy of Sex", en Rayna R. Reiter (ed.), *Toward an Anthropology of Women*. Nueva York y Londres, Monthly Review Press, 1975, pp. 157-210; traducido al castellano como "El tráfico de mujeres. Notas sobre la Economía Política del sexo", en Marta Lamas (ed.), *El género: la construcción cultural de la diferencia sexual*. México, PUEG, 1996, pp. 35-96.

[11] Cf. Slavoj Žižek, *Incontinence of the Void. Economico-Philosophical Spandrels*, The MIT

mujeres serían por definición constructo hetero-normativo; las lesbia-nas, bisexuales o marimachos no serían entonces mujeres; la identidad femenina se reduciría a los referentes simbólicos del estereotipo domi-nante; y, por lo tanto, la identidad femenina de la mujer estaría en el mismo plano que la identidad femenina de un travesti o un transexual mujer, es decir, que todas serían construcciones nominales medidas por el estereotipo hegemónico de una supuesta identidad femenina.

El constructivismo social del género erigido en categoría absoluta y método último de indagación ha recibido algunas críticas a las que ha-remos breve referencia. Gran parte de ellas se relacionan con la especi-ficidad de las nociones de «cuerpo vivo» o «subjetividad material», que el género reduce a mero sustrato pasivo. Se piensa así, por ejemplo, en un cuerpo dinámico, autopoiético, cambiante y espacio-temporalmente situado, que sintetiza tanto la dimensión cultural del género como la materialidad del sexo biológico.[12] El concepto de cuerpo vivo media lo físico y lo histórico, de manera tal que no vale a su respecto el dualismo naturaleza-cultura, ni la mera inercia de cualquiera de los términos, ni su absorción unilateral. Una fenomenología existencial del cuerpo así entendido pretende dar cuenta de la experiencia femenina, su in-timidad subjetiva y su universo simpatético, inconmensurable con un reduccionismo sociocolural. Según estas autoras, el concepto de cuer-po así vivido, sentido e inculturado supera tanto construccionismo del género cuanto el dualismo heterosexista, en virtud de materialidades móviles, volátiles y en continua transformación.

Por otro parte, la sicología profunda utiliza el concepto de «iden-tidad sexual» para expresar la constitución de la subjetividad sexuada a través de procesos psíquicos complejos, lentos, profundos y contra-dictorios, tanto conscientes como inconscientes. Silvia Tubert objeta en este sentido que el género ignora problemáticas profundas como la indeterminación sexual primitiva, el dinamismo de lo inconsciente, el

Press, Cambridge & London 2017, p. 135.

[12] Cf. Toril Moi, *What is a Woman and Other Essays*. Nueva York, Oxford University Press, 2001, pp. IX ss. Iris M. Young, *On Female Body Experience: "Throwing Like a Girl" and Other Essays*. Nueva York, Oxford University Press, 2005. Elizabeth Grosz, *Volatile Bodies. Toward a Corporeal Feminism*. Bloomington & Indianápolis, Indiana University Press, 1994. Moira Gatens, *Imaginary Bodies. Ethics, Power and Corporeality*. Nueva York, Routledge, 1996.

deseo, la fantasía, la angustia, el conflicto entre los sexos, etcétera, en resumen, que ignore la energía sexual capaz de cuestionar, contradecir y transformar los roles socioculturalmente asignados en el transcurso de cada historia individual. La conclusión de Tubert es que "el concepto de género viene a fijar el sentido, a congelar el proceso de interpretación y creación de la identidad sexual",[13] cuya singularidad irreductible supone la angustia y el deseo de una libertad en constante conflicto, construcción y resignificación.

En el ámbito macropolítico, Tubert objeta a la categoría de género la invisibilización de las mujeres y el vaciamiento de su identidad, reemplazada por una supuesta neutralidad sexual. Según Tubert, el reemplazo de la mujer por el género encubre la operación falogocéntrica de volver a negar la identidad femenina bajo un constructo indecidible y desenfocado que designa indiscriminadablente a mujeres, varones o intersexuales. Bajo este aparente pluralismo liberal, progresista y populista, el sistema hegemónico logra debilitar la fuerza emancipatoria de las mujeres, confundir sus reclamos y alienar sus reinvidicaciones políticas.

En consonancia con Tubert, las pensadoras de la diferencia sexual concluyen que "un feminismo sin mujeres es un resultado paradójico e inaceptable",[14] a lo cual podría añadirse que un posfeminismo sin mujeres es el resultado necesario del constructivismo culturalista. Luisa Muraro objeta que el *gender* anglo-americano obedece a un lenguaje representativo, técnico y objetivo, funcional a la epistemología dominante y negador del logos vivo, material y singularísimo de la condición matricial originaria. En síntesis, la aparente neutralidad del género esconde el efectivo falogocentrismo del sistema significante, camuflado ahora por la universalidad trans/post en la que todas las vacas son pardas.

La crítica al género procede también de la teoría *queer*, la cual objeta la subordinación del género al dualismo heterosexista y propone en su lugar la implosión lingüística de una multiplicidad indecidible de diferencias trans y posgenéricas producidas por acciones y relaciones sociopolíticas genéricamente indeterminables. En esta línea, Judith Butler considera el género como una categoría ilusoria, falsa y en última

[13] Cf. Silvia Tubert (ed.), *Del sexo al género. Los equívocos de un concepto.* Valladolid, Cátedra, 2003, p. 399.

[14] Luisa Muraro, "La verdad de las mujeres", en *Duoda. Estudis de la Diferència Sexual.* Barcelona, 38 (2010), p. 91.

instancia opresiva de la realidad individual, sexualmente indeterminable e indecidible. Según Butler, el concepto de género procede de la misma lógica representativa y abstracta que el sistema dominante, y sostiene la heterosexualidad normativa del falogocentrismo. En lugar del género, la autora propone la diseminación indecidible de los géneros y la disrupción de toda normatividad sexual establecida por la acción performativa del discurso, del cual resultan identidades dinámicas, múltiples y en continua construcción.

Dicho de otro modo, la mujer es para Butler una categoría discursiva, políticamente útil, aunque ontológicamente irreal, toda vez que lo real es la práctica discursiva que la dice: "un término en procedimiento, un convertirse, un construirse del que no se puede afirmar tajantemente que tenga un inicio o un final. Como práctica discursiva que está teniendo lugar, está abierta a la intervención y a la resignificación".[15] La acción política de la *queerness* posfeminista procede y redunda sobre un sujeto lingüístico, compleja y contradictoriamente construido por diferencias estructurales de índole, en última instancia, sociopolíticas. La opinión de Butler es compartida por Linda Nicholson, para quien una política posfeminista no exige la representación clara y distinta de una entidad sustancial «mujer», sino el constructo discursivo de dicha entidad tal como ha sido enunciado históricamente. La teoría de Nicholson se apoya en la idea wittgensteiniana del lenguaje en tanto que juego, "es decir, como una palabra cuyo sentido no se descubre a través de la elucidación de unas características específicas, sino mediante un entramado muy complejo de características".[16] No hablamos aquí del juego ontológico de un lenguaje real, sino del juego lingüístico de lo irreal, cuya mujer transgénero, transexo y posfeminista se ha emancipado de toda normatividad.

En una segunda vuelta crítica, el propio lingüisticismo *queer* es nuevamente criticado y superado por el así llamado "giro materialista"[17] o "nuevo materialismo"[18] feminista, al cual hemos aludido en el capí-

---

[15] Judith Butler, *El género en disputa. El feminismo y la subversión de la identidad.* Barcelona, Paidós, 2001, p. 98.

[16] Linda Nicholson, "La interpretación del concepto de género", en Silvia Tubert (ed.), *Del sexo al género…, op. cit.*, p. 75.

[17] Cf. Stacy Alaimo y Susan Hekman (eds.), *Material Feminisms.* Bloomington, Indiana University Press, 2008.

[18] Término acuñado por Manuel de Landa y Rosi Braidotti, según la referencia de Rick

tulo precedente. La principal objeción material al lingüisticismo *queer* consiste en el vaciamiento falogocéntrico de la materia como mero receptáculo de la acción sociopolítica, crítica que se hace extensiva al viejo materialismo marxista del feminismo francés, representado por Christine Delphy, Rosemary Hennesy o Monique Wittig. El nuevo paradigma material propone, en lugar de relaciones de poder económicas, un concepto especulativo de la materia, cuya reflexividad autoactiva y autodiferencial permanece en continuo desdoblamiento y mediación. El giro neomaterial del feminismo acusa, por una parte, el impacto de los últimos avances científicos y tecnológicos en áreas como genética, las neurociencias, la física, la informática, etcétera. Por la otra parte, acusa la influencia ontológica del último giro especulativo y realista al que suscribimos en estas páginas.

Teóricas como Rosi Braidotti, Elizabeth Grosz, Iris van der Tuin o Catherine Malabou critican el vaciamiento material del lingüisticismo *queer* y reclaman la categoría de la diferencia –que es diferir– sexual en la superación de la queerness indeterminable. Según Rosi Braidotti,[19] el indecidible logos *queer* comparte la tácita feminofobia y eliminación femenina del logos fálico, operada en este caso por un imaginario transexual omni inclusivo. En la interpretación de Braidotti, la multiplicación indecidible de singularidades *queer*, trans o postsexuales presume resolver la dominación de las mujeres por su eliminación de las mismas, inspirado en el abolicionismo de tradición marxista. En última instancia, el transexual-feminofóbico del imaginario *queer* refleja para la autora un esencialismo reificante de contraidentidades, que en rigor de verdad consolidan los estereotipos dominantes e intercambian referentes simbólicos, en lugar de transformarlos internamente.

Elizabeth Grosz coincide con Braidotti en el carácter reactivo y esencialista de la *queerness*, la cual resulta "básicamente una categoría reactiva que se ve a sí misma en oposición a la norma establecida".[20] En consonancia con el falogocéntrismo marcado por Braidotti, Grosz

Dolphijn en *New Materialism: Interviews and Cartographies*. Michigan, Open Humanities Press, 2012, p. 48.

[19] Cf. Rosi Braidotti, *Metamorfosis. Hacia una teoría materialista del devenir*. Madrid, Akal, 2005, pp. 25-86.

[20] Elizabeth Grosz, *Space, Time, and Perversion. Essays on the Politics of Bodies*. Nueva York y Londres, Routledge, 1995, p. 219.

observa que incluso dentro del imaginario *queer* o *gay*, los cuerpos y deseos de las mujeres lesbianas resultan subrepresentados en comparación con la sobreexposición de los cuerpos y deseos masculinos. De aquí resulta para Grosz la urgencia de especificar el sexo y sexualidad de los cuerpos *queer* o *gays* en cuestión, a fin de visiblizar la secundariedad de las mujeres lesbianas en favor del varón gay o trans, cuyos intereses y perspectivas son, por decir lo menos, dudosamente compatibles con los intereses de las mujeres, sean estas lesbianas, heterosexuales o bisexuales.

Iris van de Tuir[21] considera además que el postfeminismo trans corta los vínculos con la genealogía de mujeres y el pasado feminista, tachado de esencialista y universalista, con lo cual paraliza la lucha de las mujeres. El supuesto postfeminista es que en una sociedad transgenérica y postpatriarcal, ni el feminismo ni las mujeres serían ya necesarias. En última instancia, el materialismo de Catherine Malabou afirma que la desontologización de las mujeres efectuada por el nominalismo postfeminista constituye una "violencia teórica",[22] habilitante de la violencia social y política contra las mujeres reales. Teoría del género y deconstrucción reproducen para la autora la negación de la identidad femenina, bajo equívoco conceptual de confundir identidad con entidad sustancialista, esencia con inmutabilidad de comportamientos socioculturales, y diferencia con dualismo abstracto.

Para sintetizar estos párrafos, entendemos que la absolutización ontológica de la categoría de género como construccionismo radical culmina hoy en el relativismo lingüisticista de la *queerness*, desde el cual se postula la superación del dualismo heterosexista por la diseminación *trans*, en cuya noche todas las vacas son pardas y todos los sexos con «neutres». En tal contexto, hablar de mujeres significa hablar de constructos heterosexistas, con ciertas connotaciones lingüísticamente abusivas, esencialistas y transfóbicas. Las mujeres somos así aplanadas en la lista de MLGBTQIANSBF+, y cualquier intento por señalar la diferencia sexual es considerado discriminatorio y estigmatizante. A contramano de esta aparente neutralización sexual, lo cierto es que las mujeres –las

---

[21] Iris van der Tuin, *Generational Feminism: New Materialist Introduction to a Generative Approach*, Lexington Books, New York & London 2014.

[22] Catherine Malabou, *Changing Difference. The Feminine and the Question of Philosophy.* trad. Carolyn Shread. Cambridge & Maden, Polity, 2011, p. 99.

que son algo más que mero constructo heterosexista– no han superado ni la explotación, ni el saqueo, ni la miseria que las atraviesa. Ellas siguen siendo violadas, cosificadas, asesinadas, muriendo por abortos clandestinos; siguen alquilando sus úteros y vendiendo sus hijos e hijas a la supremacía masculina de indecidible construcción genérica; ellas perpetúan su condición de más pobres, más solas, más viejas. Mientras que el imaginario trans/pos continúa diseminando sus deseos a la medida de un falogocentrismo encubierto, liberal y progresista, la única objeción al constructo es lo real femenino.

En tal contexto cultural, entendemos que el mayor desafío conceptual del feminismo de la tercera ola consiste en una concepción de la realidad femenina capaz de superar el dualismo heterosexista, sin perderse ni abolirse a sí misma en la pura indiferenciación asexual. Tal es, a nuestro juicio, la tarea de la diferencia sexual concebida como dinamismo ontológico, material e inmanente, originario y medial. Junto con el feminismo de la diferencia sexual, asumiremos entonces el desafío de elaborar una identidad femenina múltiple y heterogénea, capaz de superar las confrontaciones dualistas y los estereotipos de género en virtud de su propia materialidad deseante, la plasticidad de sus sexualidades y la libertad de su goce creador.

2.3. La diferencia sexual es diferencia ontológica

Concebida como diferencia ontológica radical, la diferencia sexual conserva la fuerza de la identidad femenina en el diferir contingente de su producción, la fluidez de su deseo y la singularidad de su universal siempre concreto. Ella constituye una categoría integradora, que supera el insoluble dualismo sexo-género, naturaleza-cultura, cuerpo-lenguaje, identidad-diferencia etcétera, mediante el dinamismo reflexivo y creador de una identidad autodiferenciante. La «diferencia» de la diferencia sexual es, por lo tanto, un concepto especulativo, disruptivo y resignificante del dualismo metafísico. Si la tradición occidental sostuvo durante milenios el *statu quo* del dualismo sexual según el cual "él es el Sujeto, él es lo Absoluto: ella es el Otro",[23] lo cierto es que su hegemonía comenzó a desmoronarse cuando la diferencia ganó el

[23] Simone de Beauvoir, *El segundo sexo*, trad. Pablo Palant. Buenos Aires, Ediciones Siglo XX, 1972, vol. 1, p. 12.

derecho a la identidad. El feminismo de la diferencia recoge esa larga tradición que define a la mujer como la otra, lo extraño, lo negativo, para resignificar su diferencia fuera del dualismo abstracto y en el seno de una inmanencia reflexiva y medial.

Luce Irigaray ha afirmado de manera programática que "la diferencia sexual representa una de las cuestiones o la cuestión que se debe pensar en nuestra época",[24] confiando en ella la energía refundacional de la cultura falogocéntrica. En una primera aproximación, pensar la diferencia sexual supone rescatarla de una proscripción atávica, visibilizar sus marcas ocultas en la historia oficial y transvalorar la negatividad que le ha sido achacada durante milenios. Sin embargo, en otro sentido más profundo, no se trata solo de pensar lo no-pensado o de reinterpretar lo distorsivamente representado por el logos hegemónico, sino ante todo de restituir el sentido del ser a su economía mater/real inmanente, creadora, dialéctica, medial, fluida, plástica, erógena, relacional y recíproca. Solo ese «otro logos»[25] mater/real puede romper el maleficio de la diferencia dualista para recuperar su *ginergia* vital, libre y liberadora. La propuesta del feminismo de la diferencia consiste entonces en liberar el sentido positivo de la diferencia sexual a fin de hacerlo jugar como matriz de una reconstrucción subjetiva, ética, política, religiosa y, en última instancia, ontológica.

La diferencia sexual es diferencia ontológica, es decir, esta "se juega en el nivel constitutivo del ser humano"[26] y atraviesa todos los niveles y planos de su constitución. Ella es además diferencia ontológico-especulativa, concebida por el desdoblamiento inmanente de la identidad como dinamismo autodiferenciante, negatividad reflexiva y fuerza concipiente en continua transformación. Valga insistir entonces en que la diferencia sexual no es la determinación simple e inmediata del sustancialismo abstracto, sino el desdoblamiento negativo y medial de la autodiferenciación dialéctica. Valga aclarar también que, por superar el intelectualismo sustancialista, su concepto escapa a la representación

---

[24] Cf. Luce Irigaray, *Éthique de la différence sexuelle*. París, Les Éditions de Minuit, 1984, p. 13.

[25] Aludimos aquí a la obra de Elsa Drucaroff, *Otro logos. Signos, discursos, política*. Buenos Aires, Edhasa, 2016.

[26] Diotima, *Oltre l'uguaglianza. Le radici femminili dell'autorità*. Napoli, Liguori Editore, 1995, p. 110.

clara y distinta, para determinarse por la actualidad concipiente y conceptiva de lo real.

La diferencia sexual es, como toda diferencia especulativa, acontecimiento creador, *factum* concreto de un empirismo superior que se concibe a sí mismo en la repetición de lo producido. En tanto que conceptualidad creadora, la diferencia es praxis efectiva determinante de todos los planos y niveles constitutivos de lo humano, desde el ontológico, biológico y sexual, hasta el ético, político, religioso, etcétera. Es por lo mismo una categoría medial, que tanto escinde y separa como une y relaciona los elementos diferenciales de su identidad. Naturaleza y cultura, sustrato dado y construcción histórica, necesidad y contingencia, intimidad subjetiva y exterioridad física son, en su mediación, determinaciones relacionales de una misma acción recíproca, realizada por desdoblamiento inmanente. Lia Cigarini subraya en este sentido la eficacia de la diferencia femenina como "mediación universal"[27] atributo propio de su condición originaria y circular, repetida en toda producción.

Por otro lado, la diferencia ontológica-sexual constituye una categoría material, inscripta en el cuerpo vivo y deseante. Rosi Braidotti explica que, en este sentido, la diferencia sexual está "codificada en la carne, como una memoria elemental, como un banco de datos genéticos que precede a la entrada en la representación simbólica".[28] El sujeto de la diferencia es, por lo tanto, encarnado, corporal, emergido de su propia materialidad sexuada y marcado por ella en cada célula de su constitución. Esto significa que la diferencia sexual comprende el sexo biológico y la sexualidad en la cual este se actualiza como deseo y goce. Sin embargo, ya que en rigor conceptual la simple inmediatez se produce como desdoblamiento medial de sí misma, resulta que la materialidad sexuada es siempre concretamente diferida en la negación/mediación cultural e histórica.

La diferencia sexual es, por lo tanto, actualización recíproca de lo natural y lo cultural en la inmanencia material de la identidad femenina. El *factum* de su inmediatez se da siempre sintetizado por múltiples dimensiones que integran lo físico y lo síquico, lo natural y lo histórico,

---

[27] Lia Cigarini, *La política del deseo. La diferencia femenina se hace historia*, trad. Maria-Milagros Rivera Garretas. Barcelona, Icaria, 1996, p. 229.

[28] Rosi Braidotti, *Metamorfosis…, op. cit.*, p. 67.

la materia y el espíritu, lo pre-lingüístico y lo lingüístico, etc. Luisa Muraro afirma al respecto que la diferencia se presenta siempre "revestida, transvestida, traducida y superinterpretada"[29] por diversos modos de *ser, actuar y pensar*, de manera que esta no subsiste sustancialmente en sí misma, sino que se desdobla reflexivamente en infinitas repeticiones. La diferencia sexual crea universos, multiplicidades y singularidades diferenciales, intensidades simbólicas y líneas de progresión específicas que actualizan su virtualidad infinita. Es por eso que constituye una categoría descentrada en el sentido de su continuo desdoblamiento en todas las cosas.

Podría decirse que el *conceptum* de diferencia sexual incluye el género como mediación histórica y cultural de la identidad femenina, es decir, en tanto categoría relativa a una diferencia ontológica que lo excede, por no agotarse ni en las contingencias históricas ni en la normativa extrínseca de los estereotipos culturales. Lo mismo vale para el sexo biológico incluido en la diferencia sexual, sin agotarla ni reducirla a dualismo heterosexista. En efecto, la diferencia sexual no se mide por 2 sexos sustancialistas, opuestos y reificados, sino por un diferir dinámico, múltiple y heterogéneo, cuyo dimorfismo incluye continuidades, transposiciones y semejanzas.

Antes de avanzar sobre el *conceptum* ontológico de diferencia sexual tal como sus principales representantes lo piensan, quisiéramos precisar y despejar la principal crítica de la cual ha sido objeto, a saber, la objeción esencialista, concomitante con el dualismo heterosexista que también se le suele achacar. La objeción responde al modelo dualista del sustancialismo clásico e interpreta la diferencia sexual como una suerte de división extrínseca entre dos mitades opuestas y excluyentes: la mitad masculina y la mitad femenina. Ambas mitades reflejarían en el ámbito temporal, finito y contingente la participación de una esencia eterna, trascendente e inamovible. Feminidad y masculinidad funcionarían entonces como opuestos ya irreconciliables ya complementarios, pero, en cualquier caso, dependientes de una idea abstracta que los compara y mide mutuamente, el uno por privación del otro.

La objeción esencialista supone que la esencia es una entidad simple y positiva, fundamento trascendente y causa determinante de toda

---

[29] Diotima, *Oltre l'uguaglianza…*, *op. cit.*, p. 112.

sustancia o accidente. Tal definición de la esencia corresponde a la lógica del intelectualismo abstracto –para el cual A es A y no puede ser no-A– y se expresa en sustancias inmediatamente autoidénticas. En pocas palabras, se trata de la interpetación clásica de la esencia, extrapolada del ámbito ontológico al sociológico como correspondencia necesaria entre algunos rasgos biológicos y otros rasgos culturales con un patrón inamovible. Sin embargo, la definición clásica de la esencia y sus interpretaciones ya sociologizantes ya biologizantes poco tienen que ver con su resignificación inmanente y dinámica fuera del dualismo sustancialista y en el seno de un monismo dialéctico.

En efecto, y como vimos en el capítulo precedente, hace más de dos siglos que la modernidad decidió superar el sustancialismo clásico de una esencia autoidéntica e inmóvil por una esencia dinámica y autodiferencial, ya sea en la línea idealista-hegeliana de una pura negatividad reflexiva, dialéctica y creadora, ya sea en la línea spinoziano-deleuziana de una pura potencialidad afirmativa y productora. En ambos casos –determinantes, por lo demás, del pensamiento contemporáneo– la esencia encarna la fuerza concreta de un diferir transformador de lo real. Tal es el concepto especulativo de esencia que suponemos en la identidad femenina, sin riesgos ni fantasmas esencialistas, como tampoco sin los riesgos desontologizantes y relativistas del antiesencialismo. En otras palabras, el concepto clásico de esencia alimenta un debate esencialismo/antiesencialismo, naturalismo/culturalismo, infértil y absurdo por su propio paradigma dualista.

Cuando autoras como Irigaray o Muraro, para mencionar solo algunas, se refieren a la irreductibilidad del ser mujer no se representan con ello una suerte de eterno femenino, abstracto e inmóvil, sino que más bien se elevan al dinamismo de una identidad conceptiva, capaz de flexionar sobre su propia negación a fin de repetirse infinitamente. La esencia femenina, su identidad, es diferencia ontológica, vale decir, auto-diferenciación activa y creadora. Ontológicamente considerado, el destino de la diferencia sexual consiste en negarse y devenir otra Su tensión inmanente revela, antes que la inmovilidad eterna del ser, la continua emergencia de una negatividad esencial hecha de tiempo, contingencia y finitud. Su alteridad revela, antes que la comparación extrínseca y estática con la representación de lo masculino hegemónico, la fuerza intrínseca del nacimiento inmanente.

Una vez que el modelo estático del dualismo es reemplazado por la estructura de un monismo dinámico y la imposibilidad abstracta de lo contradictorio es superada por su realización efectiva y medial, entonces la diferencia sexual abandona la oposición relativa de dos sexos para concentrarse en su propia contradicción inmanente y radical, esto es, en la relación de identidad consigo misma, que es siempre relación de no-identidad. Y lo análogo vale para la sujeta de la diferencia sexual, descreída de la conciencia sustancial clara y distinta, y comprometida con su propia escisión. La subjetividad de la diferencia sexual se afirma en su propia contradicción para allí nacer y dar nacimiento; esta sostiene su propio devenir libre y creador atravesado por las múltiples oposiciones y diferencias que sea capaz de gestar.

En síntesis, la esencia de la diferencia sexual no alude al eterno femenino sustancialista y abstracto ni se mide por la oposición relativa del otro sexo, sino que designa la identidad negativa y medial que indetermina a la mujer a fin de habilitar su libre determinación. La esencia no indica tampoco la trascendencia de la idea, sino la inmanencia de la materia, origen diferencial del devenir intensivo. Por lo mismo, afirmar la identidad femenina está lejos de apuntar a un universal abstracto que generalice lo común a todas las mujeres empíricas, descartando dualistamente lo particular de ellas. Se trata, en cambio, de una unversalidad concreta, inmanente a sus particularidades e indisociable de ellas, en juego dialéctico y dinámico con el devenir singular, síntesis relacional, histórica y contingencia de sus múltiples diferencias.

Slavoj Žižek lo resume en estas palabras: "hombre y mujer no están ubicados en el mismo nivel ontológico, no hay dos especies del mismo género. La pareja primordial es más bien la de la mujer y el vacío (o la muerte: *das Mädchen und der Tod)* y el hombre viene segundo, el llena ese vacío introduciendo un desequilibrio en el universo"[30] Valga la redundancia, la diferencia sexual no es la oposición varón-mujer, sino el diferir virtual de lo femenino, que una larga tradición prehistórica –como volveremos a ver– asocia con el abismo nocturno y material del cual todo nace. Efectivamente, este sentido ontológico no dualista de la diferencia sexual parece gobernar la conciencia primitiva, mucho antes de que el imperio falogocéntrico separara de manera excluyente y

---

[30] Slavoj Žižek, *Disparities, Bloomsbury,* London & Oxford, 2016, p. 11.

jerárquica los opuestos. Para esa conciencia, la identidad de la diferencia sostenía la repetición cíclica del todo y su seno matricial albergaba la reciprocidad de los opuestos. Marija Gimbutas[31] comenta al respecto que esa conciencia no oponía lo femenino y masculino en el sentido del dualismo heterosexista, sino que los concebía como expresiones diferenciales de una misma energía viva y material inmanente en todas las cosas. En otras palabras, el dualismo de la diferencia sexual solo es pensable a partir de la trascendencia fálica del origen, mientras que resulta inconcebible desde la inmanencia mater/real.

Por eso, lejos de dividir el mundo en dos mitades sexuadas, el concepto de diferencia sexual retrotrae la identidad femenina, en sí y por sí, a su propia fuerza de realidad y sentido. Cuando la diferencia sexual de la identidad femenina no se mide en términos dualistas ni con la identidad ni con la diferencia masculina, sino en términos inmanentes con su propia potencialidad creadora, entonces emerge un nuevo paradigma ontológico que mide al ser en su sentido naciente.

De esa potencia material creadora capaz de dar/se a luz y sostener la vida, de contener lo otro como sí mismo y volver continuamente sobre su propia diferencia, de eso habla el feminismo de la diferencia que intentaremos elaborar en las páginas siguientes.

2.4. El feminismo de la diferencia sexual

Si bien el concepto de diferencia sexual constituye el presupuesto basal del feminismo a lo largo de toda su historia teórica y militante, su interpretación oscila entre el intento de eliminación por parte de las teorías del género y transgénero, y su resignificación positiva por parte de los feminismos de la diferencia sexual que abordaremos aquí. Estos últimos nacen en el contexto de la segunda ola feminista de la década del '70, a partir de la matriz especulativa del posestructuralismo francés y, concretamente, del concepto de *différence* o *différance* que repasábamos en el capítulo anterior. La *différence* del posestructuralismo francés, anticipada por la diferencia absoluta del idealismo alemán, proveerá el nuevo marco especulativo de la diferencia sexual, arrancada así de su prehistoria dualista. La diferencia del feminismo se instala entonces

[31] Cf. Marija Gimbutas, *The Goddesses and Gods of Old Europe. 6500-3500 BC. Myths and Cult Images*. Berkeley & Los Angeles, University of California Press, 1996, pp. 237-38.

en el contexto especulativo de un diferir inmanente y autorreferencial, cuyo arquetipo hay que buscarlo en la identidad femenina.

Visto en la perspectiva histórica de los movimientos feministas, el feminismo de la diferencia se presenta como una profundización y superación del reclamo político por la igualdad de derechos civiles y sociales de las mujeres, en función de una ontología diferencial que supone demandas y derechos sociopolíticos diferenciales y, a la postre, la transformación integral del sistema sociopolítico falogocéntrico al cual las mujeres deberían igualarse. En lugar de incorporar más mujeres al universo cultural y político instituido por la medida masculina, el feminismo de la diferencia apunta a la creación simbólica y práctica de una cultura autónoma del orden significante androcéntrico, derivada de la propia experiencia materialidad y subjetiva de las mujeres. Especulación, simbólica y praxis de la diferencia sexual se miden con la propia identidad sexuada.

La exponente primera, principal y más potente de este feminismo es Luce Irigaray (1930-), filósofa, sicoanalista y lingüista belga radicada en Francia. Su tesis doctoral en filosofía, *Speculum, de l'autre femme* (1974), le valió la expulsión del cargo docente que ocupaba en la *Université de Vincennes à Saint-Denis* y el ostracismo de la comunidad lacaniana en la cual se había formado. Al feminismo francés de la diferencia se acercan también, con algunas ambigüedades teóricas, Julia Kristeva, Hèléne Cixous, Michèle Le Doeuff e, incluso, Collete Soler, entre otras.

Bajo la influencia de Luce Irigaray nace en Italia la segunda gran usina del feminismo de la diferencia, liderado en este caso por Luisa Muraro (1940), filósofa italiana, docente e investigadora de la Universidad de Verona. Junto con Lia Cigarini y otras pensadoras, Muraro funda en 1975 la *Libreria delle Donne di Milano*, institución histórica del feminismo italiano, a la cual le siguió la fundación en 1983 de Diotima, comunidad modelo del feminismo de la diferencia, integrada por Chiara Zamboni, Wanda Tommasi y Adriana Cavarero, entre otras. El feminismo italiano replica igualmente en la comunidad catalana de pensadoras de *Duoda*, liderada por María Milagros Rivera Garretas.

Aunque ajena a la tradición continental del posestructuralismo francés, se acerca sin embargo al espíritu de la diferencia sexual la tradición del maternalismo político y el feminismo cultural americano de la primera ola, continuado a su modo por el feminismo radical de la segunda ola y resurgido en la ética y política del cuidado de finales del siglo XX. Si bien la tradición americana de principios del siglo XX no comparte los supuestos especulativos de la *différence* posestructuralista, en sus raíces pragmáticas y su teoría social todavía resuena la herencia del romanticismo y el actualismo idealista, verdadero motor de la transformación especulativa del pensamiento contemporáneo.

A continuación, intentaremos trazar las coordenadas fundamentales en las que se mueve el pensamiento de la diferencia sexual según sus principales exponentes. Nos referiremos en concreto a aquellas autoras e ideas que consideramos especialmente fecundas.

2.4.1. Anotaciones sobre Luce Irigaray

La filosofía de Irigaray funda y direcciona el pensamiento de la diferencia no solo por aquello que afirma explícitamente, sino en especial por aquello que hace posible pensar, por esos nuevos caminos de exploración que destraba y libera. Su afirmación fundacional, aquella que abre paso a todas las demás, consiste en el matricidio del logos hegemónico, perpetrado por la negación y represión de la vitalidad matricial. La segunda afirmación fundacional, esta vez de carácter constructivo, consiste en la liberación de la diferencia sexual a su concepción especulativa y su potencia de regeneración. Irigaray deposita en la diferencia sexual la fuerza refundacional y transfiguradora del pensamiento y la cultura.

La diferencia sexual es, para Irigaray, diferencia ontológica primordial, básica y universal, porque "la vida siempre es sexuada"[32] y sus sexos son "al menos dos".[33] La diferencia sexual se presenta así en una primera aproximación como diferencia vital, condición de posibilidad de la vida misma en su repetición inagotable. Esta diferencia sexual/vital expresa en por lo menos dos sexos su fuerza, impulso, *trieb* o eros potencial, y su alteridad creadora sustituye para Irigaray el uno abstracto e ingrávido de la universalidad masculina. Si la vida es sexuada y los sexos son, por lo menos, dos, entonces su universalidad es siempre

---

[32] Luce Irigaray, *Democracy Begins Between Two*, trad. Kirsteen Anderson. Londres, The Athlone Press, 2000, p. 37.

[33] Luce Irigaray, *I Love to You. Sketch of a Possible Felicity in History*, trad. Alison Martin. Nueva York, Routledge, 1996, p. 35.

alteridad: no-todo, incompletitud y negatividad. En lugar del puro universal formal, autoidéntico y autosuficiente, Irigaray afirma el universal concreto del dos: "lo universal es dos: es mujer, es varón",[34] y su diferencia inmanente comprende toda realidad finita. La diferencia sexual resulta así para Irigaray "el fundamento de la alteridad",[35] porque el "ser sexuado implica una negatividad, un 'no ser el otro', un 'no ser el todo'".[36] En esa no-totalización de la propia identidad consiste la formula irigariana de la sexuación.

El «ser-dos» irigariano no es dualista, sino dualidad, porque responde en última instancia a la identidad matricial que lo diferencia y mantiene unido. La diferencia sexual del «ser-dos» expresa para Irigaray el límite de la finitud, la renuncia a su omnipotencia narcisista y el carácter relacional de su identidad. El ser-uno del ser-dos significa entonces que "ni tú ni yo somos el todo o lo mismo, el principio de totalización",[37] somos por el contrario la negación de la totalidad, el no-todo de una unidad siempre fracturada. Sobre el supuesto de la alteridad sexual Irigaray articula su concepción del amor, la ética, la democracia, la cultura de la proximidad, la comunión vital, etcétera. En otras palabras, la diferencia sexual, que es díada o dualidad ontológica, salvaguarda la alteridad del otro, su irreductibilidad radical, y proyecta a partir de sí misma una nueva cultura del/ otro/a totalmente otro, en consonancia con algunas otras propuestas del pensamiento francés contemporáneo.

En cierto sentido y nivel de análisis, Irigaray piensa la diferencia sexual como alteridad ontológica, siguiendo un paradigma relacional «entre» dos singularidades inconmensurables e inapropiables. Este concepto de dualidad, que pretende escapar del dualismo por la pertenencia esencial al otro, coincide con la diferencia ontológica de tipo heideggeriano, lévinasiano o derridiano, donde lo otro es totalmente otro y su alteridad hace posible tanto la relación recíproca como la singularidad absoluta. Efectivamente, autores como Martin Heidegger, Emmanuel Lévinas, Martin Buber e, incluso Jacques Derrida, han pensado la diferencia ontológica en los términos de una trascendencia irreductible,

[34] Luce Irigaray, *Democracy Begins Between Two...*, op. cit., p. 29.

[35] Luce Irigaray, *Êntre Orient et Occident. De la singularité à la communauté.* París, Bernard Grasset, 1999, p. 167.

[36] Luce Irigaray, *Êntre Deux.* París, Grasset, 1997, p. 63.

[37] Luce Irigaray, *I Love to You...*, op. cit., p. 105.

constitutiva de un otro totalmente otro, infinito, inaprensible e inaccesible. Identidad y alteridad se presentan así como realidades excluyentes e inconmensurables, separadas por una trascendencia inexpugnable.

En continuidad con ellos, Irigaray afirma la diferencia sexual como fundamento de la alteridad yo-tú, mujer-varón, sí mismo-otro. Lo que habilitaría la superación del dualismo sería, en este caso, la negatividad relacional de los términos recíprocamente constituidos. Negación y diferencia funcionarían entonces como una instancia de separación extrínseca y relación esencial, que impediría la apropiación de un sujeto —mujer— por otro sujeto —varón. Entre la una y el otro, cabe lo tercero de su relación, el «entre», «con», «junto a» de dos singularidades que preexisten a vínculo y se mantienen, en la relación misma, irreductibles la una a la otra. Bajo la imagen de los labios y la vulva, Irigaray piensa un "dos —no divisibles en uno(s)— que se acarician mutuamente".[38] Interpretada en los términos de tal alteridad irreductible, la diferencia sexual deviene alteridad masculino-femenina como modelo de un 2 ineludible que circula por todas las cosas, incluso en la multiplicidad de posiciones de género debajo de las cuales se esconde siempre la forma de la alteridad sexual.

Tal es *grosso modo* la interpretación que le ha valido a la diferencia ontológica irigariana la acusación de esencialismo heterosexista compulsivo, con una serie de argumentos que coinciden en achacarle la rigidez del dualismo sustancialista, al cual se le opone una diseminación transgenérica y transexual que, supuestamente, no se mediría con el binomio sexual sino con la neutralidad asexual. Incluso el modelo reproductivo supuesto por Irigaray quedaría hoy impugnado por los nuevos modelos reproductivos como la clonación, la fertilización sin esperma, la reproducción sin genitalidad, la reproducción o sexo bacteriano (transferencia, transformación o combinación genética entre especies), la multiplicidad sexual de los organismos vivos, la regeneración y transdiferenciación de las células madres, etcétera. Lejos de apoyar la heterosexualidad reproductiva, estas nuevas realidades y potencialidades parecerían restituir el viejo modelo partenogenético de la inmanencia material.

---

[38] Luce Irigaray, *This Sex Which is Not One*, trad. Catherine Porter y Carolyne Burker. Ithacas, Cornell University Press, 1985, p. 24.

La acusación de esencialismo sería viable y hasta quizás inapelable en caso de que la dualidad sexual fuese para Irigaray el patrón único y último de la diferencia ontológica, es decir, en caso de que fuese dualista en lugar de dual, estático en lugar de dinámico y sustancialista en lugar de relacional. Pero tal no es el caso. En efecto, la alteridad sexual irigariana es ella misma medida por otra diferencia concebida no ya por el dos –ni dual ni dualista–, sino por el desdoblamiento inmanente del origen. Este nuevo concepto de diferencia supera la oposición relativa del dos por la contradicción inmanente de lo uno, es decir, del diferir en sí y por sí. Dicho de otro modo, Irigaray supera la alteridad varón-mujer cuando afirma la materia/matricial en el lugar autodiferenciante del origen, tal como veremos a continuación. Superar no significa aquí eliminar o ignorar la dualidad sexual, sino más bien restituirla a su plasticidad y virtualidad radical por referencia a un dinamismo ontológico más profundo, que salva la sobredeterminación no dualista del ser-dos por la identidad negativa de la matriz vital. En este último caso, la diferencia ontológica abandona el modelo heideggeriano, buberiano o lévinasiano del totalmente otro/Otro entitativo, irreductible y trascendente, para avanzar sobre el modelo idealista de una alteridad reflexiva, dialéctica y medial. En la inmanencia radical, la negación del otro deja de funcionar como espacio externo e inconmensurable entre dos entidades separadas, para expresar la reflexión de la identidad, que es propiamente reduplicación, desdoblamiento y concepción creadora. La dialéctica hegeliana ofrece así el marco teórico de esta diferencia autopoietica que convierte lo uno en dos, y media ambos términos en lo tercero de la identidad diferencial. Tal es el modelo especulativo según el cual Irigaray piensa en sí y por sí la diferencia femenina, dinámicamente productora de su propio desdoblamiento.

Por necesidad conceptual y conceptiva, la única manera de escapar del dualismo esencialista es conservar la unidad del origen, desdoblada en múltiples configuraciones opuestas, diversas y contradictorias. Queremos decir con esto que, por necesidad conceptiva, la identidad femenina pre-existe lógica y ontológicamente a la dualidad heterosexual, homosexual, intersexual, transexual, etcétera, y lo hace en la inmanencia de su propia contradicción. Cuando Irigaray afirma que "la mujer no es ni uno ni dos",[39] que "ella es indefinidamente otra en sí misma"[40] y "permanece siempre varias, pero evita la dispersión porque lo otro es en ella",[41] presupone justamente una diferencia ontológica sexual no dualista, asimilable a la identidad reflexiva, dialéctica y medial que venimos desarrollando.

Si se quiere concebir una diferencia que no sea ni una ni dos, la única diferencia posible es una identidad dialéctica y medial. Este primer principio especulativo de la diferencia, que vale absolutamente para toda realidad, vale eminentemente para la identidad femenina, cuyo desdoblamiento material/matricial constituye el sentido último y radical de la diferencia ontológica irigariana. Esa materia materno/matricial que no es jamás simplemente sí misma, sino siempre –para seguir la designación de Ellen Mortensen– creadoramente *(m)other*[42] determina el origen y principio (des-)fundacional del pensamiento irigariano. La tesis central de *Speculum* reside justamente en esa madre-materia o matriz-material que es lugar de origen y mediación, no representado ni dicho por el orden significante falogocéntrico, pero en todo caso supuesto y sepultado por él

El matricidio fundacional del orden falogocéntrico ha quedado oculto en el sustrato de la cultura hegemónica, cuyo relato oficial comienza *ex nihilo* con las hordas viriles del padre asesinado y redivivo, sin referencia alguna a lo materno. El *Totem y tabú* del Padre primordial asesinado da cuenta de un estado de conciencia falogocéntrico que no ha dejado rastro alguno, ni registro, ni representación, ni palabra de la madre primitiva, a lo sumo entre-dicha en la repetición sintomática de lo reprimido. Lo que el mito del Padre primitivo desmiente es su propia enunciación, la cual descubre por omisión el enterramiento materno como presupuesto del orden significante falogocéntrico. La estructura psíquica descrita por el sicoanálisis clásico acusa la represión del vínculo materno en la prohibición de un Gran Padre omnipotente, metáfora imposible de lo que el patriarcado proscribió. En el orden representativo falo-onto-teo-lógico, el *hupokeimenon* materno/material/matricial no es dicho, ni significado, ni pronunciado o bien, lo que viene a ser igual, está dicho como falta y negación.

[39] Ibid, p. 26.

[40] Ibid, p. 28.

[41] Ibid, p. 31.

[42] Cf. Ellen Mortensen, *The Feminine and Nihilism. Luce Irigaray with Nietzsche and Heidegger*. Oslo, Scandinavian University Press, 1994, p. 142.

El logos falogocéntrico define para Irigaray el dominio especula(ri-za)nte de la metafísica y la lógica clásicas, gobernado por una trascendencia ideal y subordinado al principio de la identidad formal: A es A. Las especula(riza)ciones del *speculum* irigariano –meras imágenes, reflejos, copias, analogías, representaciones, semejanzas o metáforas– son re-producción tautológica de la identidad abstracta y formal, igual a sí misma y excluyente de todo lo demás. El logos auto-idéntico del falogocentrismo se re-produce por representación de la idea pura, cuya perfección actual discrimina la mater/realidad al lugar degenerador de la falta, la privación o el mero receptáculo pasivo. Instalada en el lugar privativo de la materialidad, la mujer es incapaz de devenir sujeto: "ella no puede apropiarse de sí misma en cuanto tal"[43] porque carece de la actualidad formal de lo masculino.

El imaginario especula(riza)nte se relaciona tanto histórica como idealmente al universo solar, luminoso y visible de la racionalidad hegemónica. Sin ir más lejos, recordemos que el nombre «idea» procede del verbo *eido*: ver o saber, y expresa la forma o apariencia visible en la que una cosa se manifiesta. Las especula(riza)ciones falogocéntricas reflejan, por lo tanto, una suerte de "economía solar" o "economía de la luz",[44] gobernada por la metáfora del sol como aquello "fijado, paralizado, clave de bóveda de toda esta escenografía de la representación –fálica– que domina, ilumina, rescalda, fecunda, regula, con sus rayos dispensados en todas direcciones".[45] El sol, metáfora de lo inaccesible, representa el ápice de un universo jerárquicamente ordenado bajo la presencia inamovible e inexpugnable de lo puramente inteligible. La realidad entera se convierte entonces en un juego de espejos, imágenes, reflejos, copias, repeticiones, imitaciones de lo uno, alumbradas por la erección trascendente del falo-logos-solar. El mismo *speculum* que refleja el teatro de sombras de lo real oculta a la mujer en una caverna espectral, felizmente rescatada por la luminosa mirada del varón.

En síntesis, Irigaray entiende que la simbólica falogocéntrica ha convertido el sustrato materno-material en "el continente negro por

[43] Luce Irigaray, *Espéculo...*, *op. cit.*, p. 207.
[44] Ibid, p. 133.
[45] Ibid, p. 242.

excelencia":[46] continente de un deseo infinito que el nombre del Padre redivivo proscribió. Sin embargo, a juzgar por el propio diagnóstico sicoanálitico, lo prohibido retorna a la conciencia como síntoma de una cultura fallida, reprimida y signada por la muerte. Cuando la energía vital del origen es bloqueada y sepultada por la prohibición de la ley Paterna, lo que se repite es la muerte que el patriarcado esparce por todas partes y de todas las maneras posibles.

Una vez visibilizado el matricidio de la cultura falogocéntrica, Irigaray comienza a reconstruir el sustrato materno/material/matricial, resignificándolo en los términos de una materialidad autoactiva y diferenciante. La materia/matricial es origen inmanente en y de la cual se nace, elemento vital y nutricio, medio de transformación y continente expansivo del ser. Si la materia prima de la tradición falogocéntrica representó el receptáculo pasivo de la acción viril especular, la materia prima irigariana recupera la virtualidad autoactiva de los viejos hilozoísmos prehistóricos. Fuera del dualismo activo-pasivo, forma-privación, lo material es sujeto y objeto de su propio devenir en continua diferenciación. El paradigma último de tal actualidad reside en la concepción naciente del ser, en su inmanencia matricial y gestante.

El paradigma materno-material transforma la concepción ontológica del origen, interpretada por Irigaray a partir de la inmanencia virtual de la materialidad. Así como el cuerpo de la madre concibe y contiene, da vida, alimento, oxígeno, abrazo y palabra en y de su propia materialidad, así también el origen ontológico concibe en y por su propia diferenciación inmanente. En este sentido, Irigaray conceptualiza la función orgánica de la placenta y el cordón umbilical como mediadores de una misma vida devenida otra y afirmada retroactivamente, por esa misma alteridad, como madre. La "economía placentaria" actualiza "lo tercero"[47] que separa y une madre e hijx sin fusiones, confusiones, ni mezclas, pero tampoco sin rechazos, expulsiones ni violencias. Si, desde el punto de vista biológico, "la placenta es un órgano del niño que se ha desarrollado gracias al cuerpo de la madre",[48] desde el punto de vista ontológico, tal desdoblamiento es diferir absoluto y radical. A

---

[46] Luce Irigaray, *Le corps-à-corps avec la mère...*, *op. cit.*, p. 14.

[47] Luce Irigaray, *Yo, tú, nosotras...*, *op. cit.*, pp. 37 ss.

[48] Ibid, p. 41.

contramano de esa fantasmagoría patriarcal cuya prohibición venía a salvar al hijo de las garras de una madre insaciable y devoradora, incapaz por sí misma de dejarlo ir, la evidencia de la mater/realidad resulta ser la de un cuerpo capaz de concebir, sostener y liberar la alteridad radical.

Además de ser sustrato físico y ontológico, la mater/realidad funciona como origen síquico del deseo y el goce. En y por el cuerpo materno, se constituye la realidad primaria del deseo, circularmente determinada como "deseo (de) origen"[49] y retroactivamente destinada a su eterna repetición. El deseo confirma el lugar del origen, inmanente al desdoblamiento de la identidad y consustancial a su dinamismo transformador. Aquello que el deseo afirma y repite es, en última instancia, el cuerpo en/por cuerpo de un goce primordial, parido y recreado en todas las cosas. Irigaray recurre a la sazón a la tradicional simbólica de "círculos, cercos, esferas, envolturas, recintos"[50] como figuras de origen en constante renacimiento. A lo mismo apunta la dinámica del *fort-da,*[51] interpretada por Irigaray como la lúdica restitución de una unidad originaria. Frente a la ausencia de su madre, el juego del niño media y repite –en su diferencia– la identidad sida. Análogamente, en su fort-da universal, el deseo reactualiza la existencia de un origen continuamente parido. En continuidad con el pensamiento francés en el cual se inspira, también para Irigaray la repetición es el otro nombre del diferir radical, en este caso, sexuado.

La diferencia ontológica del seno materno –su desdoblamiento y parición– supone una concepción material, activa y sexuada del origen, consustancial al pensamiento irigariano y a su proyecto de refundación cultural. La materialidad en cuestión actúa como sustrato negativo de su propia expansión física, síquica, espiritual, cultural, histórica, etcétera, en continuidad esencial con lo otro. En cualquier instancia y nivel de realidad, lo concreto es siempre la mediación significante del sustrato matricial, su parto simbólico, su nacimiento espiritual. Tal es el

---

[49] Luce Irigaray, *Espéculo…, op. cit.*, p. 26.

[50] Ibid, p. 305.

[51] Alusión al juego del carretel narrado por Sigmund Freud en *Más allá del principio del placer* e interpretado como una símbolica lúdica de separación y el reencuentro materno. Cf. Luce Irigaray, "Belief itself", en John D. Caputo (ed.), *The Religious*. Nueva York, Blackwell, Malden & Oxford, 2002, pp. 112 ss.

materialismo de Irigaray, para quien la tarea pasa por "cultivar lo sensible hasta el punto donde deviene energía espiritual".[52] En ese punto, la materialidad se da a luz.

El materialismo de Irigaray tiene como objetivo último la restitución de la existencia y la cultura a su matriz vital, a partir de un diagnóstico especular y matricida según el cual "no existe una cultura de la vida. Una cultura del cuerpo, de la sensibilidad natural, una cultura de nosotros mismos como seres vivos falta aún".[53] Tal ha sido el resultado del falogocentrismo hegemónico, al cual responde el proyecto la irigariano de liberar las fuerzas materiales, vivas, inconscientes. La propuesta de Irigaray se concentra en el cultivo del cuerpo, la sensibilidad y la naturaleza a fin de expandir su potencial creador. Al fálico modelo de un espíritu erecto en trascendencia inmaterial, Irigaray le propone la inmanencia material de una vida en constante condición naciente.

Recapitulando, podríamos decir que aun cuando hay en Irigaray un claro reconocimiento de la alteridad varón-mujer como límite inevitable de una identidad que es siempre y en cualquier caso no-todo, hay también en ella la diferencia ontológica en-sí y por-sí de la materia-matricial. Para Irigaray, la identidad femenina es diferencia absoluta y radical por ser materialidad autoactiva, desdoblamiento de lo simple y parición creadora. La mediación conceptual de lo real, la inmanencia material del origen, el deseo y el goce originales, y el círculo de su eterna repetición, tales determinaciones hacen a un diferir que es la insuperable condición naciente de la realidad.

Lejos del fantasma esencialista y heterosexista, es posible considerar el pensamiento de Irigaray en los términos de un materialismo ontológico —tal como lo lee Elizabeth Grosz— enmarcado además una dialéctica autodiferenciante —como lo lee Alison Stone. Tales lecturas explican la esencial sintonía de Irigaray con el nomadismo feminista, el ecofeminismo o el ciberfeminismo, en virtud de una materialidad virtual en permanente proceso de sexualización, diferenciación y multiplicación. Para Luciana Parisi, por ejemplo, "Irigaray provee una concepción no trascendente de la diferencia sexual, que emerge del continuo 'materia-madre-matriz', encarnación fluida de una diferencia irreductible a la

---

[52] Luce Irigaray, *I Love to You…*, *op. cit.*, p. 24.
[53] Luce Irigaray, *Democracy Begins Between Two…*, *op. cit.*, p. 57.

representación".[54] La diferencia sexual irigariana supera de este modo el modelo dualista para afirmar la potencialidad múltiple de la materia, cuya autodiferenciación hace pensable la heterogeneidad de modos de de reproducción e intercambio que las vanguardias neurocientíficas, genéticas, cibernéticas o posgenéricas nos descubren. Por otra parte, continúa Parisi, la fluidez esencial que Irigaray atribuye a lo real "refuta la tradición esencialista según la cual las ideas y las formas configuran la materia, y anticipa algunas novedades del ciberfeminismo, que incluyen la relación entre la feminidad y las técnicas de reproducción y comunicación".[55] Timothy Morton,[56] por su parte, concluye que no solo las mujeres sino toda realidad ecológica viola los principios de identidad abstracta, nocontradicción y tercero excluido a fin de afimarse en una identidad borrosa que es y no es sí misma, que no es ni una ni dos, por estar relacionalmente identificada con matriz del origen. Esa "perpetua metamorfosis de la materia-madre-matrix"[57] que la diferencia sexual irigariana nos revela, hace hoy posibles y pensables nuevas escaladas materiales de alcance aún insospechado, así como hace concebible un dimorfismo sexual fuera del esquema dualista e integrado a heterogeneidades mucho más complejas, fluidas y flexibles que la mera oposición bipolar.

2.4.2. Anotaciones sobre Luisa Muraro

La filosofía de Luisa Muraro comparte con Irigaray la idea de un matricidio fundacional ocultado por el sistema hegemónico, la radicalidad de la diferencia sexual como autodiferir matricial y la propuesta de un nuevo ordenamiento simbólico, autónomo del régimen metafórico y especular falogocéntrico. La nueva simbólica propuesta por Muraro se articula en torno a una «madre» ontológica y metonímica, restituida al origen inmanente, conceptivo y medial del ser. En lo que sigue, apuntaremos las líneas centrales de la simbólica matricial elaborada por Muraro y continuado por Diotima desde diversos ángulos culturales.

[54] Luciana Parisi, *Abstract Sex. Philosophy, Biotechnology and the Mutations of Desire*. Nueva York, Continuum, 2004, p. 33.

[55] Luciana Parisi, *Abstract Sex...*, *op. cit.*, p. 34.

[56] Cf. Timothy Morton, "This Biosphera Which Is Not One: Toward Weird Essentialism", en *Journal of The British Society for Phenomenology*, 46/2 (2015), pp. 141-155.

[57] Luciana Parisi, *Abstract Sex...*, *op. cit.*, p. 161.

El matricidio original que Irigaray postula como fundamento de la cultura falogocéntrica y conceptualiza desde una perspectiva en particular sicoanalítica, es retomado por Muraro en términos estrictamente ontológicos como eliminación del sentido del ser, con el corolario de un nihilismo metafísico anunciado. Dualismo existencial, ruptura de la unidad afectiva con lo real y represión de las fuerzas vitales son algunos de los síntomas nihilistas inscriptos en la subjetividad y cultura patriarcales. Una vez quebrada la conexión inmediata con la matriz del ser, la huérfana realidad se atomizó en una pluralidad discontinua de entidades sustanciales, abstractas y jerarquizadas. Muraro califica al falogocentrismo como una "concepción chantajista y punitiva del ser",[58] que ha juzgado e impugnado por origen la existencia material. La simbólica ontológica de Muraro se propone entonces "liberar la relación con la madre del chantaje de la metafísica patriarcal",[59] lo cual supone la liberación ontológica, política, religiosa, etcétera de lo real en su conjunto.

Asumida como paradigma ontológico, la mediación inmanente del seno materno produce una concepción incompatible con la discontinuidad eyectora e ingrávida del cuerpo masculino. Curiosamente, la historia falogocéntrica ha privilegiado el segundo sobre el primero, distorsionando radicalmente el sentido original de la existencia. Si el cuerpo infecundo del varón constituyó el paradigma de un dualismo abstracto, fijado en idealidades trascendentes y copias especulares, lo que para Muraro urge conceptualizar son los nueve meses de la gestación intrauterina, la sangre que alimenta la vida, la parición del nacimiento, el apego instintivo de la cría humana, el abrazo que la recibe y contiene, la palabra que recrea su mundo material. En síntesis, la condición naciente de la existencia humana interpela y socaba el dualismo sustancialista y espiritualista que ha sostenido la tradición patriarcal.

El estado naciente de lo real es lo que debe ser restituido a una simbólica radical que lo conceptualice, materialice y libere de las extorsiones metafísicas falogocéntricas. Muraro insiste al respecto en la reconstrucción ontológica, sicológica y cultural de la experiencia intrauterina, prenatal y preverbal, así como de la primera infancia, cuando cuerpo, instinto y alma se apegaban a la madre en una relación diferencial

---

[58] Luisa Muraro, "La verdad de las mujeres…, *op. cit.*, p. 107.
[59] Ibid, p. 108.

materialmente erógena. Este primer estadio, falogocéntricamente calificado de preedípico, escapa todavía a la ley del padre y sus compulsiones superyoicas para desplegarse en un libre intercambio de energías vitales con quien funcione como madre. La propuesta de Muraro consiste concretamente en recuperar el potencial de la infancia como condición estructural del ser, en lugar de aislarla y eliminarla del continuo vital como un estadio de indiscriminada fusión pre-individual, que la ley del padre viene a rescatar.[60]

El orden simbólico de la madre resignifica positivamente la especificidad de la relación matricial como fuerza liberadora de la identidad femenina, relación diferenciante y mediación amorosa. La «madre» aquí enunciada expresa ante todo una relación ontológica, a saber: la relación matricial, capaz de diferenciar y unir a la vez una nueva existencia, parida y apegada a la vida. En tanto que dinamismo relacional, la madre simbólica se distingue de las entidades sustanciales, autosubsistentes y en sí mismas perfectas, para afirmarse dinámicamente como desdoblamiento creador. Madre e hija/o son los términos abstractos de lo que concretamente constituye una relación diferencial, estructurante de la existencia en reciprocidad afectiva. Desde el punto de vista ontológico, tanto como desde el punto de vista síquico, ético o político, "la madre es el nombre de una relación de amor", intrínsecamente constituida en la acción recíproca que es cada individualidad.

La simbólica materna expresa ante todo una ontología destinada a establecer el sentido originario del ser largamente negado. Es necesario distinguir aquí el registro ontológico de la madre murariana del registro imaginario, fantasmático o metafórico de la madre en el sicoanálisis freudiano o lacaniano, en la medida en que el siconálisis se articula, como ya mostraba Irigaray, en torno al significante especular y metafórico de la metafísica dualista. En el registro sicoanalítico –al cual volveremos en el capítulo siguiente–, la madre comporta la fantasía de una unidad perfecta irremediablemente perdida y angustiosamente deseada, metáfora de un paraíso vedado e imposible. En esta línea interpretativa se ubican sicoanalistas como Julia Kristeva, Nancy Chodorow o incluso Melanie Klein, quienes terminan por remontar lo materno a la

---

[60] Luisa Muraro, *El Dios de las mujeres*, trad. M. M. Rivera Garretas. Madrid, horas y Horas, 2006, p. 8.

trascendencia inaccesible del logos representativo. La madre de Muraro, por el contrario, pertenece al registro ontológico-metonímico de clara aceptación inmanente, material y conceptiva.

Precisamente por tratarse aquí de una categoría ontológica, su alcance comprende la realidad entera, respecto de la cual lo matricial expresa la última determinación constituyente de su sentido relacional. La madre simbólica de Muraro no es ni metáfora, ni representación, ni imagen, ni analogía; ella es concepto, en el sentido activo y creador de la concepción material. Por lo mismo, esa madre no obedece a la lógica abstracta del entendimiento representativo, sino al logos concreto del dinamismo material, inmanente a su constitución efectiva e intelectiva de la misma. En *Maglia o uncinetto*, Muraro explica dicha consistencia siguiendo la reinterpretación ontológica de las figuras retóricas de la metáfora y metonimia. Mientras que la metáfora «mata» la cosa reemplazándola exteriormente por la representación abstracta de la misma, la palabra metonímica desdobla reflexivamente la cosa para emerger en su inmanencia material. La metáfora supone el dualismo cosa-palabra, ser-pensamiento. La metonimia, en cambio, supone la continuidad medial de la diferencia en el seno de su virtualidad creadora. Tal es el dinamismo que la madre simbólica de Muraro expresa, en el marco del monismo material, reflexivo y dialéctico.

Entre la trascendencia metafórica del significante fálico y la inmanencia metonímica de la simbólica materna se juega el sentido de lo real en su totalidad, porque la madre expresa la relacionalidad inmanente del ser, su desdoblamiento creador y su identidad diferenciante. En el seno de su unidad, la partición se hace mundo, acción recíproca y mutua donación. Mediación y continuidad serán así las dos categorías nucleares de esta ontología matricial, que Muraro vincula especulativamente al idealismo absoluto, en particular según versión materialista de Antonio Gramsci.[61] En el origen del ser es la mediación diferenciante de la materia/matricial, devenida alteridad filial, abrazo nutricio, palabra creadora, así como conciencia, espíritu, historia, cultura. "El mundo

[61] Cf. Diotima, *Mettere al mondo il mondo. Oggetto e oggettivitá alla luce della differenza sessuale*. Milán, La Tartaruga edizioni, 1990, p. 62.

nace con el círculo completo de la mediación"[62] y, estrictamente hablando, solo el *medium* de esa diferencia es nacimiento y comunión.

El dinamismo medial actúa, cómo veíamos, por negación-repetición del origen, o bien, en palabras de Muraro, por sustitución-restitución del vínculo materno/material. Según la autora, "la mediación verdadera pone en círculo la sustitución de la madre con su restitución",[63] esto es, recupera su negación en una nueva actualidad recreadora de lo sido. La materialidad materna constituye el sustrato reflexivo de su propia negación, que es potencia de realidad. Todo in-existe de este modo en el círculo medial de la matriz ontológica, capaz de garantizar tanto la parición de lo nuevo como la continuidad esencial del devenir. También la palabra, el logos, la lengua materna de la infancia nacen en el círculo de su mediación, porque la madre es quien primero nombra, enseña a nombrar y forma así el mundo de la consciencia infantil. Su palabra emerge de la experiencia viva e inmediata como desdoblamiento simbólico de lo sido, e inaugura una sucesión de sustituciones simbólicas que conservan siempre activa la materialidad de lo originario en la diferencia de lo nuevo.

La materia/matricial supone en sí misma una energía creadora infinita, efectiva en cada nuevo nacimiento o transformación. Muraro la relaciona con la capacidad femenina de un goce superior que excede lo dado, una "capacidad de infinito"[64] sobrepuesta a la finitud justamente por su fuerza de creación. El origen del devenir subsiste en esa infinitud matricial, cuya inmanencia lo infinitiza todo. De aquí la certeza de la autora: "hasta el acto más pequeño en las circunstancias más limitadas tiene en sí el germen de la misma ilimitación, porque un solo acto, así como una sola palabra, basta para cambiar toda una constelación de actos y palabras".[65] La infinitud opera entonces en el corazón de la diferencia, abriendo ese margen de indeterminación a partir del cual ella crea y transforma. En otros términos, esa virtualidad infinita del origen se dice «libertad» y en ella se decide el sustrato inmanente de un devenir siempre otro.

[62] Cf. Luisa Muraro, *El orden simbólico de la madre*, trad. Beatriz Albertini. Madrid, horas y Horas, 1994, p. 80.

[63] Ibid, p. 82.

[64] Diotima, *Mettere al mondo il mondo...*, *op. cit.*, p. 67.

[65] Diotima, *La sapienza di partire da sé*. Nápoles, Liguori Editore, 1996, p. 57.

Por consustancialidad matricial, la simbólica murariana restituye el nacimiento a la condición originaria de un ser en perpetuo statu nascendi. Valga recordar al respecto –y volveremos en detalle sobre esto a lo largo del próximo capítulo– que el falogocentrismo utilizó todos los recursos imaginables para convertir el nacimiento en el no-lugar de la caída y la de-generación original. Muraro observa al respecto que "tiene algo de escandaloso, efectivamente, que también los hombres, para entrar en el mundo tengan que salir del vientre de una mujer y pasar por sus piernas. ¿Cuánta filosofía se ha hecho para quitar del medio este escándalo, cuánta religión y cuánta ciencia?".[66] Pero por más filosofía, religión y ciencia inventadas, resulta imposible tapar el sol con el falo. Restituido a la condición original, el nacimiento emerge en el feminismo de la diferencia como categoría disruptiva del orden establecido, en el cual la existencia reconoce su consistencia relacional, dependiente y frágil, por más espíritu inmortal inventado para ocultad su fragilidad material. Afirmar el nacimiento es afirmar el lugar de la finitud, el dolor y la muerte, circularmente identificados con el lugar del origen.

En última instancia, la simbólica de la madre nos enfrenta con la radicalidad de la finitud y mortalidad, la vulnerabilidad de la carne y la eterna repetición de ese instinto de nacimiento filialmente apegado a lo finito.

2.4.3. Anotaciones sobre la comunidad de Diotima

Muraro es el *alma mater* de la comunidad de pensadoras de Diotima, de la cual es miembra fundadora. Diotima nace con el fin poner en acción –subjetiva y política– la diferencia sexual, potenciada por la reciprocidad del vínculo colectivo. Las relaciones intersubjetivas construidas en el seno de su comunidad ponen la propia experiencia en el diálogo compartido de mujer a mujer. Los supuestos que hacen posible el intercambio edificante de Diotima son, por un lado, la autoridad femenina, reconocida como la excelencia de una mujer en quien es posible apoyarse para crecer, y por el otro lado el *affidamento*, instituido como relación mutua de confianza y sostén.

En la cultura italiana, el *affidamento* designa en italino la institución jurídica de un menor confiado –*affidato*– al cuidado de un adulto. Las

---

[66] Luisa Muraro, *La verdad de las mujeres…, op. cit.*, p. 119.

pensadoras de Diotima asumieron ese nombre para significar la práctica de amor, lealtad, compromiso, confianza, complicidad, solidaridad y cuidado entre mujeres. Frente a la estrategia patriarcal de separar y aislar a las mujeres a fin de evitar su complicidad y autonomía, Diotima promueve el *affidamento* como potenciación subjetiva, vínculo interpersonal y práctica disruptiva del orden social falogocéntrico. La relación de *affidamento* supone y actualiza el mutuo reconocimiento entre mujeres a partir del cual es posible recrear juntas una historia de alienación compartida, así como afirmarse en un presente y futuro liberadores.

A fin de actuar positivamente la diferencia sexual, las pensadoras de Diotima asumieron el método de la reflexión subjetiva o autoconciente, práctica que ellas llamaron *partire da sé* –partir desde una misma– y el feminismo anglófono conoce como *consciousness raising*. Milagros Rivera Garretas comenta al respecto que la práctica de *partire da sé* se inspira en los grupos de autoconsciencia que proliferaron durante la década de 1970 y tuvieron un fuerte impacto en Italia, a lo cual hay que añadir la estrategia separatista del feminismo radical como instancia necesaria hacia la autonomía simbólica de las mujeres.[67] De aquí nace la idea de poner en práctica la diferencia sexual y establecer un orden simbólico femenino basado en el propio reconocimiento, subjetivo e intersubjetivo. *Da sé* constituye un punto de partida concreto, material, experiencial e histórico, cuyo reconocimiento involucra dialécticamente la alteridad en el amplio sentido de su acción constitutiva. Además, en concomitancia con la propia experiencia, *partire da sé* constituye un punto de partida dinámico y procesual, muchas veces ambiguo, contradictorio, en permanente búsqueda y transformación.

El hecho de partir *da sé* asume la propia experiencia material y, por lo tanto, sexuada como base de todo conocimiento y acción, sin "jamás juzgar o decidir sin haber establecido dónde estoy yo con respecto a la materia juzgada o decidida, yo con lo que soy y con lo que quiero llegar a ser, yo en relación con otros y otras".[68] Lejos de la conciencia clara y distinta del sujeto puramente *cogitans*, da sé parte de una sujeta material y mujer ambigua, contradictoria, oscura, confusa y en

---

[67] Cf. María Milagros Rivera Garretas, *La diferencia sexual en la historia*. Valencia, PUV, 2005, p. 29.

[68] Diotima, *Mettere al mondo il mondo…, op. cit.*, p. 70.

continua transformación. Lejos también del dualismo que opone sujeto y objeto, identidad y diferencia, *partire da sé* –precisa Muraro[69]– expresa un pensamiento no fijado en la lógica de la identidad abstracta y por lo tanto capaz de conservarse en el dinamismo medial «entre» sí mismo y lo otro, el sujeto y el objeto, el yo y el mundo, el cuerpo y el alma. Se trata aquí de un «medio» que es siempre la acción recíproca de toda oposición en el seno de su dinamismo vital.

Partire da sé significa «parición» en la doble acepción de comienzo y ruptura. Por una parte, partir supone "iniciar algo, o mejor aún, hacerse inicio, ponerse en juego en la realidad haciéndola ser y haciéndose ser".[70] El punto de partida de la autoconciencia concreta supone entonces una acción, un movimiento por el cual algo que no era comienza a ser al modo de un nacer autoconsciente y libre. Por la otra parte, se trata de una acción que quiebra la supuesta objetividad y universalidad de la simbólica hegemónica para partir *da* la propia subjetividad, y de allí su significado disruptivo. Si el nacimiento expresa aquella acción inmanente que *parte* la unidad del seno materno a fin de dar *partida* a la existencia individual, entonces *partire da sé* sustituye y repite ese origen matricial en un desdoblamiento continuo. Solo partiendo de sí misma es posible crear, dar comienzo, alumbrar algo nuevo y original que como todo nacimiento, lleve la marca de la infinitud.

La acción matricial y natalicia que parte *da sé*, restituye la subjetividad a la relación diferenciante de su nacimiento, es decir, repite la parición materno-material: origen metonímico de toda experiencia, conciencia y palabra. El hecho de que la identidad femenina se determine en relación esencial con algo otra, establece su autonomía y libertad en acción recíproca con la autoridad que la alimenta y ayuda a crecer. Antes de *partire da sé* es necesario haber partido de la madre, a quien remite el origen de la vida, el cuerpo, la palabra y la libertad, por eso la autoridad materna emerge la energía vital y simbólica que nutre la libertad filial. Su autoridad explica tanto la autonomía simbólica de lo femenino como el *affidamento* de mujer a mujer y el soporte subjetivo donde poder descansar.

En un universo dominado por el significante fálico, *partire da sé* en y por la autoridad materna comporta una práctica política esencial,

---

[69] Cf. Diotima, *La sapienza di partire da sé…*, *op. cit.*, p. 15.
[70] Ibid, p. 55.

también en el doble sentido disruptivo y naciente. En el sentido disruptivo, la reflexión autoconsciente de las mujeres interpela el orden político dominante, erosiona sus cimientos y deconstruye sus prácticas de poder. En sentido naciente, libera nuevas acciones políticas superadoras del anquilosamiento dualista entre lo superior y lo inferior, lo público y lo privado, lo mismo y lo otro, lo universal y lo particular, etcétera. Partiendo de sí misma, el feminismo de la diferencia *eo ipso* reintegra a la esfera política aquello que el sistema dominante deslinda en lo a-político, a saber: la materia, el cuerpo, el deseo, la intimidad subjetiva, lo privado, lo doméstico, etcétera. Y mientras que politiza lo personal, el feminismo re-sexualiza lo político, el derecho, la economía, la religión, etcétera, hegemónicamente en manos de una élite masculina.

A partir de la ontología del nacimiento, Diotima desarrolla una filosofía política centrada en la distinción entre «poder» y «autoridad». La categoría de poder —del latín potestas: fuerza, potencia, imperio, poderío, soberanía, dominación, facultad eficiente, derecho de vida y de muerte— expresa la dominación extrínseca y violenta del otro en el contexto de un sistema de control social jerárquico, centralizado y militarizado. Su lógica disciplinaria exige la internalización del deber como recurso subjetivo del orden impuesto, expresado en la construcción de un superyó síquico ideal, legislador y culpabilizante. El poder organiza la existencia en torno a un deber-ser ideal nunca alcanzado pero siempre anhelado entre la obediencia y la culpa. El ser real, imperfecto e indebido, debe cumplir lo ideal, perfecto y trascendente, o ser castigado por su incumplimiento. De este modo, el poder falogocéntrico opera a través de un sistema especular hipermetafórico, incardinado en una perfección ideal que re-presenta en su trascendencia metafórica imposible lo que lo real debería llegar a ser siempre. El sistema moral y jurídico del orden patriarcal —su entramado de leyes, derechos, deberes, delitos, transgresiones, castigos, condenaciones, condecoraciones, etc.— responde a las especularizaciones metafóricas de la idealidad, y en el mismo registro representativo se mueve la organización de partidos políticos, elecciones, parlamentos, votaciones, constituciones, etc., basados en la lógica abstracta de un Estado paternalista, medida del ser real y hacedor de sus derechos.

Frente al sistema especular del poder falogocéntrico, Diotima descubre la lógica de la autoridad —del latín *augere*: aumentar, acrecentar, multiplicar, ampliar–, identificada con aquella alteridad capaz de hacer crecer, nutrir, potenciar, contener y expandir la propia vitalidad desatando su energía inmanente. La autoridad opera de manera mediata sobre la libertad subjetiva, contribuyendo a su propia creación y autonomía en relación recíproca con la alteridad. Ella no se impone de manera inmediata y externa, sino que es reconocida en la reflexión de la misma autoconciencia libre que la sostiene. La autoridad media internamente la libertad en la libertad misma, y por eso ella no corresponde al orden especular del logos representativo, sino al orden material del logos inmanente y metonímico. La sujeta –no-dualista– a la autoridad es una identidad relacional, recíproca y abierta a la emergencia transformadora de su libertad. Si el significante metafórico del poder masculino consiste en el nombre del Falo erecto por encima de todas las cosas, el símbolo metonímico de la autoridad reside en la matriz materna/material: origen, medio y referente de toda acción libre.

Las pensadoras de Diotima conciben la autoridad como una determinación simbólica inmanente a la relación materna y su autonomía. La madre es modelo y sentido de toda autoridad por constituir la mediación originaria: quien primero gesta, reconoce y alimenta la diferencia filial, mucho antes de que esta se diferencie y reconozca a sí misma. En palabras de Muraro: "toda autoridad es sucedánea de la potencia materna: hay autoridad en todo lo que reemplaza a esta potencia. El principio materno, por su posición prehistórica, es un medidor sin medida".[71] Primer continente del deseo, el goce y la palabra, la madre media toda parición y nacimiento efectuando su continuidad metonímica con el origen vital. Ella es tanto origen de la vida como de la consciencia y el lenguaje. Su palabra inaugura el orden simbólico, crea conciencia subjetiva y universos materiales.

Que la madre –y no el abstracto significante fálico– sea el origen del lenguaje, no necesita para Chiara Zamboni[72] más demostración que la propia experiencia humana, singular y universal. Mientras que científicos y filósofos falogocéntricos han buscado el origen del lenguaje en Dios, el innatismo o el constructivismo social, la conciencia concreta

---

[71] Luisa Muraro, *La verdad de las mujeres…, op. cit.*, p. 122.

[72] Cf. Diotima, *Il cielo stellato dentro di noi*. Milán, La Tartaruga edizioni, 1992, pp. 163 ss. También: *Oltre l'uguaglianza…, op. cit.*, p. 2.

de la relación matricial sabe por evidencia y a ciencia cierta cómo ha aprendido a hablar. Ubicada en el origen del lenguaje, la palabra materna desplaza y sustituye metonímicamente aquel primer reconocimiento preverbal acontecido en el cuerpo-en/por-cuerpo con la madre. Su posición primitiva conserva siempre el lugar arquetípico respecto de toda otra palabra, siempre medida y autorizada por la continuidad esencial con la vida.

La madre define el *locus* originario de la autoridad, ordenado a una continua repetición sustituyente/restituyente. Así como el crecimiento humano avanza a un ritmo gradual y diversificado, así también las relaciones de autoridad se transforman y suceden a lo largo de la vida a fin de subsidiar las propias potencialidades y deseos subjetivos, siempre múltiples y cambiantes. En el transcurso del devenir, "la persona a la cual reconozco autoridad es la que, fuera de mí, corresponde con mi deseo",[73] de manera tal que ella repite una parición original siempre novedosa.

A diferencia de la política patriarcal, fundada sobre relaciones de poder y sus representaciones abstractas, la autoridad materna y sus mediaciones materiales apuntan a la liberación del deseo, entendiendo por tal la fuerza radical de lo real para llegar a ser, su virtualidad inmanente, siempre interceptada por la diferencia, la negatividad y la contradicción. De aquí la necesidad de una autoridad que contribuya a reconocer y orientar un deseo muchas veces confundido o contradicho por tendencias opuestas. Respecto del tal, Muraro explica que la función de la autoridad consiste en "ofrecer canales y vías de tránsito a la realidad fluida e impersonal que es el deseo. Pienso en el deseo no como algo que está debajo de mis ojos, sino como algo que me empuja a mis espaldas, casi a mi pesar: la autoridad me ayuda a darle forma, a discriminar lo esencial de lo inesencial".[74]

Dicho brevemente, la autoridad materna es órgano de la libertad y tal es su sentido: convertir la energía deseante en realización efectiva. A diferencia de la madre fantasmática del falogocentrismo psicoanalítico, omnívora y castradora, "la madre simbólica no instituye maternaje

---

[73] Diotima, *Oltre l'uguaglianza…, op. cit.*, p. 79.
[74] Ibid, p. 83.

fusional sino autorización para ir libres al mundo",[75] porque no se impone ni como objeto ni como sujeto dualista del deseo, sino como vehículo medial del mismo. Lo que el falo vino a prohibir, la autoridad materna lo viene a liberar. Allí reside su autoridad, capaz de habilitar el reconocimiento de un deseo creador.

Autoridad, deseo y libertad constituyen las coordenadas de lo que Diotima denomina una política «primera», lógica y ontológicamente (des-)fundacional de la política «segunda» falogocéntrica. La política primera expresa el primer vínculo ontológico, subjetivo y social, constitutivo radical del hecho político y medida vital del mismo, esto es, la relación matricial. Su reconstrucción en el corazón de lo político *eo ipso* deconstruye el contrato social patriarcal, la política de poderes abstractos y la lógica de la lucha a muerte, por la inmediata afirmación de la diferencia en expansión vital. En el origen de la comunidad política no es el *homo lupus hominis* ni el amo contra la esclava, sino el reconocimiento inmediato y recíproco de la alteridad. En ese origen no es tampoco la erección fálica del deber ideal, sino el potenciamiento real de un cuerpo en/por cuerpo frágil y vulnerable. La política primera resignifica la política segunda del poder y sincera la verdadera naturaleza del hecho político en una identidad relacional y recíproca. Ella muestra, comenta Muraro, que la política "no es y no ha sido jamás la lucha por el poder. Es, al contrario, su superación. En la evolución creadora, el animal político toma el lugar del animal darwiniano".[76] Del animal darwiniano al animal político, así como de la política del poder a la política de deseos y materialidades, la historia indica el retorno a la relación matricial como modelo superador.

La política primera es una política de la diferencia sexual asumida en su virtualidad y mediación efectiva, creadora del vínculo social. De ella deriva una política segunda que deberá transformar radicalmente las abstracciones representativas del poder político clásico, a saber, "el padre, el soberano, el Estado, son principios secundarios e históricos; el principio materno es, en rigor, prehistórico. Contra el padre, el soberano o el Estado nos podemos sublevar sin sucumbir; no así contra la madre".[77] La transformación de la naturaleza política del Gran Padre Estado-

---

[75] Lia Cigarini, *La política del deseo…*, op. cit., p. 23.

[76] Diotima, *Oltre l'uguaglianza…*, op. cit., p. 115.

[77] Luisa Muraro, *La verdad de las mujeres…*, op. cit., p. 121.

Nación y sus relatos salvíficos son una exigencia conceptual e histórica de la filosofía política feminista, centrada en el potenciamiento vital de lo universal concreto. "Cuerpo, deseo, sexualidad, fantasías, miedos, procesos inconscientes: he aquí lo reprimido que hay que volver a poner en circulación en una política que quiera ser verdaderamente «material»".[78]

La política de la diferencia sexual se afirma en la materialidad del deseo para superar desde allí las arbitrariedades de los poderes abstractos y su lucha por la dominación. La política primera se define en continuidad con el imaginario de la primera infancia, donde el goce del juego y la espontaneidad creadora anticipan la medida de lo real y lo social. La política del deseo y el goce conserva la verdad de la infancia, cuyo deseo no se deja engañar: "las niñas, los niños –explica Muraro– no cambian placer y goce por poder: este es el punto de discrimen, esta es la integridad cuya pérdida yo no considero irremediable, porque dentro de mí algo me advierte que no está perdida, ni dentro ni fuera de mí".[79] De esta integridad original se alimenta la política primera en su reconstrucción cultural.

Atributo esencial de esta política feminista, material y deseante es su pacifismo. En efecto, la paz es condición de posibilidad necesaria de todo crecimiento, creación, expansión libre. Esto significa que respecto de una política centrada en la materialidad subjetiva, inocente y deseante, la guerra es injustificable e intolerable. Una política a favor de la guerra es para Muraro[80] un círculo cuadrado, en la medida en que lo político es justamente aquello que interrumpe el mecanismo de las relaciones de fuerza por la palabra y el acuerdo. Parafraseando a Simone Weil, Diotima piensa en la guerra como "el hecho más irreal que existe",[81] "un mecanismo impersonal",[82] pura destrucción nihilista de una existencia banalizada, justificada por idealidades abstractas que burdamente disimulan los intereses económicos de la clase dominante.

La crítica de Diotima a la carrera bélica y armamentista podría resumirse en tres puntos centrales. Primero, la cultura de muerte, violencia

---

[78] Lia Cigarini, *La política del deseo…*, *op. cit.*, p. 13.

[79] Diotima, *Oltre l'uguaglianza…*, *op. cit.*, p. 16.

[80] Cf. Luisa Muraro, *Guerras que yo he visto. Saberes de mujeres em la guerra,* Cuadernos inacabados, nº 45. Madrid, horas y Horas, 2001, p. 25.

[81] Chiara Zamboni, *Guerras que yo he visto…, op. cit.*, p. 53.

[82] Ibid, p. 55.

y agresión esparcida por el falogocentrismo bajo la retórica del heroísmo, la valentía, el honor, las lealtades y traiciones, los méritos, las condecoraciones, etcétera. Desde el fondo más remoto de los tiempos, el varón encarnó el valor de la lucha a muerte, que define hasta hoy su masculinidad como la redondez al círculo. El profundo arraigo genético, inconsciente y cultural de ese *ethos* ancestral hace tan difícil su transformación, como urgente y necesaria. En segundo lugar, Diotima atribuye la guerra al sostenimiento del Estado-Nación, cuyos cuerpos militarizados responden en última instancia a los intereses económicos y políticos de élites y corporaciones, que por supuesto ordenan, pero nunca van a la guerra. Siguiendo el análisis de Simone Weil, Chiara Zamboni se refiere a la guerra como un hecho de política interna entre los detentores del poder y los soldados, "hombres ajenos a la administración del Estado, enviados a morir para llevar a cabo los intereses de los gobernantes".[83] La ideología del amor a la patria –la tierra de los patriarcas– por cuya grandeza se ofrenda generosamente la vida apenas disimula el verdadero interés personal o corporativo de quienes se reparten fronteras y patrimonios a costa de los cuerpos ajenos.

En última instancia, Diotima denuncia la tácita complicidad de ciertos feminismos de *establishment* –institucionalizado y corporativo–, funcional al aparato jurídico y económico de los Estado-Nación en la doble versión de derecha y de izquierda.[84] La lógica de tales feminismos suele adherir acríticamente a la retórica abstracta de los ideales humanitarios, los derechos humanos y la igualdad de género en el marco institucional de países que han violado toda justicia y se consideran, además, mediadores y garantes del bien común. Para Diotima, el artilugio de pretender defender el orden concreto de necesidades y deseos humanos mediante la representación abstracta y genérica del poder estatal no hace sino confirmar la distorsión falogocéntrica de un poder político desconectado de la materialidad viva y deseante. El orden abstracto de los derechos humanos, civiles o sociales funciona a través de consensos, sanciones y prohibiciones. El orden material de la política primera funciona, en cambio, por el reconocimiento inmediato e inmanente de esa autoridad vital, que la jurídica falogocéntrica vino a negar.

[83] Ibid, p. 54.
[84] Cf. Clara Jourdan, *Guerras que yo he visto..., op. cit.*, pp. 18 ss.

La conclusión política de Diotima es entonces de la de una suerte de posfundacionalismo feminista, capaz de deconstruir integralmente el poder falogocéntrico hasta sus fundamentación nihilista y matricida, a fin de reconstruir una política integral basada en la autoridad inmanente de la vida y justificada por su propia potencia deseante. A diferencia del poder abstracto, neutro y universal, la nueva política material atiende la diferencia sexual y lo que Lia Cigarini denomina la "producción sexuada del poder (económico, sindical, político, etcétera)",[85] esto es, su generación diferencial a partir de la identidad y autoridad mater/real. La idea de una sexualización de la política y la cultura en general asume y prolonga el concepto irigariano de "derechos sexuados",[86] que actualicen y potencien la identidad femenina, su energía creadora y sus genealogías sin homologaciones forzadas con el deseo o el proyecto masculino hegemónico. Una cultura sexuada no es una cultura dividida en dos mitades opuestas, sino unificada en su identidad viva y mater/real. No es tampoco una praxis exclusiva de mujeres, sino una tarea universal basada en el ejecicio de la paz, el cuidado y el cultivo vital.

Y esto nos retrotrae a algunas ideas de las cuales nacía hacia más de un siglo el feminismo americano de la primera ola, en sintonía con cierto modo de concebir la ética y política que hoy vuelve a la vanguardia del pensamiento social.

2.5. Ética del cuidado

La primera ola feminista, gestada principalmente en el mundo anglófono de fines del siglo XIX y principios del siglo XX, se caracteriza por un fuerte impulso maternalista que interpretó la praxis materna como elemento diferencial de la política clásica, motivo principal de la opresión sociocultural de las mujeres, pero también, por lo mismo, potencia de liberación. El maternalismo político de la primera ola supone al menos tres elementos conceptuales a considerar. El primero es la concepción política de la praxis materna, hasta entonces excluida de la gestión falogocéntrica del poder y la cultura. El segundo es la promoción de las mujeres a la condición de ciudadanas, en virtud de su acción

---

[85] Lia Cigarini, *La política del deseo…*, *op. cit.*, p. 128.

[86] Cf. Luce Irigaray, *Yo, tú, nosotras…*, *op. cit.*, pp. 86-87; también *Democracy Begins Between Two…*, *op. cit.*; *I Love to You…*, *op. cit.*, pp. 130 ss.

político-materno. El tercero, derivado de aquellos, es un concepto de ciudadanía inspirado en el modelo de la praxis materna como ejercicio de cuidado y afirmación recíproca.

En el contexto del sistema político patriarcal, en el cual las mujeres solo podían ser madres y las madres solo podían ser funcionales al ordenamiento hegemónico desde su propia exclusión, los reclamos feministas de la primera ola introdujeron de manera inaugural una simbólica de lo materno autónoma del poder imperante y transformadora del mismo. Jacques Donzelot comenta al respecto que "la promoción de la mujer como madre, como educadora, como auxiliar médica, servirá de punto de apoyo para las principales corrientes feministas del siglo XIX",[87] no solo a fin de acceder a los derechos civiles y sociales hasta entonces negados, sino en especial a fin de liberar la estructura sociopolítica en su totalidad, impregnándola con los valores culturales que la praxis materna suponía y revaluando así su agencia civilizatoria. En concreto, fue la función materna la que convirtió a las mujeres en sujetos públicos y políticos, aunque la historia muestra que este ascenso cívico no logró modificar en mucho el sistema sociopolítico hegemónico.

El maternalismo social de la primera ola feminista cobró particular relevancia en los Estados Unidos de América, donde contribuyó de manera decisiva –siguiendo la tesis de Theda Skocpol– a la creación del Estado de bienestar norteamericano. Su contribución se centra en expandir a escala cívica o nacional la gestión doméstica privada, convirtiéndola en una *civic housekeeping* o *housekeeping for the Nation*, y resignificando a través suyo la naturaleza misma de la sociedad política. En tal contexto histórico comienzan a proliferar las agrupaciones o clubes de mujeres, nace el Congreso Nacional de Madres, los Settlement Houses, etcétera, todos ellos orientados a la promoción y regulación r del cuidado materno-infantil. En torno a tal acción social se unen pensadoras y activistas sociales de la talla de Jane Addams –primer Premio Nobel de la Paz femenino–, Florence Kelley, Edith y Grace Abbott, Julia Lathrop o Sophonisba Breckinridge.

Este primer intento histórico por visibilizar y liberar el potencial sociopolítico de la praxis materna sufrió el contragolpe de nuevas políticas

---

[87] Jacques Donzelot, *La policía de la familia*, trad. Alejandrina Falcón. Buenos Aires, Nueva Visión, 2008, p. 38.

individualistas y liberales que sucedieron a la Segunda Guerra Mundial, y volvieron a encerrar el trabajo materno en la domesticidad privada de la familia nuclear. Los efectos sobre la salud mental de las mujeres de esta nueva reclusión doméstica, a la cual se debe el tan celebrado baby boom, han sido lúcidamente descritos por autoras como Betty Friedan o Adrienne Rich, quienes denuncian la angustia de una maternidad alienada, sobre la cual volveremos en el próximo capítulo.

Un nuevo intento por visibilizar la fuerza ético-política de lo materno reaparece hacia finales del siglo XX con pensadoras como Carol Gilligan, Grace Clement, Nel Noddings o Sara Ruddick, quienes coinciden en diferenciar el potencial específico de la praxis materna como órgano de construcción política. En *In a Different Voice*, Carol Gilligan distingue dos modos de vivir y, por lo tanto, de pensar y actuar éticamente. El primero corresponde al modo de vida masculino, basado en los valores del éxito, la competencia, la agresividad, la fuerza y regido por los parámetros de la justicia, la ley, los derechos y deberes. El segundo corresponde al modo de vida femenino, centrado en los vínculos, los afectos, la colaboración y regido por los parámetros del cuidado y sostenimiento del otro. El primero es consistente con una ética de la «justicia» articulada en torno a principios jurídicos; el segundo, con una ética del «cuidado» fundada en la empatía y la reciprocidad. Gilligan lo explica en estos términos: "la diferencia de las mujeres arraiga no solo en su subordinación social sino también en la sustancia de su preocupación moral. La sensibilidad respecto de las necesidades de los otros y la asunción de la responsabilidad del cuidado lleva a las mujeres a atender otras voces que la suya propia y a incluir en sus juicios otros puntos de vista".[88] De aquí que mujeres y varones representen su experiencia y concepción moral en términos opuestos. La lógica masculina desprecia aquello que constituye para las mujeres el núcleo de su experiencia moral, a saber, las relaciones de cuidado y colaboración, descalificadas por la política hegemónica a un lugar inferior y subsidiario de las relaciones de poder.

In a Different Voice confronta dos voces éticas opuestas: la voz de la justicia y el derecho, por una parte, y la voz de la responsabilidad y el cuidado, por la otra. La ética de la justicia primera privilegia la

---

[88] Carol Gilligan, *In a Different Voice*. Cambridge & Londres, Harvard University Press, 1982, p. 16.

autonomía individualista y la igualdad jurídica ante la ley. La ética del cuidado privilegia la reciprocidad constitutiva de lo humano, su condición de dependencia y vulnerabilidad. Ambas praxis expresan una clara diferenciación sexual, sedimentada por una milenaria tradición histórica y prehistórica. Una vez explicada la dualidad ética de los sexos, Gilligan propone una suerte de complementación que armonice e integre sus diferencias. La autora concluye entonces con la propuesta del "diálogo entre justicia y cuidado" a fin de alcanzar "no solo un mayor entendimiento de las relaciones entre los sexos, sino una imagen más comprensiva del trabajo adulto y las relaciones familiares".[89] Hacia la complementariedad y convergencia de la dualidad ética se inclina igualmente Grace Clement, para quien mujeres y varones expresan dos dimensiones de las relaciones humanas que deben asimilarse y compenetrarse.

En consonancia con estas ideas, Nel Noddings apunta a una ética pública del cuidado capaz de elevar los valores domésticos de nutrición, cobijo y colaboración al todo social, con lo cual vuelve a entrar en escena el viejo ideario del maternalismo social. No obstante, se trata en este caso de una concepción más madura, prevenida de cualquier achaque esencialista, y sobre la cual dice Noddings: "aunque hoy nadie defendería la superioridad moral de las mujeres, sin embargo hay cierto reconocimiento de que los proyectos tradicionalmente asociados a las mujeres son valorables y deben extenderse de alguna manera a un dominio social más amplio".[90] No se trata por lo tanto de rejerarquizar la superioridad femenina en una suerte de falogocentrismo invertido, sino de transvalorar y resignificar el sistema político en su totalidad a partir de una praxis diferenciadamente femenina.

Desde el punto de vista ontológico, la propuesta de una ética del cuidado interpretada y sostenida en oposición a la ética masculina de derechos y deberes adolece de ciertos visos dualistas difícilmente defendibles y sospechosamente falogocéntricos. En efecto, si una es la lógica de los varones y otra, la de las mujeres, el separatismo parece insalvable y tanto más violento cuanto que esos mismos varones son también

[89] Ibid, p. 174.

[90] Nel Noddings, *Starting at Home. Caring ands Social Policy*. Berkeley, University of California, 2002, p. 123.

creaturas mater/reales, nacidos y cuidados por madres que deberán responder, lo quieran o no, a las leyes y los controles del poder hegemónico. Quiero decir con esto que el separatismo entre dos lógicas –cuyo dualismo se explica por abstracción falogocéntrica– es justamente el problema a superar, no por complementación o diálogo entre opuestos, sino por reducción a un paradigma no-dualista que transvalore la matriz misma del sistema político imperante a fin de hacer posible la expansión vital de lo real en su conjunto, humano y no humano.

Aun cuando la idea de una doble ética de la justicia y el cuidado tenga asidero histórico, la solución de mantener el separatismo negociando en el mejor de los casos cierto equilibrio entre opuesto, reedita el mismo vicio falogocéntrico que pretende superar, esto es, el vicio de un dualismo heterosexista, donde en rigor las éticas no son dos, sino una misma y sola para todos: la de la Ley y sus atenuantes. Insistimos nuevamente aquí en que no se trata de permanecer en la oposición dualista por muy negociada y dialogada que ella fuera, sino de avanzar hacia una transvaloración radical del sistema falogocéntrico que haga posible su re o posfundación. En el caso del feminismo de la diferencia, la concepción superadora es la de un monismo mater/real, desde la cual es posible delinear, entre otras cosas, una ética del cuidado universal.

Tal parecería ser la alternativa mentada por Sara Ruddick, quien desde una suerte de pragmatismo ontológico sostiene la universalidad de la praxis materna por fuera del dualismo heterosexista. En efecto, ella concibe el maternaje –mothering– como "una práctica o trabajo"[91] con independencia del sexo, sexualidad o género de los sujetos implicados en su acción y por lo tanto ejercitable por cualquiera que lo desee. Según Ruddick, la acción materna, potencialmente universal, es consustancial con la racionalidad del cuidado, la paz, la atención amorosa, la empatía y la comprensión del otro, sin los cuales resulta inviable. Tal racionalidad emerge de la praxis materna como el sentido inmanente de la misma, ajeno a lógica abstracta de la dominación, la competencia y la guerra. Ruddick argumenta al respecto que el *modus operandi* masculino afín a la lucha, la opresión y la derrota del otro es incompatible con el *modus operandi* materno que busca ganar al otro para la vida. Entre la guerra y la paz, la muerte o la vida, la

---

[91] Sara Ruddick, *Maternal Thinking: Toward a Politics of Peace*. Boston, Beacon Press, 1995, p. xi.

celebración del nacimiento o el festejo de la destrucción no hay *tertium* o mejor, el *tertium* consiste en la superación del poder político patriarcal por la transvaloración de la vida materno/material.

A diferencia de Gilligan o Clement, Ruddick no pretende negociar dos lógicas opuestas, sino reducir la una al origen lógico y ontológico que la hace posible y real. Mucho menos pretende la autora separar a las mujeres buenas de los varones malos, sino universalizar una praxis capaz potenciadora de la vida, los cuerpos, la energía material de la realidad entera. En el sentido de esa praxis universal, Ruddick propone el cuidado, la reciprocidad, la generosidad y la paz como determinantes de una racionalidad viva, material o, si se prefiere, metonímica. Su pragmatismo elude la reificación de lo materno, porque ello no concierne a sustancias metafísicas esencialmente buenas y amorosas, sino a una praxis radical, realizada en el medio de la contradicción y la ambigüedad por sujetas o sujetos en continuo diferir.

La praxis de cuidado ampliamente entendida es exigencia lógica y ontológica de la realidad en su conjunto, si no por otra cosa, por el hecho de su materialidad, finitud y fragilidad. El cuerpo está hecho para ser cuidado y hay un cuerpo matricialmente diseñado para contener, nutrir y cuidar, cuya reciprocidad mide cualquier diferencia. Ética y política del cuidado responden a esa racionalidad inmanente de los cuerpos, determinante de una universalidad concreta que elimina el dualismo de la diferencia sexual y media la continuidad esencial de lo real. Nociones como democracia y economía del cuidado, cuidado medioambiental o gestión social del cuidado, hoy en la vanguardia política, confirman el alcance universal de aquel viejo ideario maternalista y explicitan el sentido al cual apunta la sexualización cultural propuesta por el feminismo de la diferencia.

2.6. La fluidez de la identidad femenina, más allá del dualismo heterosexista

La concepción ontológica de la diferencia que posibilitó la superación del dualismo consiste en la autodiferenciación como relación negativa de la identidad consigo misma, es decir, como un no-ser inmanente y reflexivo que diferencia a la misma identidad Ahora bien, entre todas las no-identidades y no-totalidades en permanente diferir y transformación, la realidad femenina posee la particular propiedad de concebir y dar nacimiento a la alteridad en el sentido original y absoluto de la existencia humana. Por tal motivo, entendemos que el diferir sexual femenino constituye el paradigma y la medida de la diferencia ontología, a partir de la es posible redefinir los términos de lo real. La pregunta de Christine Battersby sobre "¿qué pasaría si modeláramos la identidad personal e individual en términos de lo femenino?",[92] plantea una transposición ontológica de la capacidad creadora del cuerpo femenino al ser en su conjunto.

Una de las constantes conceptuales que nuclea a las diversas pensadoras de la diferencia sexual es la determinación inmanente, reflexiva y dinámica del diferir sexual, dialécticamente asimilable a una identidad en constante transformación. En los términos especulativos analizados en el capítulo anterior, la diferencia ontológica explica el autodiferir creador de la identidad femenina. En los términos feministas de este capítulo, la identidad femenina explica la materialidad concreta, conceptiva y gestante de la diferencia ontológica. Autoras como Luce Irigaray, Christine Battersby, Catherine Malabou, Rosi Braidotti o Elizabeth Grosz coinciden en conceptualizar la identidad femenina fuera tanto del dualismo heterosexista como de la indecidibilidad nominalista, a partir de una diferencia inmanente que la flexiona y multiplica. Categorías como las de fluidez –en el caso de Irigaray o Battersby–, plasticidad –según Malabou–, virtualidad y nomadismo –para Rosi Braidotti– o volatilidad –en el caso Elizabeth Grosz– conceptualizan un devenir-mujer en constante nacimiento, que intentaremos repasar aquí.

Irigaray propone la categoría de «fluidez»[93] como esencia de la identidad femenina, en comparación con la solidez inexpugnable de la identidad masculina. La idea de lo fluido y su mecánica específica es inspirada ante todo por los elementos gestantes de la vida: sangre, agua, aire, etcétera, pensados por la primera filosofía jónica como arché material de todas las cosas, en relación esencial con la simbólica hilozoista de la conciencia primitiva. Lo fluido acusa la fuerza inmanente de la diferencia: expresa su potencia, intensidad y transformación, ignora lo

---

[92] Christine Battersby, *Phenomenal Woman…*, *op. cit.*, p. 2.

[93] Cf. Luce Irigaray, *This Sex which Is No One…*, *op. cit.*, pp. 107 ss.; *L'oubli de l'air chez Martin Heidegger*. París, Les Éditions de Minuit, 1983. Elizabeth Stephens, "Feminism and New Materialism: the Matter of Fluidity", en *Interalia. A Journal of Queers Studies*, 9 (2014), pp. 186-202.

fijo e invariable y media las tensiones opuestas. De aquí que Irigaray lo asuma como figura de un origen inmanente a la diferencia y la repetición continua. La fluidez actualiza la virtualidad materno/matricial en multiplicidad de acciones diferenciales y heterogéneas.

En sintonía irigariana, Christine Battersby afirma la identidad femenina en y por el dinamismo de su diferenciación. La autora considera al respecto que "el feminismo se vincula necesariamente con la política de cierta identidad, y ha sido demasiado apresurado concluir que todo discurso sobre la esencia o la igualdad necesariamente excluye la diferencia, y que una política tal no puede registrar la multiplicidad de perspectivas y de historias que la atención a la raza, la clase, la etnia, la preferencia sexual, la edad, la incapacidad y otras diferencias físicas también reclaman".[94] Lejos de excluir dualistamente igualdad abstracta y contingencias particulares, la propuesta de Battersby consiste en afirmar una identidad femenina concreta –no meramente política sino efectivamente ontológica y ética– en el devenir de las particularidades y contingencias históricas, de las que nacen las múltiples voces de lo universal. Ella habla en este sentido de "identidades móviles",[95] construidas en el flujo de su virtualidad inmanente.

Fluidez y movilidad se aproximan a lo que Catherine Malabou categoriza como «plasticidad» y elabora en los términos de un origen en permanente reinvención y apertura. El concepto malabouiano de plasticidad –referido en el capítulo anterior– garantiza tanto la continuidad de lo idéntico como la novedad de su diferencia en la relacionalidad disruptiva de la negatividad dialéctica. Malabou explica al respecto que "la plasticidad es la forma de la alteridad cuando no queda ninguna trascendencia ni vía de escape. El único otro que queda en esta circunstancia es ser otro de sí mismo".[96] Diferencia, alteridad, contradicción o negación inmanentes enuncian la esencia dialéctica de un universo plástico, cuya materialidad subsiste en su permanente metamorfosis. Aunque Malabou no desarrolla explícitamente una línea teórica feminista, los presupuestos ontológicos de sus identidades plásticas y

---

[94] Christine Battersby, *Phenomenal Woman…, op. cit.*, p. 21.

[95] Ibid, p. 7.

[96] Catherine Malabou, *Ontology of the Accident. An Essay on Destructive Plasticity,* trad. Carolyn Shread. Cambridge-Malden Polity, 2012, p. 11.

mediales le permiten suscribir a la diferencia en los siguientes términos: "yo creo aún que *la palabra «mujer» tiene un sentido fuera de la matriz heterosexual*".[97] esto es, en el marco de una matriz materialista y dinámica, a partir del cual ella elabora "un concepto mínimo de mujer"[98] determinado por la negatividad.

Por su parte, autoras como Rosi Braidotti o Elizabeth Grosz, de clara ascendencia deleuziana, colocan la diferencia sexual femenina en el origen de todo devenir y en el medio de una continua repetición. Poco interesa en este punto analizar en qué medida los mismos Deleuze y Guattari acusan recibo del pensamiento irigariano y su devenir-mujer reinscribe la diferencia sexual. Más relevante resulta al respecto subrayar el lugar ontológico que ambos asignan a la diferencia sexual como condición naciente del ser. Retomemos aquí la afirmación de *Mil mesetas* referida páginas atrás: "todos los devenires comienzan y pasan por el devenir-mujer. Es la llave de los otros devenires",[99] "el primer cuanto o segmento molecular"[100] de una serie de flujos heterogéneos que avanzan al ritmo intensivo del "devenir-mujer, devenir-niño; devenir-animal, vegetal o mineral; devenires-moleculares de todo tipo, devenires-partículas",[101] hasta resolverse en el devenir-imperceptible. La diferencia del devenir-mujer en el origen, medio y sentido de todo devenir ha logrado que gran parte del feminismo contemporáneo lea hoy a Deleuze y Guattari como ascendientes ontológicos y materialistas.

Pensamos especialmente aquí en Rosi Braidotti, quien en continuidad deleuzeana considera el devenir-mujer como una "posición topológica"[102] y, en concreto, como la posición *genésica* o *ginésica*[103] originaria, inmanente a toda posición. El *topos* originario del devenir-mujer no comienza de una vez y para siempre en el sentido dualista y lineal de una causa primera –incausada– del devenir, sino que difiere continuamente

[97] Catherine Malabou, *Changing Difference…, op. cit.,* p. 135.

[98] Catherine Malabou, *Changing Différence…,* op. cit., p. 93.

[99] Gilles Deleuze y Félix Guattari, *Mil mesetas…, op. cit.,* p. 279.

[100] Idem, p. 280.

[101] Idem, pp. 274, 253-54.

[102] Rosi Braidotti, *Metamorfosis…, op. cit.,* p. 103.

[103] Usamos aquí el neologismo de Alice Jardine en el sentido etimológico de una génesis estrictamente femenina. Cf. *Gynesis: Configurations of Woman and Modernity.* Ithaca, Cornell University Press, 1985.

como desdoblamiento inmanente de sí mismo, que resulta por acción recíproca medio y fin de sí mismo. El devenir-mujer es el devenir mismo del origen, de manera tal que lo femenino supone aquí "un proceso general de transformación: afirma fuerzas positivas y niveles de conciencia nomádica, rizomática".[104] Dicho de otro modo, la «mujer» es el determinante conceptivo por el cual el devenir se constituye como desdoblamiento inmanente matricial, origen y sentido de un ser en permanente transmutación. Con esto, la teoría braidottiana de la diferencia sexual se desplaza hacia una "teoría nomádica"[105] que justifica la permanencia de la identidad en el devenir.

El nomadismo feminista de Braidotti conserva la identidad femenina en identidad dialéctica con su diferencia, es decir, en el medio de la no-identidad, no-totalidad. La negatividad disruptiva de la identidad actualiza su continua transformación nomádica, que la autora elabora en los términos de un devenir intensivo de flujos y reflujos constitutivos de un sujeto mútilple, descentrado, no-unitario, posnaturalista y posthumano. La identidad nomádica subsiste a través de múltiples procesos diferenciales que despliegan su virtualidad material.

A pesar de la aparente proximidad entre las identidades nomádicas y transpuestas de Braidotti y las indecidibles construcciones *queer*, se trata en rigor de dos categorías conceptualmente irreconciliables en razón de sus presupuestos ya realistas, ya lingüisticistas. Braidotti misma explica al respecto que mientras el imaginario *queer* transpone extrínsecamente los referentes simbólicos del dualismo heterosexista, el nomadismo feminista se afirma en la virtualidad inmanente de una identidad material, sexuada, autoactiva y creadora. Lingüisticismo performativo o materialismo virtual, diseminación trans o diferir sexual son los marcos de referencias de dos categorías falsamente afines, de las cuales depende dos proyectos culturales.

Por fuera del dualismo heterosexista o la indecidibilidad transgenérica, Braidotti sostiene la virtualidad infinita de los cuerpos sexuados como estrategia política en el siguiente sentido: "en términos de política feminista, significa que necesitamos repensar la sexualidad sin los

---

[104] Rosi Braidotti y Rick Dolphijn (eds.), *This Deleuzian Century. Art, Activism, Life.* Leiden & Boston, Brill Rodopi, 2015, p. 31.

[105] Cf. Rosi Braidotti, *Nomadic Subjects: Embodiment and Sexual Difference in Contemporary Feminist Theory.* Nueva York, Columbia University Press, 1994.

géneros, empezando por un retorno vitalista a la polimórfica, y según Freud perversa, estructura de la sexualidad humana. Necesitamos también revalorizar los poderes generativos del cuerpo femenino".[106] En lugar de la estrategia política *queer,* sostenida por la performatividad del lenguaje sobre la indeterminación material, la estrategia política de Braidotti pone en juego la efectividad de la materia sobrepuesta a los estereotipos culturales y liberada a la heterogeneidad de sus impulsos, deseos y goces. En una palabra, se trata también en este caso de una política sexuada, autoconsciente del poder generador y transformador de la mater/realidad.

El nomadismo sexual de Braidotti se alimenta de un sustrato materno/material autopoietico y diferencial, que habilita la transposición universal de la identidad femenina. En consonancia con Luce Irigaray y Margaret Whitford, Braidotti considera que "lo material/ materno es la instancia que expresa la especificidad de la sexualidad femenina en el sentido de una humanidad femenina y también de su divinidad".[107] Esa ginergia que especifica lo femenino como fuerza de creación constituye el elemento divino y sagrado de lo real que Braidotti reconoce y reclama, junto con una larga tradición espiritual a la cual volveremos en los próximos capítulos.

La acción nomádica de la diferencia es por lo tanto consustancial a la materia/materna de la cual nace y en la cual se dirime, en última instancia, la identidad femenina. La materia/materna constituye para Braidotti el "lugar inevitable"[108] de la identidad, *topos* de origen y transformación. La autora concluye entonces en que "la cuestión central es el estatus de lo femenino material/materno, y las muchas y potencialmente contradictorias maneras en las que continúa afectando la constitución de la subjetividad y las sexualidades femeninas".[109] La conclusión de Braidotti es así la de una identidad femenina capaz de concebir y contener múltiples y diversas sexualidades, con lo cual no solo la palabra «mujer» tiene un sentido fuera de la matriz heterosexual –como

---

[106] Rosi Braidotti, *The Posthuman.* Cambridge, Polity, 2013, p. 98.

[107] Cf. Rosi Braidotti, *Metamorfosis…, op. cit.,* pp. 39-40.

[108] Idem, p. 201.

[109] Idem, p. 134

sostenía Malabou–, sino que además es su propia identidad mater/real la creadora de esas heterogéneas sexualidades nomádicas.

Próximo a Braidotti se encuentra el feminismo de Elizabeth Grosz, en también quien replica la herencia deleuziana e irigariana de la diferencia. Los «cuerpos volátiles»[110] de Grosz, vibrantes de materialidad autoactiva, deciden su identidad sexual en los términos diferenciales, móviles y fluctuantes de una vitalidad natural en continua construcción histórica y cultural. Para Grosz, la diferencia sexual es "diferencia vital",[111] en la medida en que la vida es autopoiesis diferencial y creadora, nacida de la alteridad radical. La autora insiste en la consistencia ontológica de la diferencia sexual, privilegiando en su lectura la alteridad reproductiva, es decir, el hecho de «ser-dos», no-todo y no-uno, como lugar del origen y regeneración de la vida. Según ella, los sexos son por lo menos –aunque no necesariamente– dos y entre ambos "hay una irreductible especificidad de cada sexo relativa al otro".[112] La reproducción sexual, que Grosz relabora a partir de la selección natural darwiniana, expresa según la autora una perfección evolutiva, sin la cual podría haber vida sobre la tierra, pero sería una vida de tipo bacteriano, mera repetición tautológica de lo mismo con alguna mera variante accidental. La diferencia sexual, en cambio, hace posible la novedad y contingencia radical de la vida, la irrupción de lo imprevisible y desconocido, su nacimiento continuo.

La evidencia del dimorfismo reproductivo, que Grosz valora positivamente como potenciación vital, se aparta sin embargo del dualismo heterosexista o heterogenérico en la medida en que asume –en consonancia con Braidotti– un monismo materialista y virtual, de donde el propio dimorfismo asume multiplicidad de configuraciones heterogéneas y dinámicas. Grosz desliza su pensamiento de la diferencia hacia sexualidades múltiples y heterogéneas nacidas de la propia identidad sexuada por expansión de su fuerza material. "Cada sexo –asegura la autora– tiene la capacidad de jugar con, de devenir diferentes

---

[110] Cf. Elizabeth Grosz, *Volatile Bodies. Toward a Corporeal Feminism*. Bloomington-Indianápolis Indiana University Press, 1994; también *Becoming Undone: Darwinian Reflexion on Life, Politics, and Art*. Durham-Londres, Duke University Press, 2011.

[111] Elizabeth Grosz, *Becoming Undone...*, *op. cit.*, p. 29.

[112] Elizabeth Grosz, *Space, Time, and Perversion. Essays on the Politics of Bodies*. Nueva York & Londres, Routledge, 1995, p. 77.

sexualidades, pero no de tomar el cuerpo y sexo de otro".[113] Lo que separa a Grosz del constructivismo trans es justamente la identificación con el propio cuerpo sexuado –en lugar de la autopercepción en otro cuerpo o en ninguno o en todos– como lugar de juego y exploración, a partir de lo cual es posible inventar nuevas sexualidades no falogocéntricas, expresadas en "extrañas carnalidades"[114] móviles y fluidas. En lugar de inventar indecidibilidades *queer* marginales al modelo hegemónico y dependientes de él, Grosz propone convertir intrínsecamente en *queer*, heterogénea y polimorfa toda sexualidad, abriendo a la diferencia su potencial inmanente. La liberación del sexo a su múltiple virtualidad sexual es para Grosz una de las tantas trayectorias que el feminismo debe recorrer en su proyecto de refundación cultural, pero no es sin embargo ni la única ni la principal causa de transformación. La liberación sexual es uno de los elementos de un entramado político mucho mayor, cuya radicalidad atañe –en nuestra consideración– al sentido del ser en su totalidad matricial.

Resumiendo, Grosz supone en cada cuerpo volátil una multiplicidad de impulsos, deseos y fantasías a realizar a lo largo de una sexualidad siempre fluida, provisoria e impredecible. En esa materialidad en constante emergencia, la diferencia sexual inscribe tanto la fuerza de la transformación, como él límite de la alteridad, el otro, el ser en todo caso no-todo, incompleto y contingente. Como lo es para Irigaray, el «ser-dos» vuelve a expresar aquí la fórmula de una sexuación reconocida en su alteridad radical, esa diferencia que evita la fantasía omnipotente de serlo todo para confrontarse con la finitud y el tiempo de un cuerpo vulnerable y mortal.

Más allá del dualismo heterosexista y la indecidibilidad nominalista, los conceptos de fluidez, movilidad, plasticidad, nomadismo, volatilidad, incompletitud, apertura, etcétera, son algunas de las categorías capaces de justificar la identidad femenina como dinamismo diferencial, causa y efecto de su propio desdoblamiento inmanente, virtualidad infinita de un renacer inagotable. A través de ellas, la diferencia sexual explicita su consistencia ontológica fuera del dualismo metafísico y en

---

[113] Cf. Elizabeth Grosz, *Space, Time, and Perversion...*, *op. cit.*, p. 77.

[114] Cf. Elizabeth Grosz y Elspeth Probyn (eds.), *Sexy Bodies. The Strange Carnalities of Feminism*. Nueva York, Routledge, 1995.

el seno de un monismo mater/real de implicancias éticas, políticas y religiosas. La identidad sexuada de las mujeres vuelve a ser así, después de tanto tiempo de sujeción y medida falogocéntrica, asunto del propio diferir creador.

2.7. Algunas conclusiones

La diferencia sexual es el punto de partida, la razón de ser y el horizonte de sentido del pensamiento feminista. Ella constituye en cuanto tal un hecho absoluto e indemostrable, en tono al cual se ha organizado el pensamiento y la cultura de todos los tiempos. Lo que el feminismo de la diferencia sexual ha permitido reconsiderar y resignificar es justamente el sentido dualista y sustancialista que aquella ha mantenido a lo largo de la historia hegemónica, sirviéndose para ello de ciertos elementos de la filosofía moderna y contemporánea. Tomamos como punto de partida la diferencia sexual en su subjetividad material, en y por la cual actuamos y pensamos, de manera tal que su feminismo habla el lenguaje de la inmanencia vital, el cuerpo, el deseo, las fantasías, lo inconsciente, el eros vital. Partimos de la diferencia sexual como lugar de origen ontológico: matriz del ser universal, seno de la existencia humana y parición da se única e irrepetible.

Las autoras analizadas en este capítulo coinciden en afirman la consistencia ontológica de la diferencia sexual fuera del dualismo heterosexista, el constructivismo sociopolítico de los géneros y la disolución de la *queerness*. Ellas se ubican en este sentido en una suerte de realismo materialista de variada ascendencia especulativa, principalmente spinoziana, hegeliana y deleuziana. Lo específico de su pensamiento consiste en la transvaloración positiva de la identidad femenina a partir de la resignificación conceptual de las categorías que tradicionalmente la definieron. A saber: materia, negatividad, caos, abismo, alteridad, fluidez, vacío, noche, sensibilidad, deseo, irracionalidad, etcétera, son reconcebidos por el feminismo de la diferencia en los términos de un monismo material y dinámico, libremente creador. Para este feminismo, devenir-mujer no es un problema a resolver ni un obstáculo a evitar, sino una potencia infinita a celebrar y explorar.

Como veíamos en el capítulo anterior, una vez que la diferencia abandonó el lastre dualista que la excluía de la identidad, su fuerza

autodiferencial devino hacedora de identidades. Este concepto dinámico, reflexivo y medial de la diferencia es el que asume el feminismo de la diferencia y a partir del cual concibe la materialidad sexuada.
Comprender la diferencia sexual a través de la diferencia ontológica, en
sí y por sí misma diferenciante, supone recuperar la energía autoactiva
del ser femenino, su desdoblamiento creador, su capacidad conceptiva
y nutriente. La diferencia ontológica justifica la fluidez, la plasticidad,
la movilidad y el nomadismo y las trasposiciones de la identidad, en
continua expansión y transformación. El devenir-mujer conserva, en su
diferencia, el germen de una continua regeneración, del cual se alimenta además un feminismo intensivo y virtual que todavía no sabemos lo
que puede.

Por acción recíproca, comprender la diferencia ontológica a partir
del cuerpo femenino significa recuperar la condición gestante del origen, el estado naciente del ser, la inmanencia material de todas las cosas
y el carácter conceptivo de la esencia. Si el ser sustancialista fue fálica-
mente arrojado al mundo por una trascendencia abstracta y puesto en la
existencia fuera de la nada y de la causa, el ser matricial es ontológicamente gestado en el seno del origen mater/real, en cuya diferencia subsiste sin mezclas ni confusiones ni expulsiones dualistas. El ser nacido
viene de adentro, de las entrañas más íntimas de lo real para habitar el
dinamismo de una inagotable repetición.

Desde el punto de vista ontológico, el pensamiento de la diferencia
se construye como respuesta alternativa al falogocentrismo metafísico,
al cual le debemos la expulsión de la existencia de su lugar de origen,
medio y sentido vital, y su exilio en un cielo ideal de representaciones
abstractas y perfectas que, en última instancia, solo representación la
negación extrínseca de lo real. A la sazón, Luisa Muraro denuncia al
precio que la humanidad debió pagar por su desmadre: "lo siento por
Platón, pero las ideas de bien y mal han matado y destruido demasia-
das veces. Yo, por el contrario, les aconsejo escuchar su sentimiento de
cuerpos vivos, deseantes, dependientes y razonar en consecuencia".[115]
La propuesta final feminista de la diferencia se ordena a la refundación
del logos por la mediación viva, concreta y dinámica de la materialidad

---

[115] Luisa Muraro, *Guerras que yo he visto..., op. cit.*, p. 14.

matricial, lo cual supone la refundación integral del sentido del ser y la cultura.

La sexualización del pensamiento, la política, la ética, el derecho, etc. es exigencia intrínseca de ese nuevo logos rematerializado. Y valga otra vez aquí la precisión. Sexualizar la cultura no significa dividirla dualistamente en dos sexos, sino liberar su energía fecundante y naciente. Impregnar la cultura de ese goce creador, de esa inocencia lúdica que la infancia de la humanidad tan bien conoce y celebra, eso es sexualizarla.

CAPÍTULO 3
Una arqueología materna/material/matricial

No es posible comprender la tragedia de la dominación patriarcal, ni el alcance de su empresa, ni el sentido transfundacional del pensamiento feminista sin hacer historia y sin hacerla bajo una doble perspectiva. Primero, deconstruyendo los grandes significantes que sedimentan la historia oficial; segundo, reconstruyendo las marcas, contramarcas y síntomas matriciales inscriptos de manera más o menos explícita en las entrelíneas del relato oficial. Dicho brevemente, necesitamos una historia y una filosofía de la historia feministas capaces de conceptualizar lo sido a la luz de la violencia ejercida en su contra.

El sentido histórico a reconstruir no es mera narración de hechos empíricos sucesivos, sino redescubrimiento de ciertas disposiciones filogenéticas y ontogenéticas cuyo dinamismo primario fue violentamente sofocado por la aparición del sistema patriarcal en sus múltiples configuraciones históricas. Queremos decir con esto que tanto la evolución filogenética del colectivo humano como el desarrollo ontogenético de la conciencia individual acusan la existencia de un ordenamiento primitivo violentamente interrumpido en determinado momento de la historia por lo que Irigaray denominaba el matricidio fundante de la cultura occidental, cuyos sustratos quedaron sepultados por el sistema hegemónico.

La propuesta de este capítulo consiste en visibilizar, desde una perspectiva filogenética y ontogenética, algunas claves históricas que permitan descifrar la articulación sistémica del falogocentrismo, tanto en la erección de sus grandes metáforas androcéntricas como en la eliminación o distorsión de la simbólica mater/real. La deconstrucción del sistema falogocéntrico será sucedida por el intento reconstructor del sustrato matricial primitivo en algunos de sus principales rasgos histórico-ontológicos. A lo largo de estas páginas utilizaremos indicadores y registros históricos, antropológicos, religiosos, sicoanalíticos, etcétera, a fin de contrastar empíricamente la arqueología conceptual o conceptiva del sustrato matricial. Metodológicamente, apelaremos a los hechos y testimonios culturales no para permanecer en ellos, sino para concebirlos como expresiones de un sistema ideológico cuyo centro replica en cada una de sus partes y niveles de análisis.

En la pequeña escala de estas páginas, intentaremos algo así como una brevísima filosofía de la historia y la religión en clave feminista.

3.1. La historia de un matricidio

La historia del patriarcado tiene un comienzo oficial que se auto-instituye hacia el año 3500 a. C. en el pueblo sumerio de la Mesopotamia. Todo lo anterior ha sido abusivamente –denunciaba Irigaray– calificado de prehistórico y precivilizatorio, con la particularidad de que se trata aquí de una prehistoria de millones de años, frente a una breve historia de unos 5 ó 6 milenios.

La prehistoria humana se remonta a un lento proceso de hominización de casi 2 millones de años que conoció las transformaciones del *homo habilis*, el *homo erectus* y de otras tantas instancias de diferenciación hasta confluir en el *homo sapiens* africano. Según los últimos hallazgos del yacimiento de Jebel Irhoud –ubicado entre Marrakech y la costa atlántica de Marruecos– este último contaría con unos 300 000 años, tantos como el neandertal europeo, con quien habría convivido en Europa durante unos 10 000 años, antes de extinguirse unos 30 000 años atrás. La aparición del *homo sapiens-sapiens* u hombre moderno europeo hace unos 50 000 años marcaría el pasaje hacia el tipo de conciencia simbólica, figurativa y progresivamente abstracta del hombre contemporáneo. Desde el paleolítico inferior, hace 1 millón de años, hasta el fin del paleolítico superior, Europa estuvo atravesada por sucesivas de glaciaciones, la última de las cuales –la glaciación de Wurms, 12 000 años atrás– define el pasaje al mesolítico y desde éste a la gran revolución Neolítica, considerada obra de la mujer.

Si bien es imposible asumir como un bloque culturalmente homogéneo los millones de años que abarcan la (pre-)historia humana, sí es posible señalar como rasgo común, marcadamente visible en los últimos 30 000 años, cierta autonomía simbólica y práctica de las mujeres que alcanza su apogeo durante el Neolítico y declina gradualmente a partir de entonces. Dicho esto mismo en otros términos, lo que decide el inicio de la historia oficial coincide con la dominación masculina sobre las mujeres y a través ellas sobre todo lo demás, de manera que la ausencia de la misma permitiría unificar retrospectivamente un pasado millonario, donde las mujeres parecen haber gozado de un elevado estatus social, como intentaremos mostrar.

En tanto que sistema cultural hegemónico, el patriarcado se compone de una miríada de micropraxis interconectadas y consistentes con el gran principio regulador, que es la apropiación y el control de la fuerza procreadora de las mujeres. En torno al disciplinamiento de la fuerza materna se organizan las múltiples acciones materiales y simbólicas del orden patriarcal a través de todos sus registros culturales, a saber, religiosos, filosóficos, científicos, políticos, éticos, subjetivos, etcétera. La sincronicidad performativa de esos discursos es lo que Luce Irigaray, junto con muchas otras autoras, califican de matricida.

El matricidio constituye la quintaesencia del patriarcado y cada uno de sus registros culturales lleva la impronta de la madre sepultada. En lo que sigue, intentaremos deconstruir las grandes líneas matricidias del falogocéntrismo según algunos de sus principales relatos religiosos, filosóficos, científicos, socio-políticos, éticos y subjetivos.

3.1.1. Indicadores del matricidio religioso

El discurso religioso se autoinstitutye como el significante supremo de toda realidad y, por lo tanto, como una suerte de metadiscurso fundacional. En el caso del falogocentrismo, el Nombre del Dios Padre concentra el sentido último de todas las cosas: poder supremo de creación, medida y fin al que aspiran todas las cosas. Inmediatamente después de referirse al matricidio fundacional de la historia humana, Luce Irigaray precisa que "el hombre-Dios-padre ha asesinado a la madre para tomar su poder",[1] de manera que no solo el poder físico masculino sino además su divinización certificaron la supremacía viril. La simbólica religiosa refleja y justifica el poder masculino en el nombre de Dios, que es también varón y padre, y goza como los hombres de un poder incondicional. Gerda Gerner explica al respecto que "los hombres se apropiaron y luego transformaron los

---

[1] Luce Irigaray, *Le corps-à-corps…, op. cit.*, p. 81.

principales símbolos de poder femeninos: el poder de la Diosa-Madre y el de las Diosas de la fertilidad".[2] En el nombre del Padre, único creador y juez omnipotente, se erige el supremo relato patriarcal sobre la caverna de las divinidades matriciales. En efecto, la imposición del Dios significó la muerte de los viejos monismos hilozoista, ctónicos y folklóricos que describiremos a continuación.

El surgimiento del patriarcado religioso se remonta al 5000 o 6000 a. C. y coincide con la avanzada indoeuropea de los pueblos del Kurgan, provenientes del Cáucaso ruso y conquistadores seriales de la cuenca mediterránea. Siguiendo la tesis de Marija Gimbutas, las sucesivas invasiones de estos pueblos nórdicos expoliaron lentamente las culturas autóctonas de la vieja Europa neolítica y matricial, introduciendo en ella sus dioses solares, su civilización bélica y heroica, y organización social patriarcal. Entre la vieja Europa neolítica y la nueva cultura indoeuropea y patriarcal hay —asegura Gimbutas— un choque de civilizaciones imposible de zanjar, que concluyó con el ocaso de la primera y la hegemonía de la segunda.

Al falogocentrismo religioso se le debe la invención de un monoteísmo trascendente, común a las tres grandes religiones abrahámicas, a saber: judaísmo, cristianismo y mahometanismo. Cualquiera de ellas toma como punto de partida la creación monogénética del Dios Padre, cuya trascendencia inmaterial y perfecta produce *ex nihilo* todas las cosas. La creación *ex nihilo* del Padre se arroga la potencia de la procreación materna, aunque lo hace en los términos de una trascendencia inmaterial que resignifica de manera distorsiva el concepto mismo del origen, remontándolo a un más allá inalcanzable, inaccesible y perdido. El mundo ya no nacerá en la intimidad de las entrañas materiales, sino que será arrojado a la existencia de la nada y en medio de la nada por obra de una omnipotencia puramente espiritual.

Lo que especifica la producción del Padre en comparación con la procreación materna es la desconexión y discontinuidad —nada mediante— entre creador y creatura, cuya alteridad totalmente Otra traduce en términos metafísicos el *modus operandi* de la paternidad humana, siempre externa, discontinua e incierta. Incluso pensadores contemporáneos de ascendencia judía como Emmanuel Lévinas insisten hoy en la

---

[2] Gerda Lerner, *La creación del patriarcado…, op. cit.,* p. 319.

"fecundidad"[3] paterna del gran Otro, leída justamente en los términos de una exterioridad dualista incomensurable. Respecto de las religiones crónicas primitivas, cuya inmanencia material saturaba de divinidad todas las cosas, la aparición del monoteísmo trascendente significó la ruptura del *continuum* vital y la impostación de una perfección inalcanzable como modelo de realidad.

Uno de los mitos fundacionales de los monoteísmos religiosos alude a una caída, culpa o pecado original responsable de la materialidad, finitud y maldad del mundo. Las tradiciones religiosas del patriarcado iranio, griego y abrahámico coinciden en la criminalización del ser en cuanto que tal, consecuencia de una mala elección o culpa original que instituyó el dualismo ontológico-religioso entre lo bueno y lo malo, ser y el no ser, lo masculino y lo femenino, el cielo y la tierra, etcétera. A consecuencia de esa caída, no vivimos la vida que deberíamos vivir, ni habitamos la realidad que deberíamos habitar, ni somos lo que deberíamos ser. Pero gracias a la bondad divina, esa realidad mal parida será salvada por el Padre, quien restaurará el orden original y nos elevará definitivamente a su Patria inmaterial. A tal fin, las religiones patriarcales han estatuido los más diversos medios de purificación que abarcan desde sacrificios ascéticos o mortificaciones de la carne hasta el martirio de la muerte o el asesinato directo.

Entre el hilozoísmo primitivo y el monoteísmo patriarcal, el monismo vitalista y el dualismo espiritualista hay un cambio de paradigma ontológico, ético y sociopolítico. Pierre Bourdieu[4] comenta al respecto que la invención del monoteísmo como sistema religioso es consustancial con la división jerárquica de clases sociales, la aparición de una casta sacerdotal centralizada y militarizada, y la racionalización y moralización de la conciencia religiosa. Todo esto, claro está, una vez supuesta la dominación de la mujer y resignificación distorsiva de su fuerza procreadora, ahora criminalizada como principio material de la degeneración. La intelectualización, moralización y militarización de las religiones monoteístas se nutre silenciosamente de una transformación simbólica que degradó la fuerza materna y convirtió el nacimiento en

---

[3] Cf. Emmanuel Lévinas, *Totalidad e infinito. Ensayo sobre la exterioridad*, trad. Daniel E. Guillot. Salamanca, Sígueme, 1999, pp. 276-279.

[4] Cf. Pierre Bourdieu, *La eficacia simbólica. Religión y política*, trad. Alicia B. Gutiérrez y Ana Teresa Martínez. Buenos Aires, Biblos, 2010, pp. 52-53.

una maldición. A eso mismo aludía Muraro cuando páginas atrás hablaba de la concepción chantajista y punitiva del ser.

Si repasamos la historia oficial, vemos que la patria del monoteísmo religioso se remonta a la cultura irania del Turquestán occidental entre el segundo y primer milenio a. C., bajo el auspicio del dios solar y trascendente preconizado por Zarathuštra. La predicación del gran profeta divino esparció la semilla del ideario falo-religioso basado en dos ideas centrales: la primacía de Mazdâh, padre puramente luminoso y espiritual; y el dualismo metafísico entre el bien y el mal, consecuencia de la caída de uno de los espíritus emanados de Mazdâh. La exclusión entre el bien y el mal, concretada primero en entidades puramente espirituales, se desplazó luego al dualismo entre el espíritu y la materia, con la implícita asignación sexual de ambos opuestos y su consecuente dualismo. Si bien la tradición irania no achaca la creación del mal al hombre mismo sino a un principio espiritual oscurecido, tenebroso y malhechor, lo cierto es que el hombre es corresponsable del mal que lo constituye. El fin ético-religioso de la acción humana consiste en redimir el mal individual, social y cósmico a fin de alcanzar la purificación escatológica del universo.

Monoteísmo, dualismo ético-metafísico, escatología del mal, juicio final, salvación y resurrección de los cuerpos son algunas de las ideas religiosas esparcidas por la cultura irania, cuya conciencia religiosa convirtió la realidad en una suerte de campo de batalla entre dos elementos contrarios: ser y no ser, bien y mal, luz y tinieblas. La libertad humana no solo es responsable de elegir éticamente su propia salvación, sino de decidir universalmente la redención del ser y la aniquilación del no ser. En palabras de Joseph Campbell, "según la nueva visión mítica de Zoroastro, el mundo como tal es corrupto y debe ser reformado por la acción humana, y la línea crucial de decisión entre el ser y el no ser es ética".[5] El flamante patriarcado religioso funda entonces una ontología y una moral dualistas, funcionales a la retórica viril del heroísmo, la lucha y la victoria, y especialmente dadas a la militarización y la carrera armamentista del belicismo patriarcal.

[5] Joseph Campbell, *The Masks of God: Occidental Mythology*. Nueva York, Arkana, 1964, p. 191.

La tradición irania se expandió hacia la India, el Oriente Medio y la cuenca egea y mediterránea, horadando profundamente la cultura griega autóctona. En el caso griego, su histórico triunfo contra la invasión persa no disimula la deuda contraída con los sacerdotes iranios, cuyo dualismo cristalizará en la escuela órfico-pitagórica para avanzar desde allí hacia el pensamiento clásico en especial a través de Platón. La teogonía órfica recurre a la mítica lucha contra los Titanes y las Titánides a fin de instalar y justificar la presencia de un principio de mal en el hombre, esto es, su cuerpo titánico, opuesto a la bondad de su espíritu. La idea de una realidad constitutivamente mala expresa una criminalización radical de la existencia y habilita los esfuerzos ético-religiosos por purgar el alma mediante prácticas ascéticas y mortificantes, sujetas al ideal de la perfección. En estos términos comienza en Grecia, comenta Eric Dodds, "una cultura de la culpa"[6] que irá profundizando el nihilismo, la angustia y la hostilidad hacia la vida, en completa ruptura con el optimismo vitalista de la cultura precedente, como veremos a continuación.

En cuanto a su paso por Medio Oriente, la cultura irania influirá en la conformación del monoteísmo patriarcal hebreo, cuya peculiaridad consiste en la interpretación sociopolítica del mito del exilio y la salvación final. Según el relato judío, la introducción del mal en el mundo obedece al hombre mismo, mejor dicho, a la mujer en alianza con la serpiente en el principio de la creación del Padre. La desobediencia de Eva desencadenó la maldición universal de Yahvé, la expulsión del paraíso y el exilio a un mundo de dolor y de muerte. Eva, quien supo ser otrora la madre de la vida, se convierte ahora en la madre de la degeneración y la muerte. El sesgo sociopolítico que el judaísmo imprime a la tradición irania impulsó al pueblo elegido por Yahvé a la búsqueda de un salvador nacional, y a sus sucedáneos cristianos a la conformación de un gobierno divino pretendidamente universal.

Habida cuenta de la caída en el mal, cualquiera de los grandes relatos patriarcales apunta a la restauración de una supuesta integridad original, abortada por el nacimiento materno y reintegrada por la obediencia a la Ley del Padre. El primer relato bíblico sobre la creación *ex nihilo* de Yahvé y la desobediencia de Eva es compartido por las tres

---

[6] Eric R. Dodds, *The Greeks and the Irrational*. Berkeley & Los Angeles, University of California Press, 1951, p. 152.

grandes religiones abrahámicas: judaísmo, cristianismo y mahometismo. La narración se inspira en el viejo poema babilónico Enuma Elish, donde se narra la creación de todos los dioses por acción de la diosa madre Tiamat y el dios padre Apsu. El Enuma Elish asume la idea de una pareja divina creadora representada por Tiamat, las aguas saladas, y Apsu, las aguas dulces. Ambos principios componen el acuoso y oscuro caos original del que proceden todos los dioses, entre ellos Marduk, el asesino de su propia madre. Marduk es hijo de la pareja creadora y representa un dios solar enfrentado con su madre, a quien finalmente asesina. Del cuerpo muerto y despedazado de Tiamat, Marduk hizo el cielo, la tierra y la luz. El relato bíblico, que se inspira en dicho mito, elimina sin embargo a la madre Tiamat y su elemento material para comenzar directamente con la creación de todas las cosas por un único Dios que hizo el cielo, la tierra y la luz, mientras se cernía sobre aquel caos acuoso que Tiamat representaba. El encumbramiento de Yahvé como único Dios creador, todopoderoso y trascendente instituye un monoteísmo patriarcal de naturaleza disciplinaria, punitiva y bélica, sobradamente explicitada a lo largo de toda la Biblia.

Yahvé crea de la nada un universo perfecto e ideal que inmediatamente cae por su propia voluntad culpable al mundo material, corrupto y mortal. El primer relato del Génesis distingue con claridad el linaje de la creación paterna –original, inmaterial, divina y perfecta– y el linaje de la degeneración materna –material, corrompida, mortal y maldita. La primera creación es pura, luminosa, acontecida en el metalugar y metatiempo de los jardines edénicos cuando todo lo creado por Dios era bueno, incluso la mujer, que aún no era madre. La segunda (de-)generación es impura, oscura y caída en el mundo material. Ella acontece por concepción y nacimiento materno, y comienza con Eva, madre de todos los vivientes, condenada a parir en el dolor, la muerte y la finitud temporal.

Entre la creación divina de Yahvé y la degeneración del nacimiento media el mítico árbol de la vida y el conocimiento, la prohibición del Padre y la caída de la mujer en alianza con la serpiente. Desde los tiempos inmemoriales del paleolítico superior, la serpiente fue considerada un animal sagrado, elemento esencial de los cultos matriciales. Su capacidad de regeneración, su penetración en lo profundo de la tierra y su plasticidad circular expresaban para la mente arcaica la energía primordial en continua renovación. Ella simbolizaba, además, el complemento fálico de la Diosa y el conocimiento de sus entrañas más oscuras, donde se gesta la vida. La operación ideológica del primer relato bíblico consistió entonces en degradar y condenar la simbólica femenina, su tradición sapiencial y sus cultos de iniciación, sobre los cuales volveremos en las siguientes páginas. La tentación de la serpiente y la caída de Eva representan así la perversión misma por la cual se derrumba toda su progenie. La teoría feminista contemporánea ha puesto el foco sobre "el mito de la maldad femenina como fundamento de toda la estructura de la ideología fálico-cristiana".[7] En concreto, lo que el mito de la caída pone en evidencia es la degradación y distorsión de la condición humana naciente.

Eva, la madre de todos los vivientes, es condenada a parir con dolor una vida degenerada, sometida al trabajo, la enfermedad y la muerte. Por origen y nacimiento, son maldecidos la tierra, la energía vital, el cuerpo, la materia, la sensibilidad, el sexo, etcétera. Símbolo preclaro de tal condenación es la suciedad e inmundicia del cuerpo materno, infectado por su propia concepción. La sangre menstrual –primer principio de la conciencia religiosa primitiva, como veremos– pasó a significar en la ideología fálica un fluido infeccioso, fuente de contaminación. El Levítico especifica al respecto que la parturienta debe purgarse durante una semana, en caso de haber dado a luz un varón, o durante dos semanas, en caso del nacimiento a una niña. Parirás con dolor e impuramente no fue solo un castigo por el pecado original, sino además un mandato religioso, cuyo incumplimiento llegó a ser penalizado por la Santa Inquisición con la ejecución de las parteras que prescribieran calmantes durante el parto.

Sobre la degeneración del nacimiento materno operará el segundo nacimiento purificador del bautismo, capaz de borrar el pecado original y restablecer la integridad de la creación paterna. El bautismo sacramental actualiza un segundo nacimiento ritual de las aguas purificadoras del Padre, cuyo seno regenera en espíritu y verdad. La iniciación sacramental elimina simbólicamente la degeneración del nacimiento

---

[7] Mary Daly, *Beyond God the Father. Toward a Philosophy of Women's Liberation*. Boston, Beacon Press, 1974, p. 47.

materno y restituye el verdadero origen. El bautizado vuelve entonces a nacer, esta vez purgado, límpido y luminoso.

Mientras que el mito del Génesis instituye simbólicamente la supresión materna del origen, la guerra histórica de Yavé contra la Diosa Madre y sus sacerdotisas se extiende a lo largo de todo el Antiguo Testamento. Las páginas de la Biblia testimonian tanto la ira de Dios contra las adoradoras de la Diosa, como de la lucha de los Levitas por desterrar los cultos matriciales autóctonos. La gran ídola rival de Yahvé es femenina y se llama Asera o Astarté, Diosa cananea de la fertilidad que el pueblo judío borró a fuerza de destrucción y asesinato. Por orden de Yahvé, la idolatría era castigada con la pena de muerte por lapidación, aun cuando se tratase del propio hijo, hija, hermano, padre o madre. El amor al único Dios verdadero exigía entonces la eliminación de la Diosa, sus templos, altares o imágenes, la persecución del sacerdocio femenino y la demolición de las casas de prostitución sagrada. Quien fuera hallado en situación de culto a la Diosa debía ser quemado y hasta el propio hebreo que tuviese sexo con una sacerdotisa cananea sería condenado a muerte. Tales son algunos de los medios y recursos por los cuales el sacerdocio militarizado de Yahvé se aseguró el triunfo contra la celebración no militarizada de la Diosa.

Si el mensaje fundacional del Antiguo Testamento consiste en la perversión original del nacimiento materno, el segundo mensaje del Nuevo Testamento reside en el poder absoluto del Padre sobre su descendencia, ejemplarizada en el designio de muerte sobre su Hijo Unigénito a fin de redimir el pecado del mundo. La primera consecuencia directa, inmediata e inevitable del matricidio es el filicidio, que la religión cristiana convirtió en sacramental. En efecto, la perversión del nacimiento materno justifica el derecho salvacional del Padre sobre la vida y la muerte de su descendencia, cosa que el iracundo y belicoso Yahvé ejemplariza en el asesinato de su Hijo. Victoria Sau comenta al respecto que

> [...] el sacrificio ritual del Hijo con desprecio de la voluntad ignorada de la Madre es uno de los requisitos del poder del Padre, como ya se vio en Abraham; dueño absoluto de vidas y haciendas, amo de la bendición y de la maldición, el filicidio pasa a ser una prueba de Su omnipotencia.[8]

---

[8] Victoria Sau, *El vacío de la maternidad. Madre no hay más que ninguna.* Barcelona, Icaria, 1995, p. 58.

Asesinada la madre, la suerte del hijo está decidida.

Varias autoras han aludido a la "necrofilia"[9] como rasgo esencial de las religiones patriarcales, en clara confrontación con el hilozoísmo de las culturas autóctonas, veneradoras de la fecundidad infinita de la vida. Los tres grandes monoteísmos religiosos son consustanciales con la condenación y el disciplinamiento de la energía vital. En el caso concreto del cristianismo, comenta Mary Daly, "el Árbol de la Vida fue reemplazado por el necrofílico símbolo de un cuerpo muerto colgando sobre una cruz",[10] cuyo crimen se revive además en cada eucaristía. Luce Irigaray califica a la celebración eucarística como un "ritual caníbal",[11] ocultamente sostenido por el cuerpo y la sangre de la madre asesinada. La celebración central del cristianismo, esto es, el pasaje de la muerte a la resurrección del Hijo, es precedida y posibilitada por el matricidio fundacional del patriarcado y el silenciamiento materno, del cual la Biblia nada dice. Apuntando a la reconstrucción de una divinidad femenina, Luce Irigaray abre la pregunta sobre en qué cuerpo y qué sangre se construirá la religión del futuro: sobre la sangre menstrual que da la vida o sobre la sangre filicida del sacrificio humano.[12]

La voluntad del Padre se confirma a sí misma en el derecho de muerte sobre aquello que es incapaz de concebir y parir, pero muy capaz de crear de la nada y redimir de haber nacido. Su generosidad concede una nueva vida inmaterial y pura llamada a ser cumplida en perfecta obediencia. El resultado de esa voluntad salvífica es la sobrevaloración de la muerte por encima de la vida, o mejor, la sobrevaloración del poder de dar muerte por encima de la capacidad de dar la vida, resultado que Simone de Beauvoir ha inscrito en una sentencia obligada: "el hombre se eleva sobre el animal al arriesgar la vida, no al darla: por eso la humanidad acuerda superioridad al sexo que mata y no al que engendra".[13] La superioridad del cuerpo que mata y la degradación del cuerpo que da la

---

[9] Mary Daly, *Gyn/Ecology: The Metaethics of Radical Feminism*. Boston, Beacon Press, 1978, p. 18. También: Grace M. Jantzen, *Becoming Divine: Towards a Feminist Philosophy of Religion*. Manchester, Manchester University Press, 1988, p. 22.

[10] Mary Daly, *Gyn/Ecology...*, *op. cit.*, p. 39.

[11] Luce Irigaray, *Le corps-à-corps...*, *op. cit.*, p. 33; cf. también *Sexes and Genealogies*, trad. Gillian C. Gill. Nueva York, Columbia University Press, 1993, pp. 214 ss.

[12] Cf. Luce Irigaray, *Sexes and Genealogies...*, *op. cit.*, p. 228.

[13] Simone de Beauvoir, *El segundo sexo...*, *op. cit.*, p. 90.

vida instituyó un paradigma religioso, ético y, en última instancia ontológico, para el cual el asesinato es una necesidad del sistema. En la lógica patriarcal, la guerra es la madre –léase, el padre– de todas las cosas; en la lógica matricial, en cambio, el cuidado es madre y padre de todo, sobre lo cual Sara Ruddick observa que "en el pensamiento materno hay una concepción antimilitarista del cuerpo. En esta concepción el cuerpo no teme. El nacimiento es privilegiado sobre la muerte y con ese privilegio hay un compromiso con la protección y la estima del ser físico".[14]

El plan salvífico del Padre contempla también la redención del principio materno, siempre y cuando este último se sujete a la perfecta obediencia. La institucionalización patriarcal de lo materno es funcional a los designios del Padre y debe ser acatada en generosa servidumbre, tal como la Virgen María expresa en ejemplar oposición a la maldita Eva. Si la desobediencia de Eva degeneró la raza humana, la silenciosa docilidad de María –la contramadre de todos los vivientes– la regeneró. Su virginidad cumple el sueño monogenético del Falo, a saber, el vaciamiento absoluto del seno materno, su reducción a mera negatividad receptiva y la instrumentalización servil de su procreación. El Padre es fecundo en María y su embarazo, como el de cualquier otra mujer, es acción y gracia del Señor, quien concede a las mujeres el milagro de la fertilidad o el castigo de un seno infértil. María es la esclava, la sierva del Señor, su instrumento carente de voz y deseo propio.

La completa desexualización o asexualidad de María condice con el tipo de maternidad idílica y etérea que ella representa, pasiva y privada de autodeterminación. De la escena religiosa oficial fueron proscriptas las imágenes del vientre preñado o el pecho nutricios a fin de evitar evocaciones inconscientes o impuros deseos. La lógica dualista que separa de manera irreconciliable sexualidad y maternidad, goce y entrega, deseo y deber ha consumado un ícono materno virginal, mudo y sufriente. En el imaginario patriarcal, la madre es virgen y la puta no es ni madre ni esposa. La completa desexualización o deserotizacion del cuerpo materno es directamente proporcional al empoderamiento viril, de lo cual algunas pensadoras feministas[15] deducen la fuerza revolucionaria de la erótica materna, de su deseo, goce y voluptuosidad.

[14] Sara Ruddick, *Maternal Thinking…*, *op. cit.*, p. 216.
[15] Cf. Iris Marion Young, *On Female Body Experience…*, *op. cit.*, pp. 86-88.

Silencio, asexualidad y servidumbre, sumados a la doliente abnegación de la entrega total, esbozan un ideario materno que, a través de la figura modélica de María virgen, se inscribe como vocación auténtica y deber religioso. El Padre sabe que, sin la domesticación de la madre-esclava del Señor, su Ley inviable y de allí ese ferviente proselitismo mariano, tan netamente católico, a fin de inculturar el modelo a seguir. Única y exclusivamente "como sirvienta –explica Beauvoir– la mujer tiene derecho a las apoteosis más espléndidas",[16] mientras como terrible y temible Eva, dueña de sí misma y procreadora, es maldita y condenada. En María, sin duda, el patriarcado descansa tranquilo.

En última instancia, y siguiendo la lógica matricial que desarrollamos aquí, la suprema victoria del Padre no consiste tanto en la subordinación de la mujer a su voluntad, como en la apropiación y el asesinato del hijo con el obediencial silencio de la dócil madre. Simone de Beauvoir comenta al respecto que con María

> [...] por primera vez en la historia de la humanidad, la madre se arrodilla delante de su hijo y reconoce libremente su inferioridad. Es esa la suprema victoria masculina y se consuma en el culto de María; este consiste en la rehabilitación de la mujer por la terminación de su derrota.[17]

Repasemos la escena aludida por Beauvoir: María se arrodilla ante su hijo moribundo por designio providencial del Padre y, a pesar de su dolor infinito, bendice al Señor porque esa muerte ha vencido el pecado de nacer.

La derrota de la madre fue la derrota de la humanidad y la realidad entera. La desnaturalización o contra naturaleza que María representa no solo como mujer sino como relación diferencial absoluta, esa sublime ideología de la abolición materna-material, está vigente hasta hoy como modelo hegemónico de la buena madre, abnegada y sufriente, sumisa y siempre dispuesta a satisfacer la voluntad del otro –el Gran Otro inconmensurable–, aun cuando se trata de la muerte de su propio hijo en las garras del sistema dominante, frente al cual no tiene derecho alguno. A eso se lo suele llamar madre.

[16] Simone de Beauvoir, *El segundo sexo...*, *op. cit.*, p. 223; cf. también Michelle Boulous Walker, *Philosophy and the Maternal Body. Reading Silence*. Londres, Routledge, 1998, p. 136.

[17] Simone de Beauvoir, *El segundo sexo....*, *op. cit.*, p. 222; también Mary Daly, *The Church and the Second Sex*. Boston, Beacon Press, 1985, p. 61.

Y con esa madre, Yavé sellaba su triunfo sobre el género humano.

Adenda bíblica

Al principio creó Dios el cielo y la tierra. La tierra era soledad y caos, y las tinieblas cubrían el abismo, pero el espíritu de dios aleteaba sobre las aguas (*Gén.* 1, 1-2).

Vio entretanto la mujer que el árbol era apetitoso para comer, agradable a la vida y deseable para adquirir sabiduría. Tomó, pues, de su fruto y comió. Dio también de él a su marido, que estaba junto a ella, y él también comió (*Gén.* 3, 6-7).

Toda maldad es poca comparada con la de la mujer: la suerte del pecador caiga sobre ella (*Eclo.* 25, 19).

Por la mujer comenzó el pecado y por ella morimos todos (*Eclo.* 25, 24).

¿Cómo puede ser puro un hombre? ¿Cómo puede ser justo el nacido de mujer? (*Job.* 15, 14).

Yavé habló a Moisés diciendo: 'Habla a los hijos de Israel y diles: Cuando una mujer encinta dé a luz un varón, será impura durante siete días, impura como en el tiempo de su menstruación. El octavo día sería circuncidado el prepucio del hijo, pero la madre continuará retirada durante treinta y tres días más en la sangre de su purificación; no tocará nada consagrado ni irá al santuario hasta que se haya cumplido el tiempo de su purificación. Si da a luz a una hembra, será impura durante dos semanas, como en su menstruación, y permanecerá retirada sesenta y seis días más en la sangre de su puficación' (*Lev.* 12, 1-5).

No te acercarás a una mujer para descubrir su desnudez durante el período de su impureza menstrual (*Lev.* 18, 19).

Mas si la acusación es verdadera y no se han encontrado en la joven las pruebas de la virginidad, hagan salir a la joven fuera de la casa de su padre y sea lapidada por toda la ciudad hasta que muera, pues ha cometido una acción infame en Israel protituyendo la casa de su padre (*Dt.* 22, 20-21).

Si un hombre encuentra a una joven virgen, no desposada, la toma, se acuesta con ella y son sorprendidos, el hombre que se acostó con la joven debe pagar al padre de ésta cincuenta siclos de plata, y ella será su mujer por haberla él deshonrado, y jamás podrá repudiarla (*Dt.* 22, 28-29).

Si un hombre toma mujer y consuma el matrimonio, pero luego la esposa deja de agradar al marido por haber éste encontrado en ella alguna fealdad, le escribirá el libelo de repudio y, poniéndoselo en la mano, la mandará fuera de la casa (*Dt.* 24, 1).

Y encuentro que la mujer es más amarga que la muerte, porque ella es un lazo; su corazón es una red y sus brazos son cadenas. Quien agrada a Dios escapa de ella, más el pecador en ella queda preso (*Ecl.* 7, 26).

Moisés dio entonces estas prescripciones a los hijos de Israel, por orden de Yavé […] He aquí lo que manda Yavé en el caso de las hijas de Salfad. Se casarán con quien les parezca bien, siempre que sea dentro de uno de los clanes pertenecientes a la tribu de su padre. La heredad de los hijos de Israel no pasará de tribu a tribu; los hijos de Israel permanecerán unidos cada uno con la heredad de su tribu patriarcal' (*Núm.* 36, 5-10).

Las mujeres sean sumisas a sus maridos, como si fuese el Señor; porque el marido es la cabeza de la mujer del mismo modo que Cristo es cabeza de la Iglesia, cuerpo suyo, del cual él es el Salvador. Mas así como la Iglesia está sujeta a Cristo, así también las mujeres lo deben estar a sus maridos en todo (*Ef.* 5, 22-24).

La mujer déjese instruir en silencio con toda sumisión. No tolero que la mujer enseñe, ni que se tome autoridad sobre el marido, sino que ha de mantenerse tranquila. Pues Adán fue formado el primero, luego Eva. Y no fue Adán quien se dejó engañar sino Eva, que seducida, incurrió en la transgresión. Se salvará sin embargo por la maternidad, si persevera con sabiduría en la fe, la caridad y la santidad (I *Tim.* 2, 11-15).

Sobre el culto a la fertilidad de la Diosa cananea Asera[18]

Abandonaron a Yavé para servir a Baal y Astarté. Entonces se encendió contra Israel la ira de Yavé (*Jue.* 2, 13; también I *Sam.* 7, 3-4).

[18] Asera o Astarté era la principal divinidad de los Canaeos, venerada también en Fenicia y Siria. Los cananeos la asociaban con la Diosa Anat y los babilónicos la adoraban como Istar. Era celebrada como Diosa de la fertilidad y representada con un tronco de árbol sin ramas plantado en la tierra. Debido a la asociación de la Diosa con el tronco tallado, el nombre «asera» puede referirse tanto a la Diosa como a los bosques de árboles en los cuales se la adoraba. Era considerada también Diosa Luna y presentada entonces como consorte de Baal, el Dios Sol. Su culto sobresalía por su voluptuosidad, e incluía la prostitución sagrada y la adivinación. Yavé, por medio de Moisés, prohibió el culto de Asera y que los bosques de árboles de su adoración estuvieran cerca de sus altares. Sin embargo, a pesar de las órdenes de Yavé, la adoración de Asera siguió siendo la principal rival idolátrica del Antiguo Testamento. Fue adorada por los reyes Salomón y Jezabel, mientras que Gedeón, Asa y Josías organizaron grandes cruzadas contra su culto.

Los hijos de Israel hicieron lo que desagrada a Yavé. Olvidaron a Yavé, su Dios, para servir a los baales y las aseras. Entonces la irá de Yavé se encendió contra Israel y los entregó a Cusán Risataim, rey de Edom (*Jue.* 3, 7-8; también 10, 6; *Sam.*7, 4; 12,10).

Entonces el rey ordenó al sumo sacerdote Helcías y al sacerdote segundo y a los guardianes de la puerta sacar fuera del santuario de Yavé todos los utensilios fabricados para Baal, para la asera y para todo el ejército del cielo, los quemó fuera de Jerusalén en los campos del Cendrón y llevó sus cenizas a Betel. Luego suprimió los sacerdotes idólatras, que los reyes de Judá habían constituido y que habían quemado perfumes en los 'lugares altos', en las ciudades de Judá y en los aledaños de Jerusalén; suprimió también a los que habían quemado perfumes a Baal, al sol, a la luna, a los planetas y todo el ejército del cielo. Hizo sacar del templo de Yavé la asera, tirándola fuera de Jerusalén en el torrente Cedrón; la quemó en el torrente Cedrón, la redujo a ceniza y arrojó las cenizas en el sepulcro de los hijos del pueblo. Demolió la casa de prostitución, contigua al templo de Yavé, donde las mujeres tenían tiendas para la asera. Luego hizo venir a todos los sacerdotes de las ciudades de Judá, profanó los 'lugares altos', donde los sacerdotes habían quemado perfumes, desde Gueba hasta Berseba, y destruyó el 'lugar alto' de los sátiros [...] Los 'lugares altos' que había al oriente de Jerusalén y al sur del monte Olivete, y que Salomón, rey de Israel, había edificado a Astarté, abominación de Moab, y a Moloc, abominación de los ammonitas, los profanó también el rey. Despedazó las estelas, quebró las aserás y llenó sus lugares de huesos humanos (II *Re.* 23, 4-14).

No dejarás con vida a la hechicera. El reo de bestialidad, será muerto. El que sacrifica a otros dioses, fuera de Yavé, será muerto (*Ex.* 22, 17-19).

No profanarás a tu hija prostituyéndola; de esa manera la tierra no se prostituirá ni se llenará de indecencias (*Lev.* 19, 29).

Israel se estableció en Setim y el pueblo se prostituyó con las hijas de Moab. Invitábanle éstas a los sacrificios de sus dioses y el pueblo comía y se prosternaba ante ellos. Habiéndose ido Israel tras Baal Fogor, la ira de Yavé se encendió contra él. Yavé dijo a Moisés: 'Reúne a todos los jefes del pueblo y cuélgalos ante Yavé, cara al sol, para que se aparte de Israel la cólera encendida de Yavé'. Moises dijo a los jueces de Israel: 'Matad a cualquier hombre de los vuestros que se haya ido tras Baal Fogor' [...] Viéndolo Finés, hijo de Eleazar, hijo de Aarón, sacerdote, se levantó en medio de la comunidad, tomó la lanza, siguió al hijo de Israel hasta la alcoba y allí los traspasó a los dos en pleno vientre, al israelita y a la mujer. Y cesó el azote que pesaba sobre los hijos de Israel: habían muerto para entonces 24.000 (*Núm.* 25, 1-9).

Destruiréis totalmente todos los lugares donde las naciones que vais a desposeer han dado culto a sus dioses, sobre las montañas, sobre los colados y bajo todo árbol frondoso: demoleréis sus altares, romperéis sus cipos, destruiréis sus aserás, quemaréis las imágnes talladas de sus dioses y haréis desaparecer sus nombres de tales lugares" (*Dt.* 12, 2-3).

Si tu hermano, hijo de tu padre o hijo de tu madre, tu hijo o tu hija, la esposa que descansa en tu regazo o tu amigo, que es otro tú, te incitare en secreto diciendo: 'vamos a servir a otros dioses', dioses desconocidos para tus padres o para ti, de entre los dioses de los pueblos inmediatos o lejanos que os rodean de uno a otro extremo de la tierra, no asientas a su palabra ni le escuches, ni tenga tu ojo piedad de él, no le perdones ni encubras su falta. Es reo de muerte, y tu mano sea la primera sobre él, continuando la mano de todo el pueblo su ejecución. Le lapidarás hasta la muerte, pues ha querido apartarte de Yavé, tu Dios, que te sacó de Egipto, de la casa de la esclavitud (*Dt.* 13, 7-11).

Dice Elías: 'Ahora bien, manda reunir junto a mí en el monte Carmelo a todo Israel, a los cuatrocientos cincuenta profetas de Baal y a los cuatrocientos profetas de la asera que comen a la mesa de Jezabel' (I *Re.* 18, 19).

Durante el reinado de Manasés, Israel volvió a edificar los 'lugares altos', que su padre Ezequías había destruido, erigió altares a Baal, hizo una asera, como había hecho Ajaz, rey de Israel, adoró a todos los astros del cielo y les rindió culto. Construyó también altares en el templo de Yavé, del cual Yavé tenía dicho: 'Pondré en Jerusalén mi nombre'. Y erigió altares a todos los astros del cielo y en los dos atrios del templo de Yavé [...] Y hasta puso el simulacro de asera que había construido en el templo de Yavé, del que había dicho Yavé a David y a Salomón, su hijo: 'en este templo y en Jerusalén, que he escogido de entre todas las tribus de Israel, pondré mi nombre para siempre; y no permitiré de nuevo que el pie de Israel ande errante fuera de la tierra que he dado a sus padres, con tal que cuide de obrar conforme acuanto yo les he ordenado y confrome a la ley que les prescribió mi siervo Moisés'. Pero ellos no hicieron caso y Manasés los descarrió, induciéndolos a hacer el mal (II *Re.* 21, 3-9).

Entonces todos los hombres, que sabían que sus mujeres quemaban incienso a dioses extranjeros, y todas las mujeres que estaban presentes —una gran asamblea—, así como todo el pueblo que habitaba en la tierra de Egipto, en Patrós, respondieron a Jeremías: 'La palabra que nos has dirigido en nombre de Yavé no queremos escucharla, sino que haremos decididamente todo lo que nos hemos propuestos: quemar incienso y derramar libaciones a la reina del cielo,[19] tal como hemos hecho nosotros y como hicieron nuestros padres, nuestros reyes y nuestros príncipes en las ciudades de Judá y en las calles de Jerusalén. Entonces tuvimos pan hasta hartarnos, éramos felices y no veíamos desventuras. Pero desde que hemos dejado de quemar incienso y de derramar libaciones a la reina del cielo, carecemos de todo y por la espada y el hambre nos hemos consumido. Y cuando nosotras –añadieron las mujeres– quemamos incienso y derramamos libaciones a la reina del cielo, ¿acaso le hacemos tortas que representan su imagen y le derramamos libaciones a espaldas de nuestros maridos? (*Jer.* 44, 15-19).

Sin embargo, algo bueno he hallado en ti: has quitado las columnas idolátricas de en medio de la tierra y has orientado tu corazón en la búsqueda de Dios (*II Crón.* 19, 3).

Abandonaron el templo de Yavé, Dios de sus padres, y dieron culto a las columnas idolátricas y a los ídolos (*II Crón.* 24, 18; también 33, 3).

Mi pueblo consulta a su trozo de leño y su bastón le da respuestas, porque un espíritu de fornicación le ha seducido: adoran a los ídolos abandonando a su Dios. Sobre las cimas de los montes sacrifican, en las colinas queman incienso; bajo la encina, el chopo o el terebinto: ¡tan agradable es su sombra! Así se prostituyen vuestras hijas y vuestras nueras cometen adulterio (*Os.* 4, 12-13).

3.1.2. *Indicadores del matricidio filosófico*

Mientras que las religiones del Dios Padre apelaron a la pecaminosidad y maldición del nacimiento materno, el falogocentrismo filosófico procedió al vaciamiento conceptual de la materia, prehistóricamente concebida como dinamismo generador de todas las cosas y reinterpretada falogocéntricamente como principio pasivo de degeneración y corrupción. Retomaremos en estos párrafos algunas ideas ya esbozadas al inicio del texto a fin de precisar la génesis histórica del logos clásico griego.

A partir del orfismo, el mundo griego acusa recibo del dualismo indo-europeo, inscrito en el imaginario mítico de una batalla divina entre Zeus –el gran Padre celestial, representante del bien– y los Titanes y las Titánides –representantes del mal, entre los que se incluye Tetis, heredera de la babilónica Tiamat, y Mnemosina, madre de las musas. La mítica batalla busca explicar y justificar la presencia de un principio

---

[19] Referencia a la divinidad de la luna.

ontológico y antropológico de mal, identificado con la materia y contrapuesto a la bondad del espíritu. Lo que el orfismo expresa en el registro mítico-religioso del chamanismo oriental, Platón y Aristóteles lo sistematizan en un logos puramente inteligible, en confrontación con el cual la materia deviene esa *chora* vacía, indeterminada y meramente receptiva que el *Timeo* identifica con la madre.

En efecto, el *Timeo* describe una suerte de ordenamiento o configuración universal a cargo de un demiurgo artesano responsable de dar forma a la indeterminación material siguiendo el modelo eterno del mundo ideal. La chora del *Timeo* es un espacio vacío, receptáculo –*hypodoché*– indeterminado y amorfo, igual al seno de la madre, en el cual el divino artesano produce el mundo real bajo la iluminación del mundo ideal. Tanto la acción del demiurgo como la ejemplaridad de las ideas son considerados por Platón los "padres"[20] del universo, en analogía con la función activa, inteligente, formal, eficiente y final del varón. La *chora*, en cambio, se asemeja a la madre y a la tierra: matriz amorfa, caótica y pasiva, lugar donde lo sensible es dispuesto y ordenado. Solo la fuerza inteligible, formal y efectiva de lo divino puede salvar al elemento matricial de su indeterminado vacío, aun cuando el caos informe de este último insista en degenerar la pureza del logos.

La teoría platónica de las ideas asume y justifica en términos lógicos la descalificación material que la religiosidad órfico-pitagórica asume en los términos de un espiritualismo místico y ascético. Esa teoría enseña que el alma es por naturaleza afín al mundo ideal, comparte su simplicidad e inmortalidad; el cuerpo en cambio está compuesto de partes extra partes y es por lo tanto alterable y mortal. La reunión del alma con el cuerpo es un accidente transitorio, consecuencia de la caída original del espíritu que debe redimirse mediante la sabiduría y la virtud. Antropológicamente, el alma actúa como principio vital, activo y racional de un cuerpo que es el receptáculo corruptible y corruptor de la vida. Del cuerpo dependen las torpezas del conocimiento y la voluntad, la degeneración material y la muerte. Él funciona, en última instancia, como "prisión", "cárcel" o "tumba"[21] del alma.

---

[20] Platón, *Timeo*, en *Diálogos...*, *op. cit.*, vol. VI, 28 c 3; 50 c 7.

[21] Cf. Platón, *Fedón*, en *Diálogos...*, *op. cit*, vol. III, 62 b; *Cratilo*, en *Diálogos...*, *op. cit*, vol. II, 400 c; *Gorgias*, en *Diálogos...*, *op. cit,* vol. II, 493 a.

Aristóteles recoge las ideas platónicas y relaciona la materia o *chora* del *Timeo* con lo que en las doctrinas no escritas de Platón sería "la díada de lo grande y lo pequeño": ese elemento infinito e indeterminado que se subordina a lo Uno "como si fuera una madre".[22] La *Metafísica* aristotélica comienza con la crítica a los presocráticos por haber admitido solo la causa material de lo real, cuando en realidad existen también entidades eternas, inmóviles y separadas, que son el verdadero objeto de la filosofía primera y suprema. La metafísica girará desde entonces en torno a tales realidades inmateriales, perfectamente actuales e inteligibles, pura energía, vida y conocimiento divino, hacia las cuales aspiran todas las cosas. En el apogeo de la filosofía clásica griega, Aristóteles sanciona la eminencia de un orden puramente inteligible o ideal, autosubsistente y eterno, ajeno al mundo material y sensible, causa y motor de un finalismo sustancialista, linealmente dirigido al bien perfecto.

Mientras tanto, en el ámbito del decaído mundo sensible, la materia vuelve a ocupar el lugar de receptáculo pasivo e indeterminado, dependiente de la energía vital de la forma sin la cual no es. La *Física* de Aristóteles transcribe el dualismo en la clásica teoría hilemórfica, según la cual materia y forma se unen por complementariedad y subordinación a semejanza del varón y la mujer, el padre y la madre. En rigor, se trata aquí de una complementariedad asimétrica, donde la forma puede subsistir con independencia de la materia, pero no viceversa. La forma constituye el principio perfecto y actual, separable y autosubsistente respecto de un elemento material, que en cambio solo existe en y por la forma. La forma actúa como energía determinante, eficiente y final de la materia, mientras que esta última representa el sustrato a partir del cual algo llega a ser, principio indeterminado y por lo tanto solo cognoscible indirectamente mediante la forma. Al ser perfecto de la forma se opone el no ser relativo y privativo de la materia, su vacío potencial, causa de la degradación, accidentalidad, multiplicidad y cambio de lo sensible. Una vez actualizada, la materia permanece en la forma, contenida y concebida por el elemento formal; pero si esta última no logra contenerla y dominarla perfectamente, entonces la materia da lugar a lo deforme y monstruoso en la medida en que su ciega necesidad escapa al finalismo luminoso de la forma.

---

[22] Aristóteles, *Física…, op. cit.,* 192 a 10.

Por analogía con el varón, la forma es pura actualidad sin falta ni carencia alguna, incapaz de aspirar, tender o desear algo, porque todo lo es y posee. La materia, en cambio, es mera privación carente de todo y en permanente tensión hacia su opuesto tal "como la hembra desea al macho y lo feo a lo bello".[23] La reproducción animal se produce a partir del semen que posee la forma completa de lo generado, la fuerza efectiva y el fin de su generación, mientras que la matriz materna recibe y contiene pasivamente lo generado por el varón. El semen del macho –que no es material ni participa de la materialidad a la cual informa– fecunda a la hembra depositando en su seno la simiente vital y la actualidad del nuevo ser, su forma inmaterial y el fin de su desarrollo. La conclusión es que el semen origina el embrión y "es el varón el que engendra al varón".[24] A la mujer, por su parte, le corresponde el lugar de la degeneración material.

La conclusión política de tales presupuestos metafísicos son la defectuosidad constitutiva de las mujeres y su consecuente subordinación social y civil. Si bien la *República* platónica les había reconocido el derecho a la educación y a ciertas tareas cívicas, sobre este reconocimiento primará la concepción aristotélica de la *Política*, que ubicó a la mujer en un lugar de inferioridad y les asignó la tutela del padre o el esposo a fin de salvaguardar el uso de sus facultades. Entre varón y mujer no llega a haber estrictamente una diferencia de especie aunque sí, comenta Aristóteles, una diferencia cuantitativa o de grado que supone la inferioridad de aquella y la superioridad jerárquica de aquel. Esto mismo es lo que la escolástica medieval conceptualizará como cierto *defectu rationis*[25] compartido por mujeres y niños.

En síntesis, la filosofía griega logró convertir el origen material en degeneración, su energía sexuada en principio de corrupción y muerte, la inteligencia inmanente de la vieja materialidad hilozoista en oscura ininteligibilidad y su medida formadora, en mero caos informe. La suerte de las mujeres, alineadas por el dualismo falogocéntrico con lo material, deforme y oscuro, estuvo de antemano decidida por un

---

[23] Aristóteles, *Física…, op. cit.*, 192 a 20.

[24] Aristóteles, *Metafísica*. Madrid, Gredos, 1994, 1032 a 25.

[25] Cf. Santo Tomás, *Suma Teológica*. Madrid, BAC, 2010, Ia, q. 92, a. 1, ad 2um; IIa-IIae, q. 149, a. 4, c.

espiritualismo puro y trascendente. Sobre ese paradigma metafísico se sostuvieron durante más de dos mil años los discursos biológicos y sicológicos sobre la constitución femenina, cuyo sexismo lleva la marca de la teoría hilemórfica.

En cuanto a la medicina, la inferioridad natural de las mujeres fue científicamente justificada a través de los discursos de Hipócrates o Galeno, quienes teorizaron sobre el útero como un órgano migrante, causa de la volubilidad, frialdad y humedad de las mujeres, a diferencia de la calidez, sequedad y solidez masculinas. De la fluidez y humedad del útero dependía que las mujeres fueran seres débiles, coléricos, celosos, mentirosos e incapaces de alcanzar la superioridad espiritual del varón. En el mismo sentido, la menstruación era un fluido contaminante y el embarazo, un estado patógeno, perturbador del dinamismo humoral y sicológico de las mujeres. El discurso médico explica –además de la ya justificada dependencia moral, jurídica y política– la dependencia biológica y sexual de las mujeres respecto del varón, cuya presencia activa equilibraba la lábil estabilidad femenina. Por el contrario, la falta de relaciones sexuales producía en las mujeres la histeria, considerada fundamentalmente "la enfermedad de las mujeres sin hombre"[26] con efectos colaterales que redundan hasta nuestros días.

La época moderna fue aún más lejos, argumentando sobre la inferioridad femenina con ayuda de innovaciones tecnológicas tales como la craneometría del siglo XIX, capaz de medir el potencial intelectual por el tamaño del cerebro siguiendo la ley general de que cuanto más grande, mejor. La conclusión resultó ser que el cerebro de las mujeres pesaba menos y se parecía al de los gorilas. Se sostuvo además científicamente que las mujeres que cultivaran el conocimiento "se convertían en seres flacos, ososos y sin senos, y serían las responsables del abatimiento de la humanidad, de una raza enjuta, débil y enfermiza".[27] Pérdida de belleza y de capacidad reproductiva eran las lamentables consecuencias del atrevimiento de las mujeres a saber. El evolucionismo darwiniano, por su parte, justificó la inferioridad mental de las mujeres por su función natural de procrear y criar, que hacía innecesario el desarrollo de

[26] Georges Duby y Michelle Perrot (eds.), *Historia de las mujeres*, trad. Marco Aurelio Galmarini. Madrid, Taurus, 2000, vol. 3, p. 385.

[27] Walewska Lemoine, "La mujer y el conocimiento científico", en *Revista Latinoamericana de Historia de las Ciencias y la Tecnología*, 3/2 (1986), p. 196.

cualidades intelectuales superiores. Obra de consumación en el tema es el tratado de Paul Julius Moebius, *La inferioridad mental de la mujer* (1900), donde se atribuye la desventaja femenina a la selección natural y al hecho de que la naturaleza no hace nada en vano. A estas conclusiones podrían sumarse los avances en endocrinología, lateralización y sexualización del cerebro, los cuales vuelven a confirmar la inferioridad de las mujeres por su composición hormonal, con las respectivas implicancias subjetivas y sociales del caso.

La modernidad ilustrada merece una atención especial en la medida en que de ella nace el primer gran impulso feminista en alianza con el ideario de la revolución y alimentado por el propósito de incluir a las mujeres en el reclamo por la igualdad, la libertad y la sororidad, propósito que continúa hasta hoy. Del feminismo ilustrado nacen obras como la de François Poullain de La Barre, *De la igualdad de los sexos* (1673), verdadero hito en la historia del pensamiento feminista; las *Cartas Persas* (1721) de Montesquieu; las reivindicaciones feministas de Jean le Rond D'Alembert o el Barón D'Holbach; el reclamo progresista de Nicolas de Condorcet; y, aunque un tanto posterior pero con el mismo espíritu emancipador, la defensa de las mujeres de John Stuart Mill en *The Subjection of Women* (1869). Por parte de las propias mujeres, la *Declaración de los derechos de la mujer y de la ciudadana* (1791) de Olympe de Gouges y *La reivindicación de los derechos de la mujer* (1792) de Mary Wollstonecraft inauguran el pensamiento feminista ilustrado bajo el reclamo de libertad e igualdad política. Sabido es que el comando de la revolución no tardó en sofocar los reclamos feministas a fuerza de medidas que van desde el asesinato de Olympe de Gouges el 3 de noviembre de 1793 hasta la prohibición de clubes y agrupaciones populares de mujeres, o la represión de cualquier actividad sospechosa. Sin embargo, más allá del inmediato fracaso histórico del proyecto ilustrado, entendemos que su ideario, impulso y agenda emancipatoria sigue vigente hasta hoy.

La Revolución Francesa no estuvo a la altura de los ideales que la inspiraban. Ninguna mujer firmó el nuevo régimen y todas perpetuaron su sujeción con argumentos más sofisticados y sutiles. Dado que el principio moderno de la libertad subjetiva dificultaba la justificación de la esclavitud o inferioridad femenina, muchos pensadores optaron por la vía intermedia de reconocer la igualdad abstracta de las mujeres en cuanto a su racionalidad y libertad, recurriendo al subterfugio de su diferencia sociopolítico. En el ámbito político ellas están por naturaleza subordinadas al varón y destinadas a la reproducción del cuerpo social, aunque en el ámbito constitutivo sean por esencia iguales a él. De este modo, la filosofía moderna lograba una solución de compromiso entre los nuevos ideales de igualdad y libertad metafísica, y los viejos ideales de inferioridad sociopolítica, argumentando que la mujer se somete al varón de manera plenamente libre y racional por ser tal su finalidad natural. Pensadores como Immanuel Kant, Johann G. Fichte y Georg W. F. Hegel logran sostener así al mismo tiempo –explica Geneviève Fraisse– "la igualdad y la desigualdad, en un círculo clásico en el que la identidad de los seres racionales no significa la igualdad de los derechos sociales y políticos".[28]

Finalmente, los nuevos tiempos contemporáneos pusieron en circulación la novedad sicoanalítica de la castración femenina como determinante de la estructura síquica profunda de las mujeres. El falogocentrismo sicoanalítico, en este caso freudiano, ha sido muy claro a la hora de teorizar el lugar de pasividad y falta como estructurante de la identidad femenina y, por derivación, de la relación materna. La madre freudiana es la que carece de pene y así lo explica Freud: "la situación femenina solo se establece cuando el deseo de pene se sustituye por el deseo del hijo y entonces, siguiendo una antigua equivalencia simbólica, el hijo aparece en el lugar del pene".[29] Y continúa con la sustitución pene/hijo: "solo con aquel punto de arribo del deseo de pene, el hijo-muñeca deviene hijo del padre y, desde ese momento, la más intensa meta del deseo femenino".[30] La explicación de Freud presupone varias cosas. En primer lugar, supone el dualismo abstracto y el histórico vaciamiento del seno materno por la pura pasividad y privación; en segundo lugar, supone la definición comparativa de la mujer a partir del varón y su organización síquica en torno al falo que le falta, su deseo y envidia; en última instancia, supone el desplazamiento del pene faltante al hijo-pene poseído, con el corolario del pene-marido asimilado a un marido-hijo.

[28] Geneviève Fraisse, "La lucidez de los filósofos", en *El género de la memoria,* Fina Birulés (ed.). Pamplona, Pamiela, 1995, p. 142.

[29] Sigmund Freud, "La feminidad", en *Nuevas Conferencias de Introducción al Psicoanálisis, Obras Completas,* 24 vols. Buenos Aires, Amorrortu, 1978-1985, vol. XXII, p. 119.

[30] Ibid, p. 119.

El hijo de la madre freudiana representa el paliativo de la castración, con lo cual lo realmente deseado en el hijo no es la relación filial en sí misma, sino el falo faltante y su apropiación imaginaria.

La castración de la mujer y su envidia del falo es suplida de manera narcisista y superyoica por el hijo-pene, quien encubre el vaciamiento real de la madre bajo una fantasía omnipotente. El sicoanálisis ha argumentado copiosamente sobre la madre falogocéntrica, efectivamente vacía pero imaginariamente omnipotente gracias al sustituto hijo(-pene), al cual la ata un vínculo posesivo, absorbente, regresivo, improductivo y tan castrador como castrada ella misma. Solo la ley del padre logra liberar al hijo de las garras de una madre devoradora, introduciéndolo en el orden simbólico de la cultura patriarcal y propiciando la construcción de una conciencia individual autónoma y productiva, bajo la inflexible prohibición del deseo materno. Gracias a la ley del padre, el hijo nace a la libertad, construye su subjetividad individual a través del lenguaje y accede a la esfera superior de la cultura ordenada, claro está, bajo el significante fálico. El yo y el ello freudiano describe con claridad el modo en el cual se articula la subjetividad síquica individual, su deseo y su angustia, a partir de la edípica prohibición materna.

Por su parte, el sicoanálisis de Jacques Lacan añade la novedad de un estadio de constitución síquica anterior al complejo de Edipo, a saber, el estadio del *speculum* por el cual el niño adquiere conciencia de sí mismo al verse reflejado como alteridad objetiva. Según Lacan, el desdoblamiento especular del sujeto en su imagen-reflejo –el otro de lo mismo– habilita el reconocimiento del yo por una especie de mediación especularizante y simbólica. Retomando el análisis de Irigaray, cabría precisar que un reconocimiento tal pertenece al registro representativo y su lógica abstracta, operadores de una economía visual y mimética largamente explicada por el otro *Speculum* irigariano. Que el sujeto material y concreto se reconozca efectivamente como yo a partir de una economía visual que lo convierte en reflejo objetivo, tal es el primer gran descubrimiento lacaniano. En cuanto a la mujer, parecería que el impacto del *Speculum* irigariano –obra que le costó a su autora la expulsión de los círculos lacanianos– le sugirió a Lacan la idea de ubicar a la mujer y su goce en un *encore*[31] mucho más allá del aparato significante

---

[31] Cf. Jacques Lacan, *Le Séminarie libre* XX: *Encore*. París, Éditions du Seuls, 1975.

falogocéntrico, que ya estaba bastante más allá de la cosa. La mujer se proyecta así como la "Otra" aun más allá de lo otro, una especie de *Das Ding* tan realísima que resulta incognocible y tan suprema que permanece externamente reguladora de la conciencia, pero jamás inmanentemente constitutiva de nada.

En síntesis, el dualismo hilemórfico, que convirtió la materia en mera pasividad receptiva del falo-logos-actus puro, configuró el paradigma a partir del cual los diversos ámbitos científicos justificaron la diferencia femenina como inferioridad, falta, negación, castración o, a lo sumo, como el dejo final de un *eppure si muove*. La conclusión es tan obvia cuanto la enuncia Battersby: "la metafísica occidental dominante se desarrolló desde el punto de vista de una identidad que no puede dar a luz, de manera que el nacimiento es tratado como una desviación de los modelos «normales» de identidad sin integrarse al pensamiento de la identidad misma".[32] Nacimiento, cuerpo materno y materialidad son, para la metafísica clásica y las ciencias que gravitan sobre ella, la degeneración de lo auténticamente real, la otra del Gran Otro.

3.1.3. Indicadores del matricidio sociopolítico

Religión, filosofía, biología y sicología erigieron la columna ideológica alrededor de la cual gira la praxis sociopolítica de la dominación de las mujeres, el control de su fecundidad y la apropiación de su descendencia. Tal dominación se ejerce ante todo y sobre todo a través de la monogamia patriarcal, consustancial con la institución jurídica del padre. En lo que sigue, intentaremos visibilizar los términos políticos en los cuales se construye el matrimonio del padre.

La institución matrimonial incide directamente sobre la relación matricial priorizando el vínculo jurídico de la esposa –propiedad del marido– por sobre el vínculo inmediato y evidente de la madre. Dicho de otro modo, el contrato conyugal legitima a la madre en función de su condición de esposa, con la prevalencia jurídica de esta última sobre el hecho natural y evidente de aquella. En pocas palabras, el matrimonio subordina la relación matricial a la ley del padre, el mismo construido jurídicamente como tal por la sujeción del vínculo materno. La

---

[32] Christine Battersby, *Phenomenal Woman…, op. cit.*, p. 4.

institución matrimonial le asegura al varón los mismos derechos de los que despoja a la madre, a saber: la descendencia legítima –de esposas o esclavas–, la genealogía de su nombre y la sucesión hereditaria de los hijos varones. Dicha institución logra así –siguiendo el análisis de Johann J. Bachofen– convertir a la familia patriarcal en un grupo cerrado, restringido a la jurisdicción paterna, a diferencia de la apertura y universalidad de las familias matrilineales o matrifocales.[33]

La finalidad de la monogamia es la de "certificar la filiación masculina con la posibilidad de transmitir las riquezas acumuladas por el hombre en su descendencia. Se ignora la fecha de esta revolución, pero fue la gran derrota histórica del sexo femenino".[34] La derrota histórica de la mujer reside en la eliminación de su autonomía simbólica y práctica, y en el pasaje a la condición de esclavitud sociopolítica. Desde el punto de vista histórico, esto coincide con el comienzo oficial de la civilización, la propiedad privada, la estratificación de clases y jerarquías sociales, y la centralización del poder político, estatal y religioso. Este primer estadio civilizatorio se ubica entre el 3500 y el 2800 a. C., cuando aparecen las élites sacerdotales, reales y militares, las clases bajas, la esclavitud y la familia monogámica, sobre la cual asienta en última instancia el control patriarcal sobre la reproducción y producción del cuerpo social.

El sentido etimológico del término latino *famĭlia* no alude originalmente a la familia nuclear que conocemos hoy, sino a la unidad doméstica de los súbditos propiedad del señor. Esa familia se componía de los siervos y esclavos patrimonio del jefe de la *gens* y denominados *famŭlus*. Tradicionalmente se ha vinculado el término *famŭlus* a la raíz latina *fames*: hambre, en alusión a quienes se alimentan juntos en la misma casa y dependen del *paterfamilias*, que tiene tanto la obligación de sostenerlos y protegerlos como el derecho de vida y muerte sobre todos ellos. Con el tiempo, el término familia extendió su desginación a la esposa y los hijos del señor, también sujetos a la propiedad legal del *paterfamilias* y objetos de su acción providencial. La raíz etimológica de la familia patriarcal conserva entonces la vieja idea de comensalidad como rito constitutivo del orden familiar, extensible a todos quienes se

---

[33] Cf. Johann J. Bachofen, *Myth, Religion and Mother Right. Selected Writings of J.J. Bachofen*, trad. Ralph Manheim. Londres, Routledge, 1967, p. 80.

[34] Georges Duby y Michelle Perrot (eds.), *Historia de las mujeres…, op. cit.*, vol. 4, p. 81.

alojan en la misma unidad doméstica, con la precisión de estar ahora sujeta a los derechos y deberes del *pater* o señor, poseedor y provedor, legislador y proveedor del alimento.

Ya el Código de Hammurabi, datado hacia el 1800 a. C., enumeraba a las mujeres y los hijos entre las propiedades del varón, sean aquellas esposas legítimas o esclavas. Lo mismo vale para el código de la alianza entre Yahvé e Israel, donde las mujeres pasan de la propiedad del padre a la propiedad del marido. Los varones estaban autorizados a tener varias mujeres y repudiarlas a voluntad, mientras que las mujeres solo podían tener un esposo y el adulterio por parte de ellas era castigado con la lapidación. Las leyes reglamentarias del casamiento, la tutela y el uso sexual de las mujeres son fijadas entre varones a fin de garantizar su descendencia legítima y resguardar mutuamente el honor viril. De varón a varón y de honor a honor, el patriarcado ajusta cuentas con las mujeres a fin de no mancillar el nombre el padre.

En el caso de Grecia, el mito cuenta que la institución de la familia patriarcal y la reducción de las mujeres a la condición de esposas y madres aconteció durante el reinado de Cécrope –primer rey mitológico de Atenas– como castigo por la derrota de Neptuno frente a Atenea, quien impuso su nombre a la ciudad. Para desagraviar al derrotado Neptuno, Cécrope decidió castigar a las mujeres sujetándolas al régimen patriarcal: les quitó el derecho al voto, las excluyó de toda actividad cívica, les prohibió dar nombre a sus hijos o heredar patrimonios, y las encerró en los gineceos, donde su actividad principal era el tejido. La polis griega nace así –según la clásica afirmación de Pierre Vidal-Naquet– como un club de varones al servicio de intereses y ambiciones masculinas.

En el caso de Roma, la familia se remonta –como veíamos– a una antigua institución social y jurídica compuesta por quienes vivían bajo la autoridad del *paterfamilias*, incluidos los esclavos. El romano recién nacido era incorporado a una rígida estructura familiar en poder del padre, dueño de la vida y de la muerte del grupo familiar y hasta sus propios hijos, a quienes podía dar muerte. Cuando el hijo varón se casaba, se convertía en un nuevo *paterfamilias* con poder sobre los bienes y las personas de la unidad doméstica a su cargo. La mujer era el recurso reproductivo del jefe de familia, e instrumento también de su productividad. Ella debía obediencia absoluta a su marido y él le debía protección y tutela.

La época moderna hereda y reproduce la monogamia patriarcal, pero lo hace con dos particularidades históricas, a saber: la reducción de la familia extendida a la familia nuclear y el creciente protagonismo de la función materna de cuidado y educación intrafamiliar, promovida por el Estado-Nación en calidad de gran *Pater* cívico-político. El artículo 312 del Código Napoleónico sienta el primer principio de la familia moderna en continuidad con la jurisprudencia precedente, esto es, que el hijo concebido durante el matrimonio tiene por padre al marido, a lo cual cabe añadir que el concebido fuera del matrimonio no tiene madre legítima. La nueva atmósfera individualista de la Revolución Francesa y más aún la posterior avanzada de la Revolución Industrial con su creciente demarcación entre la esfera pública-mercantil-laboral y la esfera privada-familiar-cuidadora produjeron grandes cambios en la institución familiar. El nuevo régimen moderno acentuó el tradicional dualismo sexual separando la esfera mercantil masculina, basada en los valores de la productividad, el rendimiento y la competencia, y la esfera doméstica femenina, basada en el cuidado, la colaboración y solidaridad. En consecuencia, la familia moderna se inscribe durante el siglo XIX como refugio privado frente al mercado público, con la asignación sexual de la primera como reino puramente femenino y del segundo como dominio viril por antonomasia, competitivo, ambicioso y hostil.

La escisión público-privado le posibilita a la mujer, por primera vez en la historia oficial, ejercer un rol protagónico intrafamiliar como reina del hogar y garante espiritual de la familia a quien el Padre-Estado le confía el cuidado material, afectivo y moral de marido e hijos. Si bien el ideario moderno de la buena madre permanece dentro de las coordenadas políticas patriarcales, siempre supervisada por la tutela paternalista del estado, lo cierto es que el debilitamiento del antiguo paterfamilias en favor del nuevo Gran *Pater* Nación promovió a la mujer a cierto lugar de autoridad civil desde el cual serán catapultados los feminismos de la primera ola, entre fines del siglo XIX y principios del siglo XX.

La familia moderna se estableció en solidaridad con la economía de mercado y bajo el marco jurídico del Estado-Nación, que regula por un lado las funciones de propiedad, producción y provisión, y por el otro las de reproducción y cuidado. Tal es, con mayores o menores variaciones, el modelo hegemónico de familia nuclear que llega hasta nuestros días, en cuyo seno las mujeres son promovidas al lugar de patronas del reino doméstico, bajo la potestad jurídica del padre/marido y el Estado-Nación.

Si bien la hegemonía del matrimonio conyugal como modelo de familia pervive hasta la fecha, cabe destacarse que asistimos hoy a una creciente fragmentación y debilitamiento de los vínculos tradicionales, diseminados en múltiples configuraciones de familias monoparentales, ensambladas, homosexuales o unipersonales, a las cuales hay que sumar la fugacidad de los contratos vinculares y la multiplicación de divorcios, convivencias y rupturas de hecho. Esta suerte de flexibilización crítica del modelo hegemónico no significa *ipso facto* la superación o sustitución del mismo, sino más bien su reincidencia periódica y sucesiva. En efecto, más o menos en estado crítico, diseminado o desajustado, lo cierto es que la vida en pareja con su asignación de roles sexuales y su institucionalización jurídica sigue vigente hasta hoy como paradigma hegemónico de la vida familiar, confirmado incluso por su insistencia y repetición serial. Susana Torrado[35] asegura al respecto que, a pesar de sus contingencias y discontinuidades, la propensión a vivir en pareja se mantiene estable en el transcurso del tiempo, a lo cual añade Mónica Tarducci que "el concepto de matrimonio continúa operando como un discurso para devaluar y negar otras formas de relacionamiento en las que los hombres están ausentes u ocupan un lugar secundario".[36] Lo más lamentable de esa constancia hegemónica reside en el empobrecimiento relacional y la amputación de posibilidades afectivas implicados en la deslegitimación y desregulación jurídica de otras opciones de la convivencia humana.

La conclusión obligada es la urgente necesidad de pensar –para decirlo en términos foulcaultianos– un nuevo "derecho relacional"[37] que legitime vínculos de coexistencia provisoria, de adopción, de amistad, de intercambio; que habilite nuevas sexualidades, deseos, goces, valores y normas bajo un encuadramiento institucional flexible y amplio que ampare y contenga nuevas relaciones diferenciales y se base fundamentalmente en un paradigma filial.

[35] Cf. Susana Torrado, *Historia de la familia en la Argentina (1870-2000)*. Buenos Aires, Ediciones de la Flor, 2003, p. 313.

[36] Mónica Tarducci, "Adopción y parentesco desde la antropología feminista", en *La Ventana. Revista de Estudios de Género,* 37 (2013), p. 117.

[37] Cf. Michel Foucault, *La inquietud por la verdad. Escritos sobre la sexualidad y el sujeto.* Buenos Aires, Siglo XXI, 2013, pp. 116-120.

3.1.4. Indicadores del matricidio subjetivo

Desde el comienzo de la historia oficial y a lo largo todas sus geografías, transposiciones, contingencias y particularidades, lo cierto es que la construcción jurídica del vínculo materno mantuvo la constante de la sujeción conyugal, vale decir, patriarcal. La monogamia jurídica logró desplazar la incertidumbre biológica del vínculo paterno –*pater semper incertus*– a la incertidumbre socio-política de la madre, cuya legitimidad y validez pasó a depender del vínculo matrimonial. La apropiación masculina de la fuerza reproductora no solo eliminó a las mujeres como sujetas de derechos sexuales y maternos, sino que las convirtió a ellas mismas en objetos reproductores de la sociedad y el Estado bajo tutela forzada. Las únicas mujeres exceptuadas del deber reproductivo han sido a lo largo de la historia las heteras, cortesanas, prostitutas o monjas, quienes pagan su degradación moral, o bien su relativa autonomía o su educación superior con la renuncia al deseo materno. Ni putas ni intelectuales ni monjas son madres, es decir, no son patriarcalmente tales.

La construcción sociopolítica de lo materno se internalizó en una subjetividad femenina alienada, estructurada síquicamente por la represión de la fuerza vital creadora, cosa que tanto Freud como Lacan detectaron, aunque sin lograr el diagnóstico acertado. Ambos coinciden en la clínica de una maternidad pasiva, regresiva, replegada sobre su propia inhibición y paliada por un ideal superyóico y narcisista, profundamente frustrante. La madre de la clínica analítica es la misma que la de *Totem y tabú*, es decir, ninguna, cuya negación inconsciente bajo los supuestos de la ley paterna retorna como síntoma, angustia y degeneración cultural retorna como síntoma y angustia.

Veíamos párrafos atrás que el olvido freudiano de la madre de la horda primitiva entredice su matricidio, elaborado luego a través de una mater/realidad regresiva, castrada y castradora, vacía e innombrable. Adrienne Rich resume la banalización del vínculo matricial en los siguientes términos: "la relación madre-hijo es por naturaleza regresiva, circular, improductiva, y la cultura depende de las relaciones padre-hijo. Todo lo que la madre puede hacer por el niño es perpetuar una dependencia que impedirá el desarrollo posterior. [...] Civilización significa identificación, no con la madre, sino con el padre".[38] La madre no

[38] Adrienne Rich, *Nacemos de mujer. La maternidad como experiencia e institución*, trad.

puede inscribirse como lugar de origen, porque carece de potencia generadora y tampoco puede hacerlo como lugar identificatorio del hijo/a porque su pasividad y castración constitutivas le niegan el carácter de sujeto, eminentemente masculino y masculinizante. La imposibilidad de acceder en tanto que madre a la condición de sujeta es determinante falogocéntrico de la realidad femenina y materna, de la cual logra redimirse por el falo-hijo o hijo-falo. O vínculo materno y barbarie, o ley paterna y civilización. Tal es la alternativa del sistema hegemónico en el cual la suerte del hijo está de antemano decidida y la de la hija, también.

El hecho de que el nacimiento histórico de la teoría freudiana coincida con la época victoriana, engrandecida por la conciencia clara y distinta de un deber moral incondicionado, quizás contribuya a explicar la construcción superyoica y narcisista de la madre sicoanalítica. El ideal superyoico de la maternidad patriarcal oculta la represión real de la potencia materna bajo la mística de la superioridad moral de la mujer, sacrificada en pos del cuidado de los hijos, la casa y, en particular, del esposo, quien satisface ejemplarmente la posición de pene-hijo. Freud vio con absoluta lucidez que, en última instancia, la medida de la maternidad patriarcal, su estabilidad y permanencia, dependía ante todo del vínculo conyugal y, en concreto, de la conversión del esposo en hijo. Solo cuando "la mujer haya conseguido hacer de su marido también su hijo y actuar como madre respecto de él",[39] solo entonces el matrimonio está asegurado, el patriarcado, establecido y la apropiación del hijo, garantizada.

En su consuelo imaginario y narcisista, la madre omnipotente ignora los límites y las formas de la realidad, los cuales necesitan ser mostrados e impuestos por la acción viril del padre, puro conocedor de lo real. La prohibición del padre introduce al hijo en la realidad y lo salva de la voracidad materna. Sicoanalistas como Irene Meler o Mabel Burin —curiosamente tenidas por feministas— dan fe de la necesidad de la intervención masculina "en el sentido de la discriminación, la aceptación de la realidad, la disminución de la omnipotencia, el complejo de Edipo y la neurosis".[40] En pocas palabras, lo mejor que la madre puede hacer para

Ana Becciu. Madrid, Cátedra, 1996, p. 291.

[39] Sigmund Freud, "La feminidad"…, *op. cit.*, p. 124.

[40] Mabel Burin e Irene Meler, *Género y familia. Poder amor y sexualidad en la construcción*

salvarse a sí misma y defender al hijo de su propia impotencia regresiva es acatar superyóicamente la ley del padre y, mucho mejor aun, darle cumplimiento en su propio hijo, entregándolo al mundo auténtico de la realidad y la cultura fálicas.

El resultado más íntimo y contundente del vaciamiento materno consiste en la angustia profunda que habita el alma de las mujeres y expresa su alienación. Si la angustia se define –al menos para Kierkegaard y sus epígonos existenciales– por la conciencia de la negatividad, la madre del patriarcado es la suprema expresión de una vida negada, fantásticamente adormecida por el opio de un ideal narcisista que nunca será. La angustia materna es angustia de la nada en el sentido más vivo y radical de la impotencia, de esa impotente opresión a la cual ha sido forzada su energía creadora. En tanto que síntoma, ella acusa una identidad patógena, consecuencia de un constructo sociocultural abortado. En la cultura patriarcal, la angustia es política.

Una vez que la energía subjetiva de la creación materna ha sido reprimida o literalmente castrada, su fuerza implota contra la mujer misma y se hace síntoma en su angustia. El trabajo doméstico forzado y su repetición tautológica en el marco de lo que Alicia Lombardi denomina un "dispositivo vincular de encierro",[41] produce un *modus* materno básicamente impersonal y deshumanizante. Lombardi explica que este tipo de expoliación "conduce a las mujeres a un proceso de aislamiento donde se deshumaniza el vínculo con el hijo, que pasa a tener cualidades de fetiche-objeto mágico para calmar la frustración de diverso tipo de necesidades de relación, subsumidas en este lazo desigual".[42] La asfixia y alienación doméstica se traduce en una conciencia de fracaso e infelicidad que la retórica superyoica no llega a tapar.

Bajo la fantasía narcisista y omnipotente de la consagración materia yace por un lado la angustia y la precariedad subjetiva de las mujeres reales y, por el otro, la infinta negación de su fuerza vital, deseante, erógena, sexual, creadora. La primera es síntoma de la segunda y ambas subsisten en la consagración del ideario patriarcal. El infinito desorden simbólico

de la subjetividad. Buenos Aires, Paidós, 1998, p. 388.

[41] Alicia Lombardi, *Entre madres e hijas. Acerca de la opresión psicológica.* Buenos Aires, Paidós, 1988, p. 37.

[42] Alicia Lombardi, *Entre madres e hijas...*, op. cit., p. 229.

–religioso, filosófico, científico, político, ético, subjetivo, etcétera– que el falogocentrismo ha esparcido sobre la tierra explica y justifica la represión que ha operado no meramente sobre las mujeres, sino universalmente sobre la vida, los cuerpos, la materialidad y su energía creadora.

La eliminación sistemática de la relación matricial, operada como hemos visto en los diversos registros y niveles de significación cultural, constituye la quintaesencia del patriarcado, el matricidio que secretamente lo alimenta. Sin embargo, lo cierto es que ni está muerto todo lo que ha sido enterrado, ni ha enmudecido todo lo que la historia calló. El levantamiento feminista de una censura milenaria ha comenzado a liberar aquella fuerza primitiva y original que hoy asume la tarea de un nuevo decir regenerador de la palabra, la materia, el deseo, la vida, su *ethos* y religión.

3.2. Simbólica de la conciencia humana primitiva

A pesar de los mejores esfuerzos por borrar las marcas matriciales del ser y la humanidad, lo cierto es que en el origen de la historia era la madre y lo materno era *metra* y materia universal. Bien lo sabe la fragilidad del cuerpo naciente, el inconsciente arcaico, el instinto de apego filial, la intuición de lo uno, la primera y última palabra humana, la eterna repetición del deseo. Desde el fondo más remoto de los tiempos, con rigurosa precisión cronológica, lógica y ontológica, la existencia humana es parición materna. De la madre nace el cuerpo, el deseo, la palabra, el lazo social, el mundo, la cultura y la civilización. El primer vínculo capaz de contener, formar y hacer crecer al retoño de la raza humana descansa en el abrazo materno o.

Del origen matricial hablan las raíces más lejanas de las lenguas indoeuropeas, sepultadas luego por la avanzada patriarcal. La sedimentación progresiva del lenguaje, configurado por capas culturales de diversa datación, da cuenta de un sustrato prehistórico organizado en torno de la madre, previo a la avanzada patriarcal. El análisis lingüístico y social de Émile Benveniste[43] apela, a modo de ejemplo, a la etimología de αδελφός: hermano, conformado por el prefijo copulativo α y el término δελφύς: útero, seno de la madre. El hermano era aquel nacido

---

[43] Cf. Émile Benveniste, *Indo-european Language and Society*, trad. Elizabeth Palmer. Miami, University of Miami Press, 1973, p. 175.

del mismo seno, en clara ascendencia matrilineal. Al Delfos materno se consagra también el oráculo más antiguo de Grecia, en cuyo seno la *metra* sapiencial de la Diosa anticipaba el porvenir.[44] La propia etimología de la «madre» visibiliza una consistencia positiva que luego el patriarcado disolverá en sombras.

El nombre de la madre tiene una historia semántica, simbólica y conceptual que vale la pena repasar. Desde el punto de vista etimológico, su denominación remite a la sílaba *ma* común a todas las lenguas indoeuropeas y conservada hasta nuestros días. La raíz indoeuropea ma alude fundamentalmente a la función nutricia de la madre en su valencia tanto humana-individual cuanto divina-universal. Ma significa madre y es también, por deslizamiento metonímico, medida, esencia, inteligencia y orden universal, porque así como el seno materno diseña la vida naciente, así también el cosmos viviente configura cada una de sus hijas e hijos. En sánscrito, madre se dice matar y designa tanto la función generadora de la vida como la medida y el conocimiento esencial de lo generado. De *matar* viene *matra*: matriz y medida; *matih*: medida y conocimiento exacto; *mimati*: medir. La convertibilidad conceptual de la madre con la medida y el conocimiento se observa también en la raíz babilónica *me*: sabiduría materna, y reaparece en el sánscrito *medha*: sabiduría femenina, de cuya raíz procedería la palabra "medicina" en referencia a la función curadora de la madre.

La μήτηρ griega proviene del sánscrito y significa tanto la madre humana como la tierra, porque ambas están en el origen de todo. De μήτηρ viene μήτρα: matriz y también medida, sustancia, esencia, núcleo, sabiduría y prudencia. Con la matriz se relaciona el μέτρον: la medida, de donde derivan muchos otros términos de medición y cálculo. También matemática –del griego *ma-thesis*– acusa en su raíz el conocimiento o la sabiduría de la madre. En el caso del latín, la *mater-matris* es heredera de la μήτηρ-μήτρα griega y designa la función nutricia de la madre o nodriza. Del μέτρον derivan en latín *metior*: medir; *mensus*

---

[44] Respecto del oráculo de Delfos, Bernard Dietrich alude a una vieja tradición de la literatura griega que considera a Apolo un intruso tardío en el oráculo, originalmente ocupado por Gea y Themis. Esto mostraría la naturaleza ctónica del mismo y su pertenencia al culto neolítico de la Diosa (Cf. Bernard Clive Dietrich, *The origins of Greek Religion*. Berlín & Nueva York, Walter de Gruyter, 1974, pp. 308-09. También: Barbara G. Walker, *The Woman's Encyclopedia of Myths and Secrets*. San Francisco, Harper Collins, 1983, p. 680).

o *mensura*: medida; *mens*: mente; *mensis*: mes, en referencia a la medida menstrual; *menstrua*: menstruación; y *menstrualis*: que es tanto menstrual como mensual. En pocas palabras, la *mater* latina está en el origen de la medida esencial, temporal y espacial de todas las cosas, y lo mismo vale respecto de su materialidad. En efecto, de *mater* viene la *materia*: término de la lengua rústica que significa la sustancia de la que está hecha la madre, su esencia y energía vital. Materia es igualmente madera, tronco y árbol generador de retoños, ramas y frutos, utilizados además como material de construcción. Esta última acepción es el común denominador entre la materia latina y la ὕλη griega: región leñosa, madera de los árboles y, por derivación, materia, material o asunto. Para ampliar el horizonte etimológico, Barbara G. Walker[45] remite a la madre el término latino *anima*: de *an* —celestial— y *ma*, en el sentido de ese principio de vida, aliento o respiración procedente del elemento materno y dispuesto en conexión inmediata con su materialidad.

Hasta aquí, podríamos decir que la etimología indoeuropea de la madre remite a una suerte de trilogía semántica, según la cual el origen vital es medida, conocimiento y materia creadora. El sentido de la madre/matriz/materia contiene entonces la actualidad de lo que nutre, mide, conoce, configura y hace crecer. Lo materno era núcleo y esencia, sustancialidad activa y ordenación inmanente de la vida. Su medida, ritmo y armonía se desplegaban en continuidad vital con todas las cosas. Este sentido etimológico resulta por lo demás consistente con las marcas simbólicas de la conciencia humana primitiva, que podríamos conceptualizar como un monismo hilozoista, organizado por la medida cíclica de la *metra* materna y atravesado por el nacimiento como aglutinador cultural. En lo que sigue, intentaremos resumir los rasgos simbólicos más sobresalientes de ese estadio primitivo de la conciencia humana, inmediatamente conectada con su fuente vital.

La conciencia primitiva es intuitiva en lugar de representativa o abstracta, y mágico-religiosa en lugar de racional-argumentativa; su lenguaje y sus objetos simbólicos —que en rigor no son símbolos de nada, sino materialidades inmediatamente efectivas— son concretos y poseen una eficacia causal directa. Con tales precisiones, la humanidad primitiva interpretó la sangre menstrual y el embarazo como origen y sustancia

---

[45] Cf. Barbara G. Walker, *The Woman's Encyclopedia...*, *op. cit.*, p. 37.

vitales, una especie de mana sagrado o fuerza misteriosa esencial a todos los seres. La sangre menstrual fue asumida como la energía vital conceptiva, nutricia y ordenadora, a veces actuante en concomitancia con la influencia lunar o bajo el efecto de algún alimento, acontecimiento o animal determinado. La metra menstruante fue entonces investida de los atributos mágico-religiosos y convertida en el primer objeto de veneración sagrada que la humanidad haya conocido. Los primeros tabúes religiosos giran en torno a la sangre menstrual, considerada el fluido mágico y divino de la vida. Según Robert Briffault,[46] los tabúes menstruales están invariablemente presentes en todas las sociedades y determinan el prototipo de lo sagrado y misterioso en conexión inmanente e inmediata con la vida. En una palabra, para la conciencia primitiva la sangre materna es lo sagrado y cualquier consagración religiosa se realiza bajo su signo.

En esta línea argumental, podría conjeturarse que el ocre rojo hallado en las tumbas más antiguas que se conocen, de hace unos 90000 años,[47] sea el sustituto de la sangre materna, de la cual se esperaba el renacimiento de la muerte. En estos primeros enterramientos humanos se han encontrado además cornamentas de ciervos y restos de huevos de aves, elementos que expresan tanto la regeneración de la vida, en el caso de las cuernas, como su inmanencia germinal, en el caso del huevo. La confianza vitalista en el renacimiento continuo de la vida y la renovación de sus ciclos anuales será ratificada más tarde con la conservación y el depósito de los cráneos, en los cuales volvería a habitar la fuerza de la vida.

Lo materno/material/matricial expresa tanto el sustrato constitutivo y común de todas las cosas, cuanto la capacidad autocreadora de la vida en constante diferenciación y devenir. Su elemento vital se produce y reproduce continuamente y de aquí su arcaica homologación con la madera, los árboles y el bosque, en constante crecimiento y transformación. La ὕλη griega –vaciada de actualidad propia por el dualismo hilemórfico– conserva en su raíz etimológica el sentido autoactivo de esa materia que es madera, bosque, árbol. Eugenio Trías subraya al respecto

---

[46] Cf. Robert Briffault, *The Mothers. A Study of the Origins of Sentiments and Institutions*, 3 vols. Londres, George Allen, 1927, vol. II, p. 365.

[47] Cf. Fiorenzo Facchini, "La emergencia del homo religiosus. Paleoantropología y paleolítico", en Julien Ries (ed.), *Tratado de Antropología de lo sagrado. Los orígenes del homo religiosus*, vol. 1. Madrid, Trotta, 1995, p. 161.

tanto el carácter positivo y afirmativo del sustrato material material, capaz de asegurar la generación y regeneración constante de todo, cuanto su naturaleza oscura, tenebrosa y salvaje.[48] Lo que Trías no menciona es el carácter inteligible y ordenador de la materia matricial, capaz de convertir el caos de los elementos en armonía cósmica. De la materia matricial no nace cualquier cosa, sino un cosmos medido, inteligente, orgánico y saturado de vida, consustancial con el equilibrio de los opuestos, la reciprocidad de su acción y la justicia compensatoria que continuamente reintegra la separación a la unidad original.

El ritmo circular de la *metra* materna mide igualmente los ciclos menstruales, las fases de la luna, las estaciones del año, el movimiento de las mareas, los tiempos de siembra y de cosecha, de vida y de muerte, etcétera. Los calendarios menstruales-lunares ofrecen la primera medida de un tiempo cíclico y circular, concebido en métrica matricial. El tiempo primitivo es el tiempo de la continua repetición, el eterno retorno de lo mismo, el renacimiento periódico de lo que siempre vuelve. En lugar de la linealidad histórica entre un principio y un fin dualistamente excluidos, el primitivo intuye la mediación de un origen en continuo devenir como presente eterno, siempre aquí, ahora y el mismo. Movimiento y tiempo describen esa rueda del año y de la vida que avanza sobre su propia repetición, o bien esa urobórica serpiente capaz de unir su principio y su fin en el dinamismo de una inagotable renovación.

Destrucciones y recreaciones periódicas diseñan la métrica primitiva, según la continua mediación de un efectivo *regressus ad uterum*. Al ritmo cíclico de la sangre materna, la energía lunar, la serpiente divina, la rueda del año, la esfera, etcétera, a ese ritmo vital florece y se marchita, crece, se extingue y vuelve a nacer toda la tierra. Esto principio vale unívocamente para la vida vegetal, animal, humana y cósmica, porque la mente primitiva homogeneiza todo ser en una misma esencia vital y sagrada. De la sustancia primordial de la madre volverá a nacer siempre el mismo mundo, tan dialécticamente idéntico como para no olvidar nunca la diferencia de su eterna repetición.

A los efectos de su continua gestación, el principio materno/matricial no es simplemente uno y el mismo, sino dialécticamente dos

---

[48] Cf. Eugenio Trías, *La edad del espíritu*. Barcelona, DeBolsillo, 2006, pp. 85, 77.

y medialmente tres, a saber: es seno y tumba, comienzo y fin, rueda y círculo de la existencia. Esto significa que el elemento mater/real primitivo responde tanto a la realidad de la vida como de la muerte, la destrucción, el mal y el desorden, ambos convertibles a su dialéctica vital. El principio materno/matricial es, en otras palabras, mediación universal, lo cual justifica y explica la concepción cíclica y circular del alma primitiva, completamente extraña a la linealidad indoeuropea y sus exclusiones dualistas.

En el origen matricial, la vida se fecunda a sí misma en el acto de su desdoblamiento germinal, es decir, en una suerte de retraimiento original por el cual lo sido empieza a ser. Su virtualidad infinita garantiza la abundancia y la renovación de la vida. El universo materno es eternamente querido, afirmado y repetido en tanto que tal. Su inteligibidad se hace carne y su métrica abre todas las venas de una realidad, que jamás abandona el continente infinito del origen ni escapa a la inmanencia de su vitalidad inagotable.

3.2.1. *La Gran Madre Divina*

La simbólica primitiva podría sintetizarse en la figura de la Gran Madre Divina: expresión metonímica de esa energía universal de la cual nacen todas las cosas. Edwin Oliver James asegura al respecto que la Gran Madre es "de manera incuestionable el rasgo más persistente en los registros arqueológicos del mundo antiguo",[49] mientras que Bernard Dietrich se refiere a "un culto universal a la Diosa Madre",[50] con implicancias metafísicas, políticas y existenciales que es necesario hacer explícitas. En lo que sigue, intentaremos trazar las marcas más sobresalientes de esa Gran Madre metonímica y *sym*-bálica, cuya entraña concibe, gesta y alimenta el mundo naciente.

De la sacralidad de la vida y su progenie matricial hablan las diminutas venus paleolíticas de función apotropaica, cuyos rastros se pierden en la memoria atávica de la humanidad. Se denominan venus paleolíticas a una gran cantidad de pequeñas estatuillas de entre 3 y 30 centímetros de mujeres generalmente embarazadas u obesas, con enormes pechos y

---

[49] Edwin Oliver James, *The Cult of the Mother-Goddesss*. Nueva York, Barnes & Noble, 1959, p. 11.

[50] Bernard Clive Dietrich, *The origins of Greek Religion…*, *op. cit.*, p. 9.

vientres, vulvas y nalgas de contornos exagerados, sin rastros faciales y con extremidades poco definidas. Esta especie de amuletos femeninos cubren prácticamente toda Europa y Asia, y podrían remontarse al paleolítico inferior, donde algunos ubican las discutidas venus achelenses de Berejat Ram y de Tan Tan de unos 200 000 o 300 000 años. Más contundentes y abundantes son, sin embargo, las venus del Paleolítico superior, de unos 40000 o 30000 años, entre las cuales se encuentran las conocidas venus de Lespugue, Laussel, Dolphin Věstonice, Menton o Willendorf, entre otras.

Las venus paleolíticas no son en rigor símbolos re-presentativos de otra cosa, sino objetos mágico-místicos cuya actualidad creadora y sagrada obraba de manera inmediata. La acentuación hiperbólica de los rasgos físicos relacionados con la fertilidad manifiesta la concepción nouménica y sagrada del embarazo, origen divino de la vida. Se ha asegurado al respecto que "la capacidad de crear vida de la mujer es la base del misterio",[51] hecho que las pequeñas madres paleolíticas confirman, mucho antes de que lo mistérico fuera relacionado con el culto eleusino de la fertilidad, como veremos a continuación. La portación de esas pequeñas estatuillas a modo de amuletos se suponía intervenir en el *continuum* vital y ganar su favor.

Lo que en el paleolítico aparece como simple figura apotropaica, adquirirá durante el neolítico la fuerza de la omnipotencia divina. En efecto, durante el periodo neolítico nace la conciencia de lo divno como fuerza absoluta y, siguiendo la tesis de Ina Wunn, "aparecen por primera vez en Anatolia los rasgos de una figura todopoderosa: la Gran Madre primordial".[52] El registro de la Gran Madre frigia domina la escena arqueológica de los emplazamientos de Hacilar y Çatal Hüyük, y da cuenta de una concepción ontológico-religiosa que irradiará sobre la cuenca egea y mediterránea de la vieja Europa. La Edad neolítica, que se traslada desde Asia hacia Europa, está presidida por la Gran Madre como personificación de la fuerza divina creadora. Su culto y sus templos florecieron a lo largo de toda la cuenca egea y mediterránea, y su

---

[51] Monica Sjöö y Barbara Mor, Monica Sjöö y Barbara Mor, *The Great Cosmic Mother: Rediscovering the Religion of the Earth*. Nueva York, Harper Collins Publishers, 1991, p. 71.

[52] Ina Wunn, *Las religiones en la prehistoria*, trad. María Dolores Ábalos. Madrid, Akal, 2012, p. 501.

influencia llegará hasta la Magna Mater romana, varios siglos después de Cristo.

Los breves indicadores arqueológicos mencionados en estas líneas permiten afirmar que desde la prehistoria más lejana hasta muy avanzada la historia oficial la divinidad es femenina/matricial y su concepción se aleja bastante de la lógica falogocéntrica. La simbólica matricial no es representación metafórica de una diosa personal a la usanza monoteísta, sino expresión metonímica de una fuerza vital impersonal e inmanente, origen y elemento de todas las cosas. La determinación de la divinidad por su función procreadora, matricial y nutricia constituye el rasgo común y determinante de las religiones ctónicas, autóctonas y folklóricas. A diferencia de las religiones patriarcales, centralizadas rápidamente en panteones o iglesias oficiales, los cultos matriciales permanecen por su propio peso en la horizontalidad de las celebraciones populares, abiertas a la experiencia directa de lo sagrado y mistérico.

La simbólica de la Gran Madre se desplaza metonímicamente desde la concepción individual a una cosmovisión análoga, que asume la inmanencia material como modelo ontológico. Joseph Campbell explica al respecto que durante el neolítico la Gran Madre

> [...] era un símbolo metafísico: la principal personificación del poder del espacio, el tiempo y la materia, en cuyo lazo todos los seres nacían y morían: la sustancia de su ser, configuradora de sus cuerpos y pensamientos, y de la cual recibían su muerte. Todo lo que tuviera forma y nombre –incluido el dios personificado como bueno o malo, misericordioso o iracundo– era su hijo, nacido de su útero.[53]

Medida y orden universales convergen entonces con una acción procreadora arquetípica que resulta igualmente, en virtud de su identidad dialéctica, acción de muerte y regeneración. La Gran Madre es unánimemente símbolo metafísico y religioso, medida de un poder sagrado inmanente a todo. En lo que sigue, repasaremos algunos ragos centrales de esa doble consistencia ontológico-religiosa tal como la mítica primitiva la ha dejado plasmada.

A imagen y semejanza mater/real, la Diosa crea el mundo por partenogénesis de su propio cuerpo devenido vida, alimento y potencia expansiva de todas las cosas. Ella flexiona su materia en alteridad vital,

---

[53] Joseph Campbell, *The Masks of God...*, op. cit., p. 7.

tanto como reabsorbe la muerte convirtiéndose en tumba universal. La inversión de los contrarios en la inmanencia de la identidad fecundante opera por desdoblamiento dialéctico de la vida en muerte y de ésta en nueva parición. El sentido ontológico-religioso de los rituales de *regressus ad uterum*, núcleo semántico de la veneración matricial, consiste justamente en recuperar la condición de posibilidad de toda transformación, esto es, el seno mismo de la vida. Todo ritual de iniciación actualiza el retorno simbólico al seno materno desde el cual volver a nacer, transfigurado. Por eso muchos de estos rituales se celebran en la intimidad de las cavernas y están signados por la sangre sacrificial del nacimiento. Lo celebrado, comenta Mircea Eliade, es estrictamente "el comienzo absoluto"[54] de un nuevo ser o modo de ser, que la conciencia primitiva concibe por reducción *ad uterum* y repetición del origen.

La luna es uno de los grandes símbolos matriciales en esencial sincronía con el ciclo menstrual. La constante repetición de sus fases –creciente, llena, menguante y nueva– y la estricta medida de sus ciclos de extinción y reaparición son consustanciales al dinamismo autopoietico del universo matricial. La luna contiene la misma energía creadora de la cual participa la madre humana y por eso es también madre de la humanidad y la naturaleza, cuya luz divina fecunda el seno de la tierra y el mar. La adoración a la luna, su simbólica nocturna y circular, es indisociable de los cultos matriciales y los tabúes menstruales, en clara contraposición con la inmovilidad solar y refulgente de los cultos patriarcales.

Símbolo lunar y matricial por excelencia es la serpiente: habitante de las profundidades de la tierra y eterna regeneradora de su ser. El atávico uroboro expresa el dinamismo cíclico de un origen sobrepuesto a su propio fin, en virtud de la renovación permanente que la serpiente implica. Además, su forma fálica la convierte en el complemento de la Diosa, conocedora de sus entrañas y consumadora de sus deseos. En resumidas cuentas, la serpiente encarna

> [...] la fuerza sagrada primordial acurrucada en lo más profundo de la tierra. Personificaba el alma de los muertos, guiaba a los iniciados a las entrañas de la tierra y conocía los secretos cuya transmisión se hacía a través de los misterios de iniciación.[55]

[54] Mircea Eliade, *El mito del eterno retorno. Arquetipos y repetición*, trad. Ricardo Anaya. Barcelona, Planeta-Agostini, 1984, p. 88.

[55] Allen Douglas, *Mircea Eliade y el fenómeno religioso*, trad. J. Fernández Zulaica. Ma-

Ella simboliza la sabiduría matricial, su ctónica profundidad y su métrica medida, de donde se colige su comparecencia al comienzo del Génesis bíblico como dueña del conocimiento y la vida.

Sustrato de la vida y de la muerte, la Gran Madre primitiva nunca es simplemente la una o la otra, sino dialécticamente lo tercero de ambas. Desde el punto de vista del concepto, su matriz diferencia y relaciona, separa y media toda oposición, y tal es lo que el mito expresa en su simbólica siempre dual. La madre que concibe y nutre es la misma que mata y entierra, porque si a ella le pertenece la vida, a ella también le pertenece la muerte. "Las deidades femeninas –explica a la sazón James J. Preston– están cargadas de paradojas, combinan opuestos tales como el amor y el odio, la confianza y el terror, el perdón y la venganza".[56] Solo en los términos de esa dual reciprocidad la madre constituye el uno-todo capaz de contener en su diferencia la multiplicidad y el devenir.

La Diosa es siempre las dos partes opuestas del todo, su cara y su contracara: seno fecundo, nutricio y benefactor, como también seno terrible, hambriento y devorador; principio luminoso y oscuro, divino y bestial; virgen y madre, eternamente joven e inmemorialmente vieja. Sin embargo, cualquiera sea la índole de la oposición, se tratará siempre de una dualidad no dualista, o mejor, de una identidad autodiferenciante, cuyo devenir salva la contradicción en la constante transformación de sí misma. La medida materna resulta así el círculo que recupera todo fin en un nuevo principio, el medio donde replica la identidad y el centro que asegura la continuidad del proceso. La eterna rueda del tiempo y la inversión de todos los contrarios definen así la *metra* de un ritmo universal, que devuelve todo exceso a su justa medida. En rigor especulativo, el arquetipo de la Gran Madre determina una triplicidad subsistente en el desdoblamiento inmanente de lo uno y lo otro, cuyo resultado es siempre tres. El elemento matricial es por tanto ternario y al respecto se ha dicho que

> [...] la Gran Diosa era siempre una triplicidad; permanente entre todas las elecciones dualistas y todas las oposiciones –un tercer término que

drid, Cristiandad, 1985, p. 149.

[56] James J. Preston, *Mother Worship. Theme & Variations*. Chapel Hill, The University of North Carolina Press, 1982, p. 331.

mediaba y sintetizaba las polaridades en una nueva cosa, una epifanía: la inmanencia de la trascendencia, la trascendencia de la inmanencia. El objetivo de estudiar la religión antigua de las mujeres y su cultura es entender el gran precedente de este tercer término, lo tercero, la opción alternativa.[57]

En el seno de toda diferencia y contradicción, el elemento matricial se realiza como identidad sintética en continua transformación.

La Gran Madre es bifronte y nunca muestra una de sus caras sin poner también la otra. Su mítica recoge esa duplicidad y por eso

> [...] los símbolos de la Gran Diosa son dobles: doble hacha, doble espiral, la rueda hilando a la derecha y a la izquierda, los cuernos lunares de las vacas que crecen y disminuyen, el portón o la puerta, el útero y la tumba donde uno entra y sale, tierra y cielo. Así el árbol lunar tiene bordes dobles, con raíces en la tierra y en el cielo, y ramas en el cielo y en la tierra. Pero este simbolismo no es dualista.[58]

Lo específico de tal dualidad consiste en su carácter no dualista y estrictamente medial, sujeto a la identidad autodiferenciante del origen a través de la cual opera la inversión y conversión de los contrarios, su implicación y alternancia.

En una suerte de sicoanálisis de la cultura, autores como Carl Jung y su discípulo Erich Neumann le han atribuido a la Gran Madre la consistencia de un arquetipo síquico colectivo o universal, esto es, de un impulso vital inconsciente y primario, *a priori* de toda representación o acción consciente e individual. Según Neumann, la efectividad universal de la Gran Madre responde a una suerte de "apercepción mitológica"[59] sedimentada a lo largo de toda la historia humana y alojada en el inconsciente más profundo de cualquier persona. Su arquetipo posee un carácter doble constituido en reciprocidad medial, a saber: el "carácter elemental" y el "carácter transformador".[60] El carácter elemental del arquetipo materno da cuenta de su indeterminación original, establecida como sustrato del cual todo surge y al cual todo retorna en su disolución. Neumann comenta al respecto que el poder de la Gran

[57] Monica Sjöö y Barbara Mor, *The Great Cosmic Mother...*, *op. cit.*, p. 407.

[58] Ibid, p. 174.

[59] Erich Neumann, *The Great Mother*, trad. Ralph Manheim. Princeton, Princeton University Press, 1991, p. 17.

[60] Ibid, pp. 32-33.

Madre "descansa sobre ese estado original en el cual todo esta entremezclado, indiferenciado y en flujo".[61] A la indeterminación elemental del arquetipo materno se asocia la imagen del origen como caos infinito, noche abismal, caverna oscura, caldero o vasija insondable donde acontecen todas las cosas. Por el otro lado, con su carácter transformador condice la capacidad autodeterminante y autodiferencial de su infinita virtualidad, la cual da cuenta finitud, multiplicidad y dinamismo de lo real. A este último se asocia la imagen de la luna, la serpiente, el huevo, la esfera, la rueda, la espiral etcétera, cuya circularidad invierte todo fin en un nuevo comienzo.

La inmanencia del sustrato elemental en la continua transformación de lo múltiple, diverso y singular da por resultado la tensión dialéctica que Jung y Neumann establecen entre el arquetipo materno universal y la conciencia individual. Neumann comenta al respecto que "el carácter elemental de lo femenino tiende a disolver el ego y la conciencia"[62] y hacerlos retornar a su estado de inconsciencia originaria. El resultado final de esa tendencia es el triunfo del sustrato indeterminado sobre su propia parición individual y el retorno de lo finito al origen. Nacimiento y muerte, parición *ex utero* y regreso *ad uterum* consuman la reciprocidad de una acción finalmente resuelta en el devenir-imperceptible de la infinitud.

En materia religiosa, el arquetipo de la Gran Madre supone una valoración positiva de la vida, el cuerpo, la naturaleza, la tierra, el mundo, etcétera, realidades todas que no han caído de ningún edén perdido, sino nacido y alimentado de su fuerza creadora. El universo que la madre concibe y gesta es *eo ipso* afirmado como carne de su carne y vida de su vida. Las religiones matriciales celebran la fecundidad de la vida, la abundancia de la tierra, la presencia inmediata de lo divino, el éxtasis y el exceso de una divinidad que es materia, energía y expansión. Ellas cultivan la fertilidad como eje conceptual de una "estructura teológica compleja"[63] que incluye, además de la vida, la concepción matricial del orden y la justicia universales. La Gran Madre es también legisladora,

---

[61] Erich Neumann, *The Origins and History of Consciousness,* 2 vols. Nueva York, Harper & Brothers, 1962, vol. II, p. 323.

[62] Erich Neumann, *The Great Mother…, op. cit.,* p. 33.

[63] Cf. Merlin Stone, *When God was a Woman.* San Diego, Harcourt Brace, 1978, pp. XIX-XX.

profetisa, providente, inventora, curandera, astrónoma, matemática, maga, sabia, etcétera, y lo es en razón de su misma *metra* ordenadora y sapiencial. De aquí que las religiones de la Diosa incluyan la adivinación, el chamanismo y la brujería, generalmente a cargo de mujeres, así como también rituales orgiásticos, orgásmicos y extáticos. La fuerte carga sensible, voluptuosa y maniaca de los cultos matriciales permanece como un signo dominante de las religiones ctónicas y folklóricas de todo el mundo, a diferencia del punitivismo y ascetismo patriarcales.

En síntesis, la Gran Madre concibe por exceso de virtualidad, gesta en la abundancia de la vida y sus frutos son ofrenda y donación. Su seno infinito contiene, alimenta y celebra la existencia entera. Cuando la divinidad era femenina, las mujeres gozaban de un elevado estatus social, consustancial con una simbólica autónoma que reflejaba la centralidad de sus funciones vitales y culturales, como veremos en breve. Ese goce sagrado de la tierra, esa celebración secreta de los cuerpos, ese origen continuamente recuperado es lo que el patriarcado vino a prohibir en su matricidio universal.

3.2.1.1. *La Diosa minoica*

El arquetipo de la Gran Madre se ha encarnado a lo largo de la historia en múltiples denominaciones y advocaciones correspondientes a tradicionales locales gradualmente extirpadas por la embestida patriarcal. Como ejemplos, mencionemos a Inanna en Sumeria, Istar en Babilonia, Anat en Canaán, Astarté en Fenicia y Palestina, Sejmet e Isis en Egipto, Morrigan entre los celtas, Kali en India, Tellus en Roma y, en el caso de Grecia, Rea y Deméter. Cualquiera de ellas es la embajadora de arcaicos sustratos matriciales, lentamente borrados por la progresiva indoeuropeización de la cultura. La estrategia de tal borramiento es más o menos homogénea y consiste en convertir a los hijos de la Diosa primero en esposos y luego en divinidades hegemónicas, muchas veces asesinas de sus propias madres como lo muestra la lucha de Marduk contra Tiamat o de Huitzilopochtli contra Coatlicue.

También la cultura griega, cuna del occidente patriarcal, ha dejado las marcas de la Gran Madre sepultadas en la caverna del cielo platónico. A estas marcas matriciales nos referiremos aquí, siguiendo la tesis arqueológica de Marija Gimbutas, para quien la civilización neolítica de la cuenca egea y mediterránea se aglutina en torno a la simbólica de la Diosa y resulta esencialmente incompatible con la cultura indoeuropea que avanzará lentamente sobre Europa a partir del 5000 a. C. A esto mismo apunta la tesis histórica de Bernard C. Dietrich, para quien el neolítico asiático y sus cultos a la fertilidad están en el origen de la religión griega, respecto de lo cual constarían algunas evidencias de flujos migratorios provenientes de Anatolia hacia Creta entre fines del 4000 y el 2800 a. C.

Antes de que la Edad de Hierro indoeuropea –nacida entre los pueblos del Kurgan e introducida en Europa por las progresivas invasiones de los caucásicos– antes de que esa nueva era indoeuropea ganara Europa, transcurren los casi 2000 años de las comunidades neolíticas de las costas egeas y mediterráneas, entre las cuales se encuentra la civilización cretense, último bastión de la Gran Madre. El origen histórico de Creta se remonta al 5000 a. C. y alcanza su esplendor entre el 3000 y el 1450 a. C. Según Drietrich, "Creta elaboró las tradiciones religiosas de la Edad de Bronce en el Egeo occidental en armonía con las formas orientales",[64] esto es, según la simbólica de la Gran Madre frigia, sus cultos a la fertilidad y su vitalismo sagrado.

La Diosa se presenta como la divinidad prevalente de Creta minoica, donde, a juzgar por Ina Wunn, no hay rastros de ningún dios masculino todopoderoso,[65] a excepción de las representaciones del hijo de la Gran Madre entre las cuales sobresalen las de Zeus y Dionisio. La Diosa constituye un poder impersonal de múltiples nombres, atributos y advocaciones, que describen sus diferentes ámbitos o modos de actuación. Ella era Eileithyia, Ariadna, Aphaea, Britomartis, Dikynna y también Pótnia –Señora– de los árboles, las piedras, las montañas, la serpiente, el toro, el pájaro, el pilar, el palacio o el laberinto. Rea es otro nombre de la Gran Madre cretense, heredera de la Cibeles frigia y madre de Zeus. Entre la Diosa y sus animales u objetos no había diferencia sustancialista, sino esencial identidad metonímica.

---

[64] Bernard Clive Dietrich, "Religión, culto y sacralidad en la civilización creto-micénica", en Julien Ries (ed.), *Tratado de antropología de lo sagrado*, vol. 3. Madrid, Trotta, 1995, p. 69.

[65] Cf. Ina Wunn, *Las religiones en la Prehistoria...*, *op. cit.*, p. 328. También: Mircea Eliade, *Historia de las creencias y las ideas religiosas*, 3 vols., trad. Jesús Valiente Malla. Barcelona, Paidós, 1999, vol. I, p. 183.

Cada invocación matricial actualizaba una acción divina inmediata y efectiva, sin mediaciones ni representaciones. Bernard Dietrich explica al respecto que el culto minoico "estaba dirigido a invitar a los dioses a aparecer a través de la oración, la música y la danza extática",[66] presencia que acontencía de manera directa como fuerza activa e íntima. La Diosa no es una persona trascendente a la usanza monoteísta, sino una energía de creación inmanente, mediadora de todo nacimiento. En torno a esa potencia naciente gravitaban los símbolos, los ritos, las liturgias del culto minoico, generalmente celebrado en la caverna-seno de la madre. La finalidad del culto minoico era obtener el favor de la vida y su renovación por obra de un trance ritual, típicamente expresado en el sacrificio del toro.

Las prácticas religiosas de la cultura cretense comienzan con el culto privado a los muertos de la familia o el clan, y adquieren lentamente las dimensiones públicas del palacio –que en realidad no era palacio de un rey sino institución religiosa abierta a la comunidad– u otros lugares naturales como cumbres y colinas. Oficiaban de santuarios las cuevas, montañas, habitaciones domésticas, instalaciones palaciegas o ámbitos naturales, con la primacía simbólica de la caverna como típico lugar del culto minoico. La caverna era a la vez templo de celebración, tumba de los muertos, cripta del pilar, seno de iniciaciones rituales y lugar de nacimiento de los dioses. La creencia griega en el inframundo y sus divinidades subterráneas tiene su origen en Creta en asociación con la oscuridad cavernosa del seno-tumba, donde acontece la vida. Hesíodo narra al respecto que Zeus era el hijo de Rea nacido en la legendaria caverna del monte Dicte, que se identifica con la cueva minoica de Psychro, en la llanura de Lasithi.

También las cumbres de las montañas eran templo minoico, conforme con una antigua creencia que las consideraba sede de los muertos y las divinidades. Según Dietrich, la idea de que las divinidades habitaban la cima de las montañas procedería de Sumeria y se prolongaría hasta el Olimpo, la montaña de los dioses.[67] Sobre sus cimas, en lo profundo de la noche, tenían lugar danzas, rondas y tamboreos extáticos liderados por mujeres, cuya manía consumaba la presencia de la Diosa en

---

[66] Bernard Clive Dietrich, "Religión, culto y sacralidad…, *op. cit.*, p. 82-83.
[67] Cf. Bernard Clive Dietrich, *The origins of Greek Religion…*, *op. cit.*, p. 45.

medio del círculo de sus cultoras. Danza nocturna, estrépito, éxtasis, manía divina y epifanía configuraban un ritual común compartido por las tradiciones frigias y tracias, de cuya progenie procede Dionisio, otro de los hijos de la Diosa. Típico lugar de celebración fueron también los laberintos, a través de los cuales se conducía el proceso de la iniciación con su muerte y renacimiento rituales.

Entre los principales símbolos religiosos de la Creta minoica se cuentan la doble hacha, el pájaro y el toro. El hacha de doble filo, los cuernos del toro, las alas del pájaro o la mariposa son figuras duales que unen sus extremos opuestos en centro común, por el cual es concebible la alternancia cíclica de los contrarios y la continuidad de su devenir. El hacha minoica –cuya empuñadura es ejercida siempre por mujeres, a diferencia del hacha indoeuropea– se usaba en el sacrificio del toro, ritual minoico por antonomasia celebratorio de la regeneración vital. También la serpiente, los anillos, el árbol de la vida y la mariposa son símbolos minoicos, cuyas raíces hay que buscar en el neolítico asiático, agrícola y lunar, para remontarse desde allí al paleolítico superior. Cualquiera de estos símbolos invoca el eterno renacimiento de lo real, la identidad dialéctica y medial de los contrarios y la energía transformadora del principio vital. Figuras de serpientes y Diosas-serpientes han sido halladas en las habitaciones domésticas y palaciegas del culto a los muertos. También la figura del árbol sagrado –adorado igualmente en Medio Oriente y Egipto– simboliza en Creta la regeneración continua de la vida a partir de la virtualidad auto-activa de la materia-madera.

Símbolo privilegiado de la continua transformación matricial es la psyché-mariposa, etimológicamente idénticas y semánticamente referidas al elemento vital en continua regeneración.[68] Por etimología, *psyché* designa una especie de mariposas que nace del cuerpo en descomposición de animales muertos y deviene primero oruga, luego crisálida y, finalmente, mariposa. Su símbolo se remonta al Paleolítico superior –a juzgar por los trazos de la caverna de Chauvet– y aparece también en las pinturas murales de los santuarios de Çatal Hüyük. El hecho de que el concepto

---

[68] Cf. Marija Gimbutas, *The Goddesses and Gods of Old Europe. 6500-3500 BC. Myths and Cult Images*. Berkeley & Los Ángeles, University of California Press, 1996, p. 91. También: Jan N. Bremmer, *The early Greek Concept of Soul*. Berkeley & Los Ángeles, Princeton University Press, 1983, p. 82; Mircea Eliade, *Historia de las creencias y las ideas religiosas…, op. cit.*, vol. I, p. 187.

de alma nazca en conexión con la energía transformadora de la mariposa no hace sino confirmar su matriz hilozoísta, compartida incluso por los filósofos presocráticos, para quienes el principio anímico era material.

En el espíritu material de la Diosa, Creta celebra la fecundidad de la vida y la abundancia de sus frutos. En sintonía con el vitalismo religioso, también las imágenes del arte minoico reflejan una naturaleza gozosa y plena. Las imágenes de su arte reflejan una naturaleza gozosa y plena, en sintonía con el vitalismo religioso. Su cosmovisión metafísica se basa en esa metra universal que mantiene el medio de toda oposición y resarce cualquier desequilibrio. A juzgar por el festivo y confiado naturalismo cretense, daría la impresión de que la armonía y el orden a los cuales se entrega el clasicismo griego hunde sus raíces en la Creta matricial, donde la inmanencia auto-activa de la Gran Madre garantizaba *a priori* la justa medida.

3.2.1.2. *La Deméter eleusina*

La historiografía antigua coincide en identificar a Deméter —madre de la tierra fértil y sus frutos[69]— con la Gran Madre de la tradición neolítica y, en concreto, con Rea creto-minoica. Siendo tal el caso, la cultura minoica estaría en la raíz de los misterios eleusinos dedicados a Deméter, los cuales a su vez remitirían por carácter transitivo a la pareja madre-hija de la vieja Anatolia, replicada en Egipto. En pocas palabras, los misterios eleusinos en honor a Deméter constituyen la versión griega por antonomasia de los viejos cultos a la fertilidad típicos del neolítico agrícola y consistentes con el chamanismo iniciático de las religiones telúricas.

Los misterios de iniciación en la Gran Madre nacen en la cultura neolítica de Asia Menor para llegar desde allí a la cuenca egea y mediterránea junto con la agricultura. En el caso específico de Eleusis, una inscripción del oráculo de Delfos —que etimológicamente significa

---

[69] Deméter provendría etimológicamente de *meter* —madre— y *de* —cereales—. Es probable que la partícula «de» proceda de la palabra cretense *dyai*, que significa granos de cebada o espelta. Deméter es entonces la Diosa de la tierra cultivada, fértil y nutricia. Como madre del grano que desciende a lo profundo de la tierra para renacer desde allí, ella era también la madre de los muertos, de quien se esperaba renacer. Cf. en este punto Anne Baring y Jules Cashford, *El mito de la diosa*. Madrid, Ediciones Siruela, 2014, pp. 418 ss. También: Ugo Bianchi, "Misterios de Eleusis. Dionisismo. Orfismo", en Julien Ries (ed.). *Tratado de antropología...*, *op. cit.*, vol. 3, pp. 266-270

seno materno– declaraba que gracias a sus misterios la humanidad había pasado de la barbarie a la civilización por intercesión de Deméter: *metra* ordenadora, legisladora universal y creadora de la agricultura, quien convirtió a los pueblos nómades en comunidades sedentarias. Los misterios eleusinos se basan en el mito ctónico-lunar de Deméter y su hija Core, ambas expresión de la gestación y renovación anual de la naturaleza. Así como la luna se recupera a sí misma luego de tres días de desaparición y la tierra expande los frutos antes escondidos en sus oscuras entrañas, del mismo modo Core vuelve a nacer anualmente del seno de su Madre. La novedad de tal nacimiento, repetido de primavera en primavera, resulta pura reminiscencia de lo sido.

Los misterios se celebraban por el calendario lunar y su trama simbólica se articulaba en torno al nacimiento, quintaesencia de toda iniciación. En concreto, los misterios poseían una triple dimensión simbólica. A saber: la dimensión cósmico-natural, correspondiente con la renovación de los ciclos vitales y el crecimiento de los cultivos; la dimensión política, constitutiva del modelo de ciudadanía de las sociedades agrarias de estructura igualitaria, inclusiva e integradora de seres humanos y divinidades; y la dimensión subjetiva o individual, en la que cristaliza la esencia mistérica del culto, su conciencia sobrenatural y sagrada. En Eleusis nace, en este último sentido, la conciencia del misterio, místico y misterioso como experiencia irreductible de participación en la vida divina.

La iniciación sacramental era obra de la acción matricial expresada en la relación diferenciada Deméter/Core; ella actuaba de una vez para siempre y aseguraba la felicidad del iniciado, tanto en la vida como en la muerte. En analogía con el nacimiento de Core y el crecimiento anual de los cultivos, también el iniciado volvía a nacer del seno de Gran Madre. A tal efecto, los misterios contaban con una liturgia específica compuesta, entre otros elementos, por el baño ritual, la procesión entre Atenas y Eleusis, el sacrificio del cerdo, la siega del trigo, la boda sagrada con la Diosa, la concepción y el nacimiento. Este último constituía el momento culminante de la celebración y tenía lugar en una cavidad subterránea que rememoraba la vieja caverna minoica, seno y tumba matricial. Los *mystes* –aquellos iniciados en los misterios– se aseguraban un futuro bienaventurado tanto en la vida como en la muerte, esta última convertida en un feliz destino de regeneración.

La noción de misterio –del verbo griego μυω: cerrar boca y ojos– nace de la experiencia de contacto directo con la divinidad mística o en trance –que la dualidad Deméter/Core expresa. No es un dato menor distinguir aquí el sentido originario del misterio como experiencia de fusión divina en la integridad material, sensual y extática de las potencias humanas, del carácter puramente espiritual e intelectivo que su noción adquirirá luego con el falogocentrismo órfico-pitagórico y su consagración en las idealidades platónicas. En el primer caso, el misterio emerge en el seno de rituales extáticos que buscan la fusión divina abonando la materialidad sensible; en el segundo caso, el misterio pierde su dimensión sensitiva para convertirse a la pasiva contemplación espiritual de inteligibilidades puras. En el primer sentido, la experiencia religiosa se ofrece públicamente a todo quien desee participar de ella; en el segundo sentido, se trata de la visión contemplativa exclusiva del sabio, el filósofo o el dios. Entre ambas concepciones media, claro está, el vaciamiento mater/real del dualismo metafísico, la trascendencia de lo perfecto y la introducción de una culpa o crimen constitutivo de la existencia.

La conciencia eleusina del misterio ignora el posterior interés escatológico en la inmortalidad del alma individual y su salvación eterna. Su búsqueda apunta más bien a la regeneración de la existencia material, ganada por la identidad dialéctica muerte/nacimiento. Paolo Scarpi comenta al respecto que en Eleusis "se renovaba el acontecimiento mítico que conducía a domesticar la muerte convirtiéndola en un instrumento de refundación periódica de la presencia, un modo de conferir sentido al *ser-en-el-mundo*".[70] Ganar la muerte para la vida, introducirla al dinamismo cíclico de la regeneración y volver a nacer en este mundo constituyen el núcleo de la iniciación eleusina, ajena a la criminalización de la existencia y las aspiraciones salvíficas que el falogocentrismo impondrá poco después. Dicho brevemente, bajo el signo de la Gran Madre y el culto de su fertilidad nace la conciencia de un misterio fundacional que, en especial a través de Eleusis, abona el sedimento materno-material del mundo griego.

Sin embargo, entre aquella primera lógica matricial y el decisivo vaciamiento espiritual del logos clásico acontece la progresiva introducción

---

[70] Paolo Scarpi (ed.), *Eleusi, dionisismo, orfismo…*, *op. cit.*, p. 9.

de la cultura indoeuropea, que socavará poco a poco la inmanencia matricial de la conciencia arcaica hasta reemplazarla por una trascendencia solar, espiritual e inamovible. La confianza en un inframundo feliz, fecundado de vida y regeneración, pronto cederá ante el Hades sombrío y espectral de la edad heroica descrita por Homero para concluir en el dualismo radical de algún dios solar cultivador de paraísos puramente ideales. Entre la caverna de la regeneración y el cielo platónico de la eternidad, la identidad diferenciada de la Diosa –Deméter/Core– queda en manos de los señores de la vida y la muerte –Zeus-Hades–, quienes se reparten su suerte. Tal proceso de separación comienza lentamente hacia fines del tercer milenio y comienzos del segundo milenio, cuando los micénicos conquistan el Peloponeso e imponen su cultura patriarcal –indoeuropea, nómade, iletrada, salvaje, guerrera– a la cultura autóctona, agrícola y matricial. Ellos avanzan sobre Grecia con sus dioses solares y convierten al ctónico Zeus cretense, hijo de Rea, en un dios solar y guerrero, dueño del rayo y la tormenta. No es un dato menor recordar que justamente el término «dios» proviene del indoeuropeo deiwos: cielo, y connota la prevalencia de lo solar y luminoso por sobre las oscuridades telúricas.

Entre el Zeus ctónico y el Zeus del cielo hay, siguiendo la tesis de Gimbutas y Dietrich, un choque de civilizaciones que concluye con una derrota cultural. En palabras de la arqueóloga lituana-estadounidense,

> [...] el mundo de la vieja Europa no fue el mundo proto-indo-europeo, y no hay una línea directa y sin obstáculos a los europeos modernos. La civilización europea más temprana fue salvajemente destruida por los elementos patriarcales y nunca recuperada, pero su herencia permanece en el sustrato que nutre la vieja Europa y sus desarrollos culturales.[71]

El celestial *deiwos* indoeuropeo instituyó entonces su reinado sobre los despojos de la vieja madre sepultada, repartiéndose en viril patrimonio la propiedad de la tierra –para Zeus–, el inframundo –para Hades– y los mares –para Poseidón. La reminiscencia de la Gran Madre sobrevivió diseminada en diferentes deidades: Artemisa, Atenea, Hera, etcétera, quienes no volverán a conocer la unidad dialéctica y sintética de la Diosa.

Nunca se insistirá demasiado en que lo decisivo de ese conflicto, la quintaesencia de la mayor derrota cultural que la historia haya

---

[71] Marija Gimbutas, *The Goddessses and Gods of Old Europe...*, op. cit., p. 238.

conocido, se juega en la diferencia sexual como determinante ontológico-político de dos sistemas civilizatorios irreconciliables. Al continuo inmanente mater/real le sucederá una trascendencia dualista, criminalizadora y moralizante de la existencia. Fue entonces cuando la caverna se hizo infierno; su nacimiento, degeneración; su universo, caída en el pecado; la mujer, Pandora de todos los males; y los hijos e hijas de su seno se convirtieron en espectros.

3.3. (Pre-)Historia y acción civilizatoria

En el origen tanto de la civilización universal como de la individualidad singular es la relación matricial: primer abrazo, primer deseo, primer lazo social, primera familia, primer domicilio y progenie, primera palabra, primer universo nacido en el desdoblamiento del dos. Por unidad de sentido y continuidad metonímica, la relación matricial fue transpuesta al vínculo social de los clanes y, por encima de este, al vínculo religioso con la realidad entera bajo el símbolo de la Gran Madre divina que era *metra* universal, elemento material y energía viva del todo. La fuerza expansiva y civilizatoria de la relación matricial está así en el origen de la historia.

La simbólica matricial delineada párrafos atrás corresponde a un estadio sociocultural donde la función materna constituía el principal agente civilizatorio por expansión metonímica de su logos inmanente. Esto no significa que ella operara una suerte de dominación jerárquica sobre lo masculino –jerarquización dualista por entonces desconocida– o que ese primer estadio matricial supusiera una madre fálica –de esas tan comentadas por el sicoanálisis– a cargo de un gobierno centralizado, estratificado, militarizado y ejercido en este caso por mujeres. Esa suerte de dominación femenina nunca existió, o bien, un sistema tal ha sido siempre masculino. Por el contrario, la prevalencia simbólica –ni violenta ni sojuzgante– de la función materna ha promovido el nacimiento de la civilización bajo un signo cultural de índole vitalista y horizontal, consistente con una concepción sociopolítica de tipo igualitario, cooperativo y pacifista, como veremos.

Conocida es al respecto la muy discutida y criticada hipótesis de Johann J. Bachofen sobre un primer período de la humanidad centrado en el derecho materno y organizado socialmente según un modelo ginecocrático. La tesis bachofeniana de un gobierno primitivo de las mujeres se basa históricamente en Egipto y, más específicamente, toma en consideración el tratado de Plutarco sobre *Isis y Osiris*, cuyo referente matricial hay que buscarlo en el Neolítico preindoeuropeo, gradualmente contaminado por elementos patriarcales. Lo cierto y demostrado de la tesis de Bachofen consiste en aquel sustrato de la vieja cuenca mediterránea que describíamos párrafos atrás, que jamás se construyó como poder político matriarcal centralizado y jerárquico, sino que más bien constituyó sociedades matrilineales o matrifocales de tipo horizontal, cooperativo y pacífico, tal como la ausencia de fortificaciones en Çatal Hüyük o Creta permite conjeturar.

Así las cosas, la historia parece confirmar la tesis de Diotima según la cual las mujeres no construyen poder político –falogocéntrico–, sino autoridad simbólica. Y en tal sentido podemos hablar de cierta civilización matricial referida a un estadio histórico en el cual los valores femeninos tenían su (in)mediata expresión cultural y cultual, esto es, valores tales como la fecundidad del ser, la materialidad del origen, la inmanencia dialéctica de la vida, su continuidad cíclica y el parentesco esencial de todas las cosas. En esto reside el núcleo indiscutible de las tan discutidas tesis sobre un presunto matriarcado al estilo falogocéntrico, que nunca existió.

El vínculo matricial es la célula de la familia y la sociedad primitiva –paleolítica y neolítica– por parentesco biológico y principalmente social. Se decía «madres» a todas las mujeres del grupo respecto de todas/os sus hijas/os, sobre los cuales ejercían no solo funciones nutricias y de cuidado, sino además médicas, sacerdotales, adivinatorias, sapienciales, etc. El maternaje primitivo es por lo tanto una función social, comunitaria, por expansión metonímica de un vínculo biológico que nunca ha sido inmediatamente tal sino siempre mediatamente social y civilizatorio. Esto no significa que la maternidad social ignorara o eliminara los vínculos afectivos de sangre, sino más bien que ella resignificaba estos últimos en un sentimiento materno-filial universal, de pertenencia a la comunidad antes que a la madre individual o la familia nuclear. A esto se refiere Bachofen cuando asegura que

> mientras el principio paterno es inherentemente restrictivo, el principio materno es universal; el principio paterno se limita a grupos definidos,

> pero el principio materno, como la vida de la naturaleza, no conoce barreras. La idea de maternidad produce un sentido de fraternidad universal entre todos los hombres, que muere con el desarrollo de la paternidad".[72]

Dicho brevemente, la conversión de lo materno en un vínculo individual, meramente biológico y socialmente regresivo, es obra exclusiva del patriarcado en su apropiación jurídico-privada de la descendencia.

El parentesco social, sostenido por una función materna socio-cultural, resulta incompatible con la apropiación privada del hijo vía apropiación privada de la madre operada por el *pater familias*. Antes bien, la prehistoria muestra que el vínculo matricial propicia la colaboración entre mujeres y la independencia filial, sin los riesgos de absorción, regresión o alienación individual que el falogocentrismo sicoanalítico supo describir. Por lo mismo, tal maternaje comulga con la construcción de sociedades igualitarias, cooperativas y pacíficas, que la evidencia histórica atribuye a las sociedades auspiciadas por divinidades maternas y cultos femeninos. En efecto, según los testimonios arqueológicos y antropológicos transmitidos por autores como James J. Preston, Edward Whitmont, Lotte Motz, Monica Sjöö o Barbara Mor, las sociedades del neolítico ignoran la violencia organizada, la explotación servil, las jerarquías excluyentes, la coerción, las conquistas y las expansiones territoriales. Sus poblaciones carecen de fortificaciones o armamentos, y no hay en ellas signos de saqueos, invasiones o robos. El interés de estas comunidades se centra en la vida y gira en torno a su cuidado y veneración, a imagen y semejanza de sus divinidades femeninas protectoras de los ciclos vitales y artífices del continuo renacimiento universal. La muerte y el saqueo organizados a favor del poder económico y la expansión territorial obedecen a un sentido de apropiación forzada que supone el abandono de los principios de equilibrio, alternancia y continuidad vital de la conciencia primitiva.

El principio ontológico constituyente de este tipo de comunidades es la identidad dialéctica y la acción recíproca de un todo en equilibrio constante, según la ley de reciprocidad, compensación y restablecimiento de la armonía rota por una exacta metra universal. Sobre la idea de reciprocidad como fundamento del orden social han insistido

---

[72] Johann J. Bachofen, *Myth, Religión and Mother Right...*, *op. cit.*, p. 80.

teóricos de la Escuela Sociológica Francesa tales como Lucien Lévy-Bruhl y Marcel Mauss, en clara disonancia con la compra-venta de mujeres interpretada por Claude Lévi-Strauss en el origen de la organización sociopolítica patriarcal. La armonía de los opuestos, su alternancia y el restablecimiento continuo de un equilibrio dinámico son los principios sociopolíticos y éticos de las culturas primitivas. Los conflictos de intereses tendían a resolverse sin violencia ni coerción a través de la mediación, el intercambio, la palabra moderadora y la restitución de la medida justa. La ley del más fuerte, la lucha a muerte y la subordinación del inferior no son criterios ético-políticos de las sociedades matrilineales, fundadas sobre la inmanencia dialéctica no dualista de la diferencia.

Una interesante teoría de Robert Briffault sobre el origen de la conciencia ética remite el nacimiento de los sentimientos morales altruistas y benevolentes a la relación matricial. El antropólogo evolucionista comenta al respecto:

> [...] yo descubrí, para mi sorpresa, que los caracteres sociales del espíritu humano se remitían definitivamente a la operación de los instintos que se relacionan con las funciones de la hembra y no con las del macho. Que el espíritu de las mujeres deba haber ejercido una influencia tan fundamental sobre el desarrollo humano resulta inconcebible en las condiciones de las sociedades históricas patriarcales.[73]

Lo interesante de la tesis de Briffault consiste en restituir el origen de la conciencia ética a la conciencia matricial y esta última a un sustrato material instintivo, una suerte de impulso, *Trieb* o energía primaria en continuidad significativa con su expansión más-que o trans-material, concretamente ética.

Briffault entiende que la empatía y el cuidado que la cría exige para sobrevivir y la especie, para conservarse, produjeron en la hembra humana un sentimiento de ternura y amor fundacional de todo otro vínculo emocional y ético. En palabras del autor: "todos los sentimientos altruistas deben la posibilidad de su existencia al crecimiento del amor materno y surgen por la transferencia de esos instintos maternos al varón".[74] Lo específico del altruismo materno es que, a diferencia de los grandes ideales falogocéntricos —por definición universales, neutros,

---

[73] Robert Briffault, *The Mothers...*, *op. cit.*, vol. I, p. VI.
[74] Ibid, vol. III, pp. 145-46.

objetivos y abstractos–, se trata en este caso de un lazo concreto, material, instintivo, de apego al cuerpo-en/por-cuerpo materno-filial. Mientras que el falogocéntrico amor al prójimo, la humanidad y el dios trascendente se pierde en la abstracción de los buenos ideales, el apego concreto del vínculo matricial constituye para Briffault el elemento y patrón afectivo que se habría transmitido filogenéticamente a la especie humana y habría permitido la evolución del patrón utilitario típicamente masculino. La conclusión de Briffault es que "el lazo original de todos los lazos sociales, el único que existe entre los animales más altos y los grupos humanos más primitivos, es creado por el amor materno".[75] Otros autores hablarán de instinto filial, apego o *cramponnement*[76] como fundamento del aparato psíquico, subjetivo y ético.

De la relación matricial nace no solo la conciencia social, ética y subjetiva de la humanidad, sino además la conciencia mágico-religiosa basada, como veíamos líneas atrás, en el misterio de la creación vital. La función religiosa era ejercida entonces por "las madres"[77] que, recuerda Briffault, oficiaban de sacerdotisas, chamanas, brujas, curanderas, obstetras, profetisas, habladoras del vientre, etcétera. También en este caso, los atributos religiosos originariamente femeninos serán luego distorsionados por el sacerdocio falogocéntrico mediante una creciente moralización, racionalización y criminalización de la conciencia religiosa, sumada a la verticalidad y militarización de los cuerpos sacerdotales del Padre.

En lo concerniente a la producción de conocimiento y desarrollo técnico, la función materna ocupa un lugar privilegiado en continuidad esencial con la generación de la vida y la creación de sus condiciones de sobrevivencia y expansión. Se ha dicho al respecto que "las mujeres, al crear una situación en la cual poder criar a sus hijos con seguridad y eficacia, se convirtieron en las civilizadoras, en las inventoras de la agricultura y de la comunidad, y algunos autores sostienen que hasta crearon ellas el lenguaje".[78] Conocimiento, técnica y sabiduría materna abarcan desde la producción de las nociones más rudimentarias de

---

[75] Ibid, vol. I, p. 160.

[76] Cf. Imre Hermann, *L'instinct filial*, trad. G. Kassai. París, Denoël, 1972.

[77] Robert Briffault, *The Mothers…, op. cit.*, vol. I, p. VI.

[78] Adrienne Rich, *Nacemos de mujer…, op. cit.*, p. 164.

ginecología, pediatría, medicina y puericultura hasta las primeras mediciones astronómicas y cálculos matemáticos pasando por la invención de la agricultura, la domesticación de animales, el fuego para cocinar, la confección del vestido, la alfarería, el tejido, la elaboración y conservación de alimentos, los primeros calendarios lunares y hasta la escritura. En pocas palabras, las mujeres inventaron la ciencia y la industria por expansión metonímica de su función vital.

El trabajo de las mujeres tenía entonces un valor cultural y económico central para las comunidades primitivas, que Gerda Lerner detalla entre las siguientes ocupaciones:

> [...] la recolección de alimentos, lo cual exigía un profundo conocimiento de la ecología, las plantas, los árboles y las raíces, de sus propiedades alimentarias y medicinales. La mujer primitiva era la guardiana del fuego doméstico, la inventora de los recipientes de arcilla y de los cestos, gracias a los cuales se podían guardar los excedentes alimentarios de la tribu en previsión de los tiempos de penuria. Era la que quitó los secretos a las plantas, los árboles y los frutos para transformar sus productos en sustancias curativas, en tintes, cáñamo, hilo y ropas. La mujer sabía cómo transformar las materias primas y los cadáveres de animales en productos alimenticios. Sus habilidades han sido tan variadas como las de los hombres y seguramente igual de esenciales. Sus conocimientos eran quizás superiores o al menos iguales a los de él.[79]

Si bien debemos reconocer que la agencia económica y cultural de las mujeres se ha mantenido a lo largo de la historia, la particularidad específica de aquellas comunidades reside en su autonomía simbólica y política sobre la cual recaerá propiamente la variable de ajuste falogocéntrica. El período neolítico vale de manera ejemplar como indicador del desarrollo técnico y económico de las mujeres a tal punto que a ellas se les atribuye su revolución. La así llamada revolución neolítica, gracias a la cual el mundo conoció la agricultura, el pastoreo, la domesticación de animales y la alfarería, constituye el testimonio más próximo y accesible del elevado prestigio social de las mujeres en tiempos arcaicos. Es justamente durante ese periodo que la función procreadora de la madre fue asociada a la fecundidad de la tierra, y la celebración de su fertilidad convergió con los cultos agrarios y el chamanismo ritual. Celebraciones orgiásticas, ritos de trance e iniciación, y cultos subterráneos responden

---

[79] Gerda Lerner, *La creación del patriarcado...*, *op. cit.*, p. 75.

al auspicio matricial. El desarrollo intelectual y técnico de las mujeres fue condición de posibilidad para la conservación de la especie y la supervivencia individual, condición que ha sido asociada a cierta ventaja biológica de la mujer –aunque probablemente también de la hembra de otras especies– en materia de percepción, abstracción, planificación, anticipación, empatía, etcétera, convalidada por las tradiciones más antiguas, así como por las neurociencias contemporáneas. Barbara Walker observa al respecto que la alta estima de la cual gozó en la antigüedad la sabiduría y conocimiento femenino es contrastada por el Vaiú Purana –texto sagrado del hinduismo– donde se les atribuye la capacidad de concebir y dar a luz por su capacidad superior para medir y calcular.[80] La misma valoración está supuesta en el propio Génesis, que pone en manos de la serpiente y la mujer los árboles del conocimiento y la vida.

Mencionábamos páginas atrás que a la sabiduría materna remite etimológicamente la matemática –de *ma-thesis*–, así como las denominaciones de medida, cálculo y tiempo, determinados por la *metra* menstrual y lunar. También la medicina llevaría en su nombre la raíz sánscrita *medha*, sabiduría materna. En el caso de la escritura, tradiciones sagradas de la India, Medio Oriente y Grecia prehelénica atribuyen a la Diosa y las musas la invención de los números y letras. Valga recordar al respecto que las musas eran hijas de la Memoria –una de las Titánides–, de quien heredaron el dominio omnisciente y omnipresente de toda arte y ciencia, por el cual influían sobre la mente del poeta o del sabio. También la *sophia* y la *sapientia* llevan la impronta femenina, lo mismo que la Diké, las Moiras o Parcas, dueñas del destino, y las Erinias, Euménides o Furias, vengadoras de la sangre derramada, cualquiera de ellas en alianza con la legislación de Deméter. Erinias y Euménides solían presentarse como dualidades, trinidades o pluralidades, siguiendo el tipo de identidad diálectica y medial de la Diosa.

En breve, al comienzo de la civilización el lugar materno/material/matricial se trasparentó en una cultura simbolizada por la fuerza de la vida, su pertenencia inmanente, su *continuum* esencial y la sacralidad ontológica de lo real. En aquel entonces, la acción materna significaba una praxis social, cultural, política, religiosa, divina, y lo hacía en la continuidad de una misma acción material y simbólica. La conciencia

---

[80] Cf. Barbara G. Walker, *The Woman's Encyclopedia...*, *op. cit.*, p. 685.

social, ética, religiosa, epistémica y técnica de la humanidad primitiva nacía entonces del seno mater/real. Tal es, parafraseando a Irigaray, la procreación que nos ha sido secularmente prohibida y no urge recuperar no solo a las mujeres sino a la realidad en su conjunto.

3.4. Apuntes para una ontología mater/real

La propuesta de delinear una ontología mater/real busca sintetizar los tres grandes ejes abordados a lo largo de los capítulos precedentes. A saber: el eje especulativo en torno a un autodiferir no-dualista, inmanente y dinámico; el eje teórico feminista, deconstructivo de los supuestos falogocéntricos y reconstructivo de una nueva cultura; y el eje arqueológico —ontogenético y filogenético— de una conciencia primitivamente anclada al sentido matricial de la existencia. Cerraremos entonces este capítulo con el esbozo de un modelo ontológico y ético elaborado a partir del cuerpo materno: un cuerpo que supera en sí y por sí mismo todo dualismo, que no es ni simplemente uno ni excluyentemente dos, un cuerpo desdoblado, mediado, conceptivo y creador que puede a la vez contener y parir, abrigar y soltar, nutrir y dar nacimiento a la alteridad. Una ontología matricial no habla simplemente de las mujeres, sino esencialmente del ser en general, medido por la lógica concreta y originaria del cuerpo en/por cuerpo materno/filial, es decir, de un cuerpo que no es ni uno ni dos, sino siempre lo tercero de su continuo diferir y relacionarse. Concebir lo real a partir de la concepción materna supone restituir el ser a su condición naciente, medial y recíproca. Elizabeth Grosz habla en este sentido a una "nueva metafísica",[81] que es para Battersby una "metafísica de la carne",[82] diseñada a la medida de esa "madre-materia"[83] generadora de vida universal.

En una primera aproximación fenomenológica, podríamos describir el cuerpo matricial como una sujeta descentrada, desdoblada o reduplicada, radicalmente escindida y recíprocamente recuperada en su alteridad como identidad diferida y relacional. Si a la materia en general se le aplica la clásica definición de partes *extra* partes, eso se aplica

---

[81] Elizabeth Grosz, *Becoming Undone…*, *op. cit.*, p. 100.

[82] Christine Battersby, *Phenomenal Woman…*, *op. cit.*, p. 2.

[83] Luce Irigaray, *Espéculo…*, *op. cit.*, p. 150.

dialécticamente al cuerpo matricial, exteriorizado en su mismidad inmanente. Siguiendo la fenomenología de Iris Marion Young,[84] podríamos describir a la sujeta del embarazo como una identidad dialéctica, negada en los términos de lo simplemente uno y recuperada en los términos de la alteridad radical. Los movimientos internos de su matriz pertenecen a una alteridad radical, por la cual vive y se realiza como identidad mater/real, internamente diferida. Frente al paradigma dualista de un todo y totalmente Otro erecto en trascendencia inconmensurable, la identidad materna expresa la reduplicación inmanente de lo uno, el desdoblamiento de lo simple y repetición diferida del origen. Su materialidad es propiamente mater/realidad porque ella no subsiste en la claridad y solidez sustancial, sino que acontece continuamente en el diferir relacional de un dinamismo inacabable.

En la dualidad matricial, la diferencia está contenida en y por lo tercero de una unidad dinámica y recíproca. La filiación no se sostiene en sí misma sino en su concepción y contención materna, como tampoco lo materno se sostiene en sí mismo sino en la continua fecundación filial; lo tercero de tal acción recíproca es la verdad originaria de ambos, su mutuo reconocimiento ontológico. No se trata por lo tanto de dos entidades sustanciales extrínsecamente conectadas como causa y efecto, sujeto y objeto, principio y fin, sino de una misma relación diferenciante, recíprocamente mediada por su alteridad. Esto significa, en otras palabras, que en el origen absoluto de lo real no es el fundamento trascendente del Otro ni el *Encore* de una Realidad indecidible, sino el desdoblamiento matricial inmanente continuamente inscripto en lo real. Mientras que la metafísica falogocéntrica se sostiene en el dualismo de causa-efecto, sujeto-objeto, presencia-representación, fundamento-metáfora, etcétera, la inmanencia matricial avanza supone una ontología de la mediación universal, tal como las pensadoras de Diotima la concebían y la mítica primitiva la inscribe.

Cuando el origen es desdoblamiento inmanente en lugar de causa remota e inaccesible, su destino es el de retornar siempre como deseo, fecundidad y creación. La repetición de lo sido en la diferencia de su devenir retroactiva el pasado en presente actual y activo, y el futuro, en un continuo *regressus ad uterum*. La circularidad del dinamismo matricial

---

[84] Cf. Iris Marion Young, *On Female Body Experience…*, *op. cit.*, pp. 44 ss.

sobrepone a todo fin un nuevo comienzo y así opera una continuidad esencial que Luce Irigaray describe como el "círculo" o "ciclo de la madre",[85] renovado en su constante mediación. Para una metafísica matricial, así como para Colette Soler, "el primer amor es siempre el segundo",[86] en la medida en que lo segundo no es sino la memoria constante de sido, el pasado de su creadora repetición.

Por el otro lado, una ontología mater/real supone una concepción dinámica y autopoietica de la materia, continuamente restituida a su virtualidad inagotable como sujeta de un diferir transformador infinito. La materia constituye ese sustrato indeterminado capaz de determinarse en el nacimiento de la diferencia por su propia parición. Mientras que el acto perfecto y trascendente sobre el cual se fundan los sistemas falogocéntricos acaba en sí mismo, la potencia autoactiva de la materia matricial in-existe en una virtualidad infinita e inagotable siempre en proceso de dar a luz la alteridad radical.

La materia contiene y produce sus propias formas a lo largo de continuas autodiferenciaciones que podríamos denominar –siguiendo los nuevos materialismos ontológicos– no-materiales, mas-qué-materiales o des-materializantes, en el sentido de una negatividad reflexiva que desdobla la materia en una nueva creación. La negatividad transmaterial de la materia deviene fuerza simbólica, histórica, cultural, autoconsciente, espiritual, cuyas configuraciones expresan la reflexión negativa del sujeto material, su parto simbólico y su advenimiento diferencial. A este tipo de materialidad la denominamos en rigor mater/real en alusión a su capacidad de desdoblamiento conceptivo.

La interesante interpretación histórico-especulativa de la esferología sloterijkiana lee la construcción de la conciencia primitiva a partir del modelo esférico matricial, determinado por la inmanencia, materialidad y reciprocidad medial de los opuestos. El *continuum* esférico de Peter Sloterdijk concibe la díada primitiva en el seno de la unidad original, lo cual le permite al autor superar los dualismos metafísicos y sicoanalíticos que ubican el fantasma materno en la lejanía de un objeto primordial perdido, inaccesible y abstractamente metaforizado por la fallida

---

[85] Luce Irigaray, *Espéculo…*, *op. cit.*, p. 150.

[86] Colette Soler, *Lo que Lacan dijo de las mujeres. Estudio de sicoanálisis*. Buenos Aires, Paidós, 2010, p. 301.

cadena de significantes fálicos. En lugar de la relación especularizante entre el sujeto castrado y el objeto inconmensurable, la estructura constitutivamente medial del uno esférico afirma el desdoblamiento inmanente de una misma acción devenida alteridad: mutuo reconocimiento y construcción recíproca. La estructura diádica de lo uno restituye la simple ex-sistencia puesta fuera de la nada y de la causa a la inmanencia de una continua in-existencia y co-existencia relacional.

Sloterdijk le asigna a la esfericidad ontológica un doble dinamismo autodiferencial tensionado entre la acción de "cobijo y rotura",[87] es decir, entre la parición que separa y el vínculo que une. El cobijo actúa como sustrato uno y omnienvolvente; la rotura, como parición diferenciante de la díada primitiva, conservada sin embargo en la inmanencia de aquel. Ambos impulsos se niegan mutuamente a fin de sostenerse por reciprocidad en la intimidad de la acción esférica/medial. No hay rotura que no se inscriba en la unidad ni cobijo que no contenga la separación. Su desdoblamiento retorna como unidad diferencial en el abrazo que envuelve, nutre y arrulla. La madre parida retorna como pecho nutricio; el hijo parido, como instinto filial; ambos aferrados a una íntima y secreta matriz que los entrelaza a la vida. El *symbolon* de la esfera contiene así la díada de una identidad que es siempre tres, nunca una ni dos.

Partir un ser en dos seres, convertir su rotura en continente esférico y la esfera en diferencia absoluta, es lo que se dice nacer. Y cuando un ser se pare en dos, en el medio nace el mundo. El universo esférico «nace» del cuerpo en/por cuerpo matricial, y su nacimiento es tanto la rotura más íntima y profunda que el ser pueda concebir, cuanto su cobijo más sagrado y divino. Nacer significa, dice Sloterdijk, "venir de adentro",[88] de lo interior, en orden a in-existir en una tercera dimensión esférica, ampliada y extendida a un nuevo espacio transicional de inhabitación. A la exterioridad falogocéntrica de un ser arrojado al mundo, el nacimiento le ofrece la intimidad esférica que acoge y abriga su in-existencia y a la eyección metafísica le ofrece el arquetipo de la matriz intrauterina. El pensamiento feminista de la diferencia no ha dejado de insistir en la necesidad de pensar radicalmente el nacimiento como

---

[87] Peter Sloterdijk, *Esferas I. Burbujas. Microesferología*, trad. Isidoro Reguera. Madrid, Siruela, 2003, p. 297.

[88] Peter Sloterdijk, *Esferas I...*, *op. cit.*, p. 300.

concepto disruptivo de la lógica fálica, es decir, como el no-lugar de aquella. Concebir el nacimiento como origen ontológico significa concebir una realidad que no ha sido hecha de la nada, ni eyectada *ad extra* de la causa primera, ni caída de la perfección ideal, ni degenerada por la materialidad sensible. Su nacimiento significa que lo real es concebido, gestado y contenido en la intimidad medial y autoactiva del sustrato vital. Y lo nacido es siempre tres, nunca dos, porque su identidad es diferencial, relacional y recíproca.

La estructura constitutiva del ser naciente es de naturaleza medial, porque la parición de la unidad da siempre tres, nunca dos, y a la sazón comenta Sloterdijk que "solo una elaborada teoría de la mediación sicosomática podría llevar un día a representar el íntimo tejido de la díada más temprana".[89] En el mismo sentido, debe decirse que solo una elaborada teoría medial podría expresar las díadas más tardías, las más complejas y universales. También en este caso, el modelo del nacimiento supera el dualismo sujeto-objeto para concebir lo real por expansión metonímica del radio esférico original siempre repetido –restituido/sustituido, conservado/transformado– en nuevos espacios de in-existencia que van desplegando progresivamente las virtualidades del ser. El nacimiento configura la existencia en relación triádica "yo-madre-universo",[90] y es así que su parición libera la posibilidad de desear, gozar, crear, expandirse.

Cuando el nacimiento es concebido en los términos de una materialidad íntima y medial, el parto del origen se parece más a una expansión vital que a la expulsión culpógena del dualismo, eyector de edenes perdidos y tierras malditas. El parto del nacimiento no opera como mera separación sino como rotura medial o transición esférica hacia un nuevo espacio de cobijo, nutrición y crecimiento. Su diferencia vale de manera arquetípica como reciprocidad y reconocimiento vital, sin los cuales la existencia humana no es ni posible ni real, por el simple hecho de ser efectivamente relacional. Su partición es siempre tres y del tres nacen todas las cosas: yo, mundo y palabra. El primer nacimiento es también el segundo, el siguiente y los otros tantos partos y renacimientos en los

[89] Peter Sloterdijk, *Esferas I...*, *op. cit.*, p. 272.
[90] Cf. Diotima, *Il cielo stellato dentro di noi...*, *op. cit.*, p. 27.

cuales la in-existencia amplía continuamente su cuerpo-en/por-cuerpo relacional.

En última instancia, la resignificación ontológica del nacimiento es inseparable de la resignificación de la muerte, su contracción dialéctica. Nacimiento y muerte, seno y tumba, determinan los opuestos dialécticos e inseparables de la esfera matricial, cuyo destino es la eterna circulación sobre su eje. La muerte es fin de la vida solo a los efectos de volver a ser, en su misma negación reflexiva, el medio de su eterna repetición. La interiorización dinámica de la muerte como negatividad reflexiva inmanente supone la continuidad de su presencia en medio de toda transformación y devenir. Incorporar la muerte al seno reflexivo de la vida significa que no marchamos hacia ella como el fin definitivo de un movimiento lineal, sino que vivimos, nos movemos y pensamos circularmente en su continuo desdoblamiento vital. Una ontología matricial reconoce el ser-para-la-muerte en la misma medida que reconoce, en la muerte, el ser-para-la-vida y la regeneración.

Para una ontología mater/real, en el principio era el mutuo reconocimiento matricial y no hay nada –ni amo, ni esclavo, ni lucha a muerte, ni guerra, ni Padre, ni gran Otro– nada anterior a ese desdoblamiento y reciprocidad esenciales a los que vive apegada la existencia. Cuando la relación intersubjetiva materno-filial se ofrece como paradigma de mutuo reconocimiento, ella sola desmiente la preponderancia del otro como amenaza y destrucción, eje de la ideología patriarcal. En y por la relación materna, la hija/o vive, se alimenta, respira. En y por la relación filial, la mujer es creación y fecundidad. Entre ambos se abre esa intimidad entrañable de la cual nace el universo por eterna sustitución de lo sido. Una ontología mater/real se desplaza metonímicamente por su propia fuerza hacia el elemento ético y político del ser, esto es, de un ser en absoluto decir sí a la fuerza vital.

3.5. Apuntes para una ética mater/real

La ontología del seno materno se proyecta hacia una ética inmanente y material, afirmada en los valores que la corporalidad matricial expresa, a saber: la expansión vital, el reconocimiento inmediato de la diferencia, la acción recíproca, la virtualidad creadora del deseo y, a la postre, la fragilidad, dependencia y ocaso de la finitud. Todo aquello que el dualismo falogocéntrico excluyó de la bondad ética y la perfección ideal, la ética matricial lo restituye al dinamismo libre, creador y esencialmente inocente de la subjetividad material.

La expoliación falogocéntrica del lugar de origen resulta consustancial con una criminalización ontológica ordenada a supeditar lo que es a lo que supuestamente debería ser en nombre de un ideal superyoico, censurador y culpógeno. Como veíamos páginas atrás, el mito fundacional del patriarcado, común a un sinnúmero de tradiciones y narraciones antiguas, consiste en identificar el nacimiento con la caída del verdadero origen trascendente. Pecado, culpa, exilio, expulsión del estado de perfección y condenación de la existencia son algunas de las categorías dirigidas a justificar la degeneración e inautenticidad del mundo material y finito. Tal degeneración es el presupuesto ético-ontológico habilitante en términos biopolíticos del sistema de control y disciplinamiento que el patriarcado espació universalmente bajo la modalidad atenuada de prohibiciones, mandamientos y leyes, o bien al modo más contundente de lapidaciones, persecuciones, asesinatos, cárceles, guerras, cruzadas, inquisiciones, hogueras, etcétera.

Lo cierto es que esa suerte de criminalización y penalización ético-ontológica está ausente de la conciencia primitiva, cuyos registros arqueológicos y míticos expresan, por el contrario, la celebración del nacimiento, la sacralidad de la vida y el culto de un eterno renacer. Cuanto más se retrocede en la filogénesis de la conciencia humana, más contundente resulta la certeza de una realidad saturado de vida y divinidades. El *ethos* de la conciencia primitiva es consustancial con la afirmación de la existencia, la tierra, el mundo, el nacimiento y la renovación continua del todo. En comparación con la ética falogocéntrica posterior, Joseph Campbell observa que "en la mitología de los primitivos no hay semejante crítica moral de la vida y el mundo como en las doctrinas de la caída, y por lo tanto ningún tema de restauración".[91] Por el contrario, la ética primitiva consiste en vivir y, después de la muerte, en volver a nacer en este mundo y repetir eternamente su fuerza de realidad. De ahí esa actitud de reverencia cósmica que atraviesa el alma primitiva e inflama su conciencia con un misterio terrible, celebrado en la intimidad de cada nacimiento.

[91] Joseph Campbell, *The Masks of God…., op. cit.*, p. 207.

La condición ontológica que hace posible la afirmación ética de la vida consiste en el reconocimiento de su integridad e inocencia originales en virtud de su inmanencia mater/real. El cobijo/rotura del seno materno recrea un modelo existencial y ético correspondiente con la inocencia lúdica y creadora de la primera infancia, ignorante del bien y del mal. La inocencia del origen significa, ontológicamente hablando, que toda realidad pertenece al dinamismo infinito de la vida y está por él justificado. Mientras que la creación *ex nihilo* del Dios trascendente y su paternidad espiritual *semper incerta* se tradujeron en un compendio de mandamientos y prohibiciones a través de los cuales el hijo debía demostrar la legitimidad de su filiación, la parición mater/real se traduce en una existencia inocente y lúdica, convalidada de manera incondicional en su misma creación. La madre afirma *a priori* con, por y en su propio cuerpo la identidad del origen y la legitimidad de su filiación. Su convalidación absoluta hace posible la expansión de la vida en términos de inocencia lúdica y creadora. Si la ética patriarcal condiciona el valor al cumplimiento del deber y la ley, la ética de la inocencia transvalora el deseo y el goce más allá del bien y del mal.

La ética mater/real concibe el ser en términos de acción libre y su libertad es energía lúdica, creadora y expansiva. El dinamismo de su creación repite la mediación matricial, sustituyente/restituyente de la vida en su diferir siempre nuevo. El juego creador solo es posible en el medio de la relación materno-filial, que autoras como Jessica Benjamin o Christina Wieland denominan –siguiendo a Donald Winnicott– "espacios potenciales" o "transicionales",[92] donde el niño libera su fantasía y deseo creador a la espontaneidad de su energía. Los espacios transicionales son, por identidad esférico/medial, determinaciones íntimas, intersubjetivas, inhabitaciones o in-existencias relacionales en las que se produce simultáneamente la unidad y la diferencia, el cobijo y la rotura, el apego y el parto. El espacio transicional independiza al sujeto en el seno de la relación, afirma su autonomía en el medio del círculo matricial por acción recíproca de la libertad, que contiene y suelta a la vez.

[92] Cf. Jessica Benjamin, *A Desire of One's Own: Psychoanalytic Feminism and Intersubjective Space*. Milwaukee, Center for Twentieth Century Studies, 1985, p. 16. También: *Shadow of the Other. Intersubjectivity and Gender in Psychoanalysis*. Nueva York & Londres, Routledge, 1998, p. 29; Christina Wieland, *The Undead Mother. Psychoanalytic Explorations of Masculinity, Femininity and Matricide*. Londres, Karnac Books, 2002, pp. 211-12.

Los espacios mediales, transicionales o esféricos en los cuales acontece la espontaneidad lúdica se alimentan de la energía matricial del origen, transpuesta por el juego en una nueva creación. En esos espacios la subjetividad se descubre como potencia libre y creadora en relación esencial con la alteridad materna, sea esta la madre biológica o cualquier otra autoridad sustituyente/restituyente de aquella. El juego crea subjetividad y lo paradójico de su creación consiste en estar siempre mediada por el reconocimiento materno como por una afirmación fundacional. Jessica Benjamin[93] comenta al respecto que el juego espontáneo de la infancia exige como condición de posibilidad la presencia de un no-yo maternal que lo afirme y reconozca antes de que el sujeto pueda reconocerse a sí mismo. La mirada de la madre habilita un ámbito de contención y cobijo en el cual el/la niño/a construye lúdicamente su deseo y subjetividad.

Para una ética de la inocencia matricial, el juego repone la primera y original creación, y de allí su transvaloración ética como vehículo de vitalidad. La escena lúdica primordial, ese eterno *fort-da* de la infancia del cual hablaba Irigaray, no se cansa nunca de repetir la *metr(ic)a* espontánea del sustrato vital, su eterno estado naciente. El niño inventa el sentido de lo realidad en la invención del juego mismo como por un desdoblamiento esencial. No hay prohibición, ni ley, ni decálogo *a priori* capaz de disciplinar el ritmo de lo que fluye libremente en su propia métrica mater/real. Solo el juego contiene la suficiente libertad capaz de deconstruir y desaprender viejos códigos disciplinarios a fin de reinventar nuevas formas culturales a la altura de una vida en permanente transformación. La plasticidad con la que se inventa a sí mismo transpone éticamente una materialidad infinitamente conceptiva, cuya virtualidad inagotable nomadiza sentidos y valores, deseos y goces en constante parición. Frente a la elección deliberada del bien objetivo –baluarte moral del patriarcado y su tabla de valores– la acción lúdica de la inocencia dibuja cielos, dolores y goces a su propia medida vital. Se trata aquí una ética de pies ligeros y danzantes, de rondas, corros, caprichos y manías. Una ética mater/real en fuga y celebración. La ontología matricial deriva en una ética de la afirmación pura, porque no puede sino afirmar y crear aquello que inhabita el origen. La relación

[93] Cf. Jessica Benjamin, *A Desire of One's Own…*, *op. cit.*, pp. 16-19.

mater/real bendice el nacimiento, consagra su inocencia y abre libre juego al existir. Bien lo sabía Deleuze cuando instituía el devenir-mujer en el origen de todo devenir, para afirmar entonces el devenir-niño del filosofar. Esa afirmación pura del niño/a, ese santo decir sí se convierten en el *ethos* de un mundo restituido a su origen. Porque las/os niñas/os –decía Muraro[94]– no cambian placer por poder, deseo por deber, ni goce por culpa, en ellos/as reside el punto del discrimen capaz de refundar el sistema cultural hegemónico. En ellas/os y en ese origen mater/real que apega a la vida.

3.6. Algunas conclusiones

Cerramos aquí un capítulo que intentó ser histórica y conceptualmente arqueológico, o bien, filosóficamente histórico y religioso, con el objetivo de desentrañar algunos de los principales mecanismos conceptuales que construyeron el sistema falogocéntrico sobre el olvido del sustrato matricial. La primera parte del capítulo se abocó a una tarea de deconstrucción cultural centrada en la hipótesis matricida como núcleo duro del patriarcado. La llave estratégica de la hegemonía falogocéntrica consistió en convertir la generación materno/material/matricial en degeneración universal: lugar de la caída, el exilio, la corrupción y el pecado. El vaciamiento conceptual de la materia, la maldición original del seno materno, la atribución de pasividad y la castración esencial de lo femenino conformaron el andamiaje ideológico para la sujeción política y cultural de las mujeres, a quienes una negatividad constitutiva les impedía devenir sujetas activas y autónomas.

La segunda parte del capítulo se propuso reconstruir el sustrato primitivo sobre el cual operó la expoliación falogocéntrica del origen en términos filogenéticos y ontogenéticos, ontológicos, éticos y religiosos. Uno de los rasgos específicos del sustrato matricial consiste en su dinamismo circular y cíclico, por el cual no yace meramente perdido en un pasado histórico o prehistórico inaccesible, sino que in-existe presente y activo en el devenir material al modo de un continuo dar a luz. La relación matricial, comenta Irigaray en este sentido, es "la relación a la vez

---

[94] Cf. Diotima, *Oltre l'uguaglianza…*, *op. cit.*, p. 16.

más arcaica y más actual",[95] porque su historia no es lineal, sino circular e inmanente a una vida diferencial eternamente repetida. Primitividad y contemporaneidad coinciden así en la actualidad del origen matrístico, susceptible de la múltiple elaboración que intentamos esbozar en estas páginas, a saber: prehistórica, arqueológica, antropológica, mítico-religiosa, biológica, síquica, intersubjetiva, ética, lógica y ontológica. El arquetipo materno/materia/matricial comprende simultáneamente esa heterogeneidad epistémica sin reducirse exclusivamente a ningún campo de sentido.

Desde el punto de vista cronológico, la relación materna es tan arcaica como la conciencia primitiva de la humanidad, autorreflejada en su origen matricial. La simbólica de esta primera infancia histórica da cuenta de un monismo hilozoísta articulado en torno al nacimiento cíclico del universo como eje significante. A imagen y semejanza de sus Diosas matriciales, las sociedades prehistóricas despliegan una cultura de apego a la vida, abocada al cuidado de sus ciclos de renovación periódica y consagrada a su potencia creadora. Desde el punto de vista subjetivo, la relación materna es tan arcaica y actual cuanto el uno-todo inconsciente que precede toda experiencia, acción y representación de la conciencia individual. También en este caso, el inconsciente matricial constituye ese sustrato indeterminado del cual emergen y al cual retornan las múltiples y heterogéneas diferenciaciones de la finitud.

Por último, desde el punto de vista ontológico, la relación materna expresa el devenir inmanente de una identidad cuya parición es siempre tres, nunca dos, y cuya triplicidad alberga la alteridad de lo uno. Mientras que la metafísica tradicional se funda sobre el principio de la identidad simple, abstracta e inmediata, la ontología mater/real subsiste en el desdoblamiento de la identidad, contradicha por su propia negación reflexiva que es concepción y nacimiento. En el origen matricial es la mediación, el parto y la in-existencia de un mundo al abrigo de su seno. Por concepción mater/real, el ser viene de adentro, es dado a luz y su vida repite la reciprocidad de lo originario. Cuando el continuo materno inhabita el origen, la inocencia de lo real es inmediata y sin condiciones de legitimidad. A esa inocencia ontológica le sigue la

---

[95] Luce Irigaray, *Le corps-à-corps avec la mère...*, *op. cit.*, p. 29 ; cf. también Michelle Boulous Walker, *Philosophy and the Maternal Body...*, *op. cit.*, p. 163.

inocencia ética de una libertad que quiere y sabe jugar en paz. Una libertad inocente, dispuesta al juego creador de la diferencia, expresa la última y decisiva acción recíproca del origen matricial.

Al fin de cuentas, entendemos que el intento de una arqueología materna/material/matricial no vale meramente como revisión histórica o reconsideración de hechos pasados, sino que conserva el valor actual y activo de un presente y un futuro transformadores, cuyo sentido resulta retroactivo al origen. Porque el origen sigue siendo futuro, consideramos que la única manera de sobrevivir a la aniquilación falogocéntrica consiste en retroceder a la potencia mater/real.

CAPÍTULO 4
Resonancias ecofeministas

La cuestión ecofeminista emerge por expansión *quasi* natural de lo desarrollado hasta aquí conforme con algunas razones mater/reales. Primero, porque una memoria arquetípica insondable asimila el universo entero a un seno infinito, la tierra a una gran madre y la energía de la naturaleza al poder mágico de la procreación. En este sentido, aludíamos páginas atrás a la continuidad metonímica de la metra matricial con los ritmos cíclicos del cosmos y el orden de la justicia universal. Segundo, porque la concepción ontológica del sustrato mater/real supone la inmanencia radical y, por lo tanto, la participación de todas las cosas en una misma energía vital. Tercero, porque la praxis del diferir sexual alcanza con el ecofeminismo su determinación decisiva en tanto que mediación y medida universales. Cuarto y último, porque si el feminismo se mantuviera en los parámetros androcéntricos de un ego claro y distinto, deliberativo y parlante, su proyecto emancipador perdería la radicalidad de la ginergia vital que lo alimenta para permanecer en el dualismo falogocéntrico.

Uno de los volúmenes colectivos de Diotima titulado *El cielo estrellado dentro de nosotras* afirma la universalidad medial del arquetipo mater/real con las siguientes palabras: "la imagen del cielo estrellado dentro de nosotras expresa que la medida del cosmos la encontramos en nosotras mismas, porque el orden de la madre está tanto dentro como fuera de nosotras".[1] En clara contestación al dualismo kantiano –que disponía el cielo estrellado afuera y el orden moral adentro–, Diotima establece la reciprocidad de todas las cosas en un mismo ordenamiento materno/material. Por eso mismo, el orden de la madre referido a lo largo de estas páginas no es una metáfora maternalista, ni un significante vacío, ni una supermadre superyoica. Se trata, por el contrario, de un dinamismo

---

[1] Diotima, *Il cielo stellato dentro di noi…, op. cit.*, p. 7.

concreto, inmanente, dialéctico y relacional, determinado por esa *metra* absoluta que es tanto identidad como diferencia, intimidad y exterioridad, particularidad y universalidad en estricta repetición medial.

La superación del dualismo falogocéntrico por una inmanencia monista de tipo mater/real se expande por propio desdoblamiento conceptivo a lo que Braidotti interpreta como una suerte de biocentrismo, definido por la vitalidad esencial de todas las cosas. En este mismo sentido, la cultura de la vida mentada por Irigaray como proyecto refundacional o posfundacional del falogocentrismo expresa el punto de llegada obligado de los supuestos ontológicos que sostienen a los feminismos materiales y realistas de la diferencia sexual. Tal como hemos subrayado a lo largo de estas páginas, si el matricidio patriarcal impuso la desconexión universal del origen como fuente de energía vital y sentido, entonces su restauración matricial supone la reconexión con la vida en la totalidad de sus posibilidades de realización: humanas y no-humanas, materiales y más-que-materiales, cósmicas y divinas. Sobre esa reconexión vital se mueve el ecofeminismo y, en especial, el ecofeminismo de la diferencia que apuntaremos aquí.

Insistimos en que el ecofeminismo descrito en los siguientes párrafos se despliega en continuidad ontológica con los supuestos materialistas y dialécticos que hemos sostenido hasta aquí, para derivar las últimas implicancias de una inmanencia radical saturada de vida, de virtualidad, de mediaciones y reciprocidades esenciales. El ecofeminismo apuntado será entonces –por necesidad conceptiva y conceptual– posthumano o mejor, rigurosamente dicho, postandrocéntrico, mater/real y universal.

4.1. El ecocidio de la madre-tierra

La ruptura falogocéntrica del continuo matricial, la institución del dualismo espiritualista y la sustitución del logos inmanente por una idealización trascendente, sujeto abstracto de todo orden y medida, habilitó no solo la apropiación de las mujeres y su descendencia, sino también, por la misma avanzada matricida, el saqueamiento de los recursos naturales y la depredación de la tierra. La lógica ecocida de la dominación patriarcal nos pone hoy al límite de la sobrevivencia, en los márgenes de un sistema depredador y perverso que ha convertido al hombre en lobo del hombre, de sus hijos y del cosmos.

Cada vez son más visibles los efectos devastadores del ecocidio patriarcal perfeccionado por la carrera tecnocapitalista. El calentamiento global antropogénico alcanzará en breve 1,5 grado más del que tenía en los niveles preindustriales, de lo cual se prevé una nueva era climática con fenómenos extremos como inundaciones, sequías, olas de calor e incendios forestales. A esto se suma la eliminación de bosques, la contaminación de aguas y suelos, los efectos del monocultivo y los abusos energéticos entre otros tantos desequilibrios ambientales producidos por decisión humana. Mientras tanto, el negocio agroexportador avanza, el patentamiento de semillas transgénicas y la venta de agroquímicos y herbicidas con glifosato van en aumento. El monopolio agroalimentario en manos de unas pocas empresas como Monsanto, Cargill, Dreyfus, Syngenta o Bunge agrava el problema alimentario mundial: los pequeños minifundios locales quiebran, las corporaciones transnacionales crecen exponencialmente y las élites políticas complotan con los intereses económicos de turno. Valgan estos pocos indicadores de la amenaza mortal que se ciñe sobre la tierra en manos de un sistema de apropiación que comienza en el seno materno y termina por convertir la vida misma en *commodity*.

El ecocidio al que asistimos es obra de la dominación androcéntrica y su efecto recae de manera diferencial sobre las mujeres, cuya condición de subordinación económica y cuidadoras domésticas las expone a una mayor vulnerabilidad, precariedad y pobreza. Las mujeres poseen 1 % de la riqueza mundial, el 2 % de los medios de producción y ganan el 10 % de los ingresos constituyendo sin embargo más del 51 % de la población mundial y teniendo a su cargo el doble o triple trabajo reproductivo, productivo y solidario. Huelga especificar en qué manos está el 99 % del capital mundial, el 98% de los medios de producción y el 90 % de los ingresos y la representatividad política, las mismas manos que explotan y derrochan enormes cantidades de energía en combustibles de autos, aviones, tecnologías de punta, etcétera; las mismas que gestionan los acuerdos políticos de las grandes corporaciones y manejan la carrera armamentista. Mientras tanto, millones de mujeres no tienen ni agua ni comida para alimentar a sus familias, sufren inundaciones o sequías que diezman su hábitat, conviven con suelos contaminados o devastados, y administran los pocos recursos de la economía doméstica para poder, en el mejor de los casos, sobrevivir. La gravedad de la situación global ha comenzado a inquietar al poder político institucionalizado, que oficia de juez y parte del problema. En el lapso de cuatro décadas, se han multiplicado de manera exponencial las conferencias, declaraciones, documentos e informes en materia ambiental, y hasta han surgido al respecto tribunales de opinión o asambleas deliberativas. La primera Conferencia de las Naciones Unidas sobre Medio Ambiente y el Desarrollo (Estocolmo-Suecia, 1972), lo mismo que la Carta Mundial de la Naturaleza (Nueva York, 1982) y la Declaración del Derecho al Desarrollo de la ONU (1986) adolescen por completo de perspectiva de género o desagregación sexual alguna en materia de cuidado ambiental. No obstante, a partir de la segunda Conferencia de Naciones Unidas (Río de Janeiro, 1992) empieza a visibilizarse y desagregarse el rol de las mujeres en el manejo y desarrollo ambiental a través de programas específicos como Agenda XXI. La tercera Conferencia de Naciones Unidas (Sudráfrica, 2002) propone medidas internacionales de potenciación y emancipación de las mujeres a fin de alcanzar un desarrollo sostenible y equitativo. Cabe mencionar también en materia alimentaria el Protocolo de Nagoya que acuerda conservar la biodiversidad, y resguardar el acceso e intercambio público de los recursos genéticos y tecnológicos. Este último convenio permanece aún a la espera de ratificación por parte de los Estados Unidos de América.

El panorama actual apura algunas reflexiones. La primera recae sobre la insostenibilidad del modelo de producción y consumo androcéntrico y la urgencia de explorar un nuevo paradigma sustentable desde el punto de vista socioambiental, ético, económico, etcétera. La segunda reflexión recae sobre la insuficiencia de los modelos ecológicos que se solidarizan con la naturaleza y buscan un desarrollo sustentable, pero sin cuestionar los principios falogocéntricos del paradigma hegemónico. La tercera y última recae sobre los supuestos ontológicos de una vida sustentable y cuidada, lo cual nos retrotrae al pensamiento ecofeminista y nos lleva a plantear una transvaloración ética, política y ontológica tan radical como la que trazaremos en las siguientes páginas.

4.1.1. Génesis del feminismo ecológico

El ecofeminismo nace en los Estados Unidos durante la década del '70 y en el marco de la segunda ola feminista, aunque su denominación procede de la feminista francesa Françoise d'Eaubonne, quien en *Le Féminisme ou la mort* (1974) lo aplica a la confluencia teórico-práctica entre el feminismo y el movimiento verde, medioambiental o *deep ecology*. La alianza entre feminismo y ecología buscaba corregir la los visos androcéntricos de ambas corrientes, sintetizándolas en un tercer movimiento integrador y superador.

En el caso de la *deep ecology*, su crítica a la objetivación y explotación de la naturaleza como patrón de conducta y su intento por construir un modelo de desarrollo sustentable capaz de garantizar la calidad de vida de todos, ignora por completo el sesgo androcéntrico del supuesto humanismo neutro y equitativo que la inspira. En líneas generales, el movimiento verde o medioambiental conserva la posición dominante del sujeto viril, calcado sobre una racionalidad esclarecida y reguladora del orden universal, aun cuando se trate de una regulación suave, solidaria y humanizada. El sujeto racional-ecológico se ubica en el centro del mundo que sería su hábitat, su casa o el receptáculo pasivo de su vida y creación cultural, y desde tal centralidad ordena acciones más o menos solidarias con la exterioridad natural. Ese sujeto dispone de la medida humana como vínculo universal con todas las cosas en una suerte de modus operandi que Rosi Braidotti denomina "panhumano"[2] y que podríamos precisar como panandrógeno.

La incorporación del pensamiento feminista al movimiento ecológico apunta a la radicalización crítica del modelo falogocéntrico, y a la integración de la naturaleza y las mujeres a un mismo patrón dominante. La devastación de la naturaleza sería algo así como la versión cósmica de la dominación de las mujeres, ambas víctimas de una misma voluntad de apropiación unánimemente matricida, filicida y ecocida. En este sentido, el primer supuesto fundacional y común a los diferentes ecofeminismos consiste en la simetría entre la mujer y la naturaleza dentro de un mismo paradigma de control patriarcal, basado en la eliminación del principio mater/real y la desconexión del *continuum* vital.

Por el otro lado, la incorporación del movimiento ecológico al feminismo apunta a la universalización de la diferencia sexual en el sentido tanto de su significación ontológica respecto del ser en general, como del potencial disruptivo y creador de su inscripción en lo real. El

---

[2] Rosi Braidotti, *The Posthuman…*, *op. cit.*, p. 87.

ecofeminismo radicaliza por partida doble la crítica de los movimientos ecológicos y la autocrítica del propio feminismo a su reduccionismo humanista, sea de derecha o de izquierda. En este último sentido, Barbara Holland-Cunz[3] le responde al feminismo burgués e institucionalizado que la progresiva igualdad entre varones y mujeres ignora el vínculo social con la naturaleza, exponiendo así el mismo vicio dualista y falogocéntrico que pretende superar. A lo mismo apunta Mary Mellor[4] cuando asegura que un feminismo que reclame igualdad y equidad de derechos dentro del mismo sistema que nos está matando a todas/os es un absurdo. De ahí la exigencia de superar el falogocentrismo por una reconstrucción universal que alcance la materialidad humana y no humana, natural, más-que-natural y posthumana.

El ecofeminismo no es una escuela unívoca, sino una amplia y heterogénea corriente que abarca en su seno diversos posicionamientos teóricos y prácticos incluyendo desde el activismo político, la reforma social o el pensamiento teórico, hasta la praxis mística, espiritual y religiosa. En su versión, por así decirlo, clásica el ecofeminismo asume el postulado de la diferencia sexual y articula en torno a ella dos modelos de relación con la naturaleza: el masculino y el femenino. Pionera de esta línea es la feminista radical y teóloga Mary Daly (*Gyn/Ecology: The Metaethics of Radical Feminism*, 1978), seguida entre otras por Susan Griffin (*Woman and Nature: the Roaring Inside Her*, 1978). Otra es la perspectiva ecofeminista de corte más bien constructivista o culturalista, en la cual se ubican Val Plumwood (*Feminism and the Mastery of Nature*, 1993) y Carolyn Merchant (*The Death of Nature: Women, Ecology, and the Scientific Revolution,* 1980). El ala ecofeminista religiosa o espiritual está representada por Rosemary Radford Ruether (*Gaia and God: An Ecofeminist Theology of Earth Healing*, 1994), Carol Christ (*Rebirth of the Goddess: Finding Meaning in Feminist Spirituality, 1998*), Barbara G. Walker (*The Woman´s Encyclopedia of Myths and Secrets; Restoring the Goddess Equal Rites for Modern Women*) y Miriam Simos, apodada Starhawk (*The Spiral Dance: a Rebirth of the Ancient Religion of the Great*, 1999), para mencionar algunas tantas. Otras autoras como Mary Mellor (*Debt Or Democracy: Public Money for Sustainability and Social Justice,*

[3] Cf. Barbara Holland-Cunz, *Ecofeminismos*. Madrid, Ediciones Cátedra, 1996, pp. 35-38.
[4] Cf. Mary Mellor, *Feminismo y ecología*. México, Siglo XXI, 2000, p. 19.

2015) o Barbara Holland-Cunz abordan la dimensión subjetiva, social y política de la naturaleza misma. Amén de tal heterogeneidad, la construcción ecofeminista está atravesada por diversas disciplinas científicas que abarcan desde la prehistoria, la antropología o la economía hasta las últimas noticias científicas, tecnológicas y cibernéticas.

Una de las premisas comunes a las diversas lecturas ecofeministas consiste en la proximidad entre la mujer y la naturaleza, constatada por una tradición inmemorial y una praxis milenaria que constituyen la feminidad histórica. La asimilación mujer/naturaleza, madre/materia, seno/universo se basa en la actualidad creadora y nutricia del origen, inmanente ya al microcosmos de la vida individual, ya al macrocosmos del organismo universal, ya a la estructura ontológica de lo real. También el pensamiento falogocéntrico sostiene dicha analogía, pero degradada y desvirtuada por el dualismo racionalista que lo define. En efecto, bajo la superioridad trascendente del espíritu, el mundo de la naturaleza material se convirtió en el polo pasivo, oscuro, indeterminado y corruptor de la pureza ideal. Como hemos observado largamente en estas páginas, el dualismo metafísico materia-espíritu, naturaleza-cultura, mujer-varón, cuerpo-alma sostuvo durante milenios el andamiaje ideológico del matri/fili/ecocidio patriarcal.

La estrategia ecofeminsita reside justamente en recuperar esa ancestral asociación a fin de resignificarla y transvalorarla positivamente según el principio que ubica en el mismo punto la inversión de los contrarios. La clave resignificante consiste en superar el dualismo entre el reino femenino de la naturaleza, mudo y regresivo, y el reino viril de la cultura y la civilización por el monismo de una materialidad activa, positiva, vibrante y creadora, recíprocamente realizada en el mundo de la naturaleza y la cultura. La diferencia abstracta y excluyente entre la naturaleza y la cultura, la vida y el espíritu, el cuerpo y el alma queda así incorporada al dinamismo dialéctico, medial y continuo de una nueva identidad más-que meramente natural o cultural.

El ecofeminismo es tanto una concepción especulativa cuanto una praxis ética y política. En tanto que concepción ontológica, la opción ecofeminista es la de la inmanencia radical y material, cuyo sustrato opera por desdoblamiento autodiferencial. La materia ecofeminista es autopoietica, reflexiva y dialéctica, y por lo tanto ni mera sustancia ni mero receptáculo pasivo de los designios humanos, sino estrictamente sujeta de su propia emergencia no-material, cultural y espiritual. Ella se articula en continuidad relacional con múltiples configuraciones naturales, de las que emerge lo que Karen Warren llama un "concepto expandido de naturaleza",[5] mediado y atravesado por fuerzas conscientes, racionales, culturales, políticas, etc. En el mismo sentido, Jane Bennett se refiere a una "segunda naturaleza"[6] dialécticamente identificable con la cultura. Lo que prima en tal concepción es el dinamismo autodiferencial de materia, compuesto por flujos más-que naturales y más-que culturales, todos ellos imbricados en la actualización de una realidad siempre compleja, heterogénea y múltiple.

Como praxis ético-política, la propuesta ecofeminista consiste en transformar el modelo de triple explotación mujer/naturaleza/materia por una praxis de cooperación expansiva, cuidado y cultivo de la vida universal. Se trata en concreto de una ética material, vitalista y poshumana, que convoca de manera especial a las mujeres en virtud de su profunda conexión con la vida, su origen y mediación. No queremos decir con esto que las mujeres –sustancialistamente entendidas– estén más o menos cerca de la naturaleza que el varón, usando una medida comparativa, relativa y extrínseca a ellas mismas. Tal medición comparativa responde a un desafortunado paradigma dualista que insiste en leer la diferencia en los términos opuestos y jerárquicos de posesión o privación, superioridades e inferioridades. La cuestión de si las mujeres son más o menos próximas a la naturaleza está por lo tanto viciada y carece de respuesta. La cuestión concreta y válida consiste en la conciencia efectiva de una consustancialidad con el mundo material que las mujeres han expresado en una simbólica autónoma, hilozoísta e inmanente.

La proximidad y conexión con el mundo de la vida en el que las mujeres se han reconocido históricamente las pone hoy a la vanguardia de un nuevo giro cultural. Si el varón ha sido culturalmente el vencedor en la lucha a muerte por el poder, la mujer ha sido históricamente la artífice de la vida, su cuidadora y garante. Esto la pone hoy al frente del proyecto ecofeminista, al cual nos referiremos a continuación.

[5] Karen J. Warren, *Filosofías ecofeministas*, trad. Soledad Iriarte. Barcelona, Icaria, 2003, p. 56.

[6] Jane Bennett, *Vibrant Matter: A Political Ecology of Things*. Durham, Duke University Press, 2010, p. 115.

4.2. Ginergia y gin/ecología

Etimógicamente, *eco* viene de *oikos* –vivienda, habitación, sala, casa o patria– y se refiere al verbo *oikeo* –habitar, instalarse, estar situado–, ambos relacionados con la forma verbal *eoika* o *eika* –aoristo del verbo *eimi*: ser o existir–. De este modo, la raíz etimológica de *oikos* nos conduce a un modo de ser o existir en la forma de la inhabitación o in-existencia. Lejos de tratarse de una mera estancia exterior en cuyo espacio transcurriría la existencia, la etimología alude a una determinación inmanente, a un modo íntimo, constitutivo y relacional del propio ser. En el caso específico del ecofeminismo, dicho modo de ser o in-existencia es determinado por la identidad femenina en la medida en que su propia materialidad esencial lleva la marca del cobijo, la inhabitación, el alojamiento y la relación ontológica. Para el ecofeminismo, el *oikos* matricial define un modo de ser inmanente, recíproco y al cuidado de la alteridad.

El ecofeminismo encuentra en Mary Daly una de sus grandes iniciadoras, discípula del feminismo radical y lejana heredera del feminismo cultural americano. Su línea de pensamiento se desliza desde lo ontológico hacia lo místico-religioso y vuelta, bajo el símbolo de la Diosa como medio de intraconexión universal. La Diosa es *metra* y vehículo de esa energía vital participada por todo ser, que Daly denomina en rigor «ginergia» en referencia a su consistencia sexuada. La formación teológica de Daly le permite la crítica deconstructiva de las religiones patriarcales, basadas según ella en el mito de la maldad femenina como justificación ideológica del punitivismo y disciplinamiento falogocéntricos. La violencia del Dios Padre andromórfico produjo según la autora un sadoespiritualismo religioso de naturaleza necrofílica y misógina, responsable del programático vaciamiento y sujeción de las mujeres.

Sin embargo, más allá del Dios Padre, emerge para Daly el nombre de la Diosa como símbolo de "la activa participación en los poderes del ser. Como metáfora del meta-ser, ella significa acción, movimiento. Como Nelle Morton ha explicado, ella evoca un *shock*, un choque con la «lógica dada» e introduce una nueva lógica".[7] La

---

[7] Mary Daly, *Beyond God the Father...*, op. cit., p. xix.

Diosa simboliza la potencia vital inmanente a todas las cosas, esa ginergia multiplicada por partenogínesis mater/real. La ginergia es el lugar del origen, la gínesis activa del ser, medio y elemento de la vida, e instinto primario de su expansión. Daly la describe como creación, afirmación, impulso, pasión salvaje, potencia inconsciente y ancestral, anhelo de crecimiento y deseo de realización. De su virtualidad se alimenta el viviente cósmico humano y no-humano.

El ecofeminismo de Daly invita a las mujeres a liberar esa ginergia reprimida por la dominación patriarcal con la cual se liberan el ser y la vida en su totalidad. Se trata en rigor de una invitación ontológica, decidida a abrir nuevas inhabitaciones, nuevos tiempos e intensidades vitales, intelectuales, afectivas. Tal apertura ontológica constituye el supuesto de la gin/ecología daliana, propuesta como una filosofía radical capaz de transvalorar, transfundar y recrear la existencia. El feminismo gin/ecológico de Daly busca restituir el pensamiento a su origen energético elemental, material, específicamente telúrico y mundano, en el que todas las cosas se conectan, interactúan y simpatizan.

La gin/ecología de Daly, lo mismo que el ecofeminismo de Carol Christ, Susan Griffin, Rosemary Radford Ruether o Vandana Shiva entre otras, asume la diferencia sexual como categoría ontológica a partir de la cual resignificar el orden de un ser largamente expoliado de su sentido esencial. Sobre esta interpretación ecofeminista suele recaer la acusación de esencialismo, como si la única esencia femenina especulativamente concebible fuese la de una representación clara y distinta, eterna, abstracta, políticamente subordinada y superyoicamente ideal. En este sentido, Val Plumwood alude al mítico "ángel del ecosistema" [8] agraciada con los superdones de empatía, cooperación, afecto y generosidad, todos derivados de su biología reproductora. Al supuesto esencialismo biologicista se le opone así un constructivismo ecofeminista según el cual la relación privilegiada de las mujeres con la naturaleza se agota en la contingencia socio-política del paradigma cultural y lingüístico hegemónico. Autoras como Val Plumwood, Karen J. Warren o María

---

[8] Val Plumwood, *Feminism and the Mastery of Nature*. Londres & Nueva York, Routledge, 1993, pp. 9-10; cf. también Mary Mellor, *Feminismo y ecología…, op. cit.,* pp. 14-15.

Nieves Rico insisten en la performatividad cultural de la relación mujer-naturaleza, mero epifenómeno de las relaciones de poder político-economicista.

El culturalismo ecofeminista reedita así el dualismo del sustrato natural mudo, pasivo, subordinado a la acción significante del sujeto humano/viril, racional, parlante y por lo tanto social y político. Respecto de tal constructivismo, volvemos a insistir en cambio en el carácter no dualista, reflexivo y medial de la naturaleza misma, cuya energía material actúa sobre el sujeto del lenguaje, de donde concluimos con Mary Mellor en que "el ecofeminismo es incompatible con una posición social radicalmente constructivista",[9] tanto como resultaría incompatible con un esencialismo biologicista. De aquí nuestra insistencia en una materialidad dialéctica, desdoblada y mediada por su propia negatividad «más-que» material. Frente a la inviabilidad especulativa de la falsa alternativa esencialismo/constructivismo, viciada por una misma opción dualista, insistimos en la consistencia ontológica de la relación mujer/naturaleza, consistencia que no es ni naturalista ni culturalista, sino mater/real, es decir, diferenciadamente material. La ginergia marca el dinamismo efectivo de lo real, sus ritmos de expansión y contracción, sus ciclos de nacimiento y transformación. A lo largo de la historia, las mujeres han sido privilegiadamente medida, esencia y conocimiento de ese devenir creador, sin que esto signifique medirlas comparativamente con el varón como si la vida fuese prenda exclusiva y excluyente de las mujeres. Por el contrario, lo que las mujeres han reconocido obra cuya, es en efecto prenda y potencia universal.

Reconvertir la cultura a esa energía vital que la concibe, es el propósito central de la praxis ecofeminista.

4.3. El *continuum* dialéctico de la materia viva

El monismo ecofeminista que hoy retorna a la primera plana de la discusión ontológica, rememora tanto los viejos hilozoísmos primitivos como los últimos materialismos especulativos, ambos convencidos de una materialidad autopoietica en continua emergencia.

[9] Mary Mellor, *Feminismo y ecología...*, *op. cit.*, p. 19.

Según la argumentación sostenida en este trabajo, la autopoiesis material es obra de la estructura dialéctica de la materia, la cual habilita tanto la continuidad medial de su devenir, sostenida por una identidad inmanente, como la irrupción de lo diferente, novedoso e imprevisible. La dialéctica pone la negatividad en lugar de la identidad abstracta para recuperar lo negativo como fuerza de creación, lo cual posibilita la emergencia de lo no-material –léase, la conciencia, la autoconciencia, el espíritu, la cultura etcétera– en el seno de su autodespliegue vital. Sobre esa continuidad dialéctica de alcance universal hablaremos en estas líneas.

Para un monismo dialéctico, en el fondo último de todas las cosas hay una misma sustancia original que es, además de sustrato, sujeta reflexiva autodiferencial. Si se trata además de un monismo materialista, entonces resulta que la sujeta última de toda diferenciación reside en la capacidad autopoietica de la materia, comúnmente llamada energía. La energía es poder de realización material, virtualidad creadora infinita que Jane Bennett define –siguiendo la inspiración spinoziana-deleuziana– como la "esencia"[10] de la materia. En tanto que fuerza de realidad, la materia es sujeta agente y su agencia resulta, por inmanencia reflexiva y dialéctica, múltiple, heterogénea, diversificante. Yendo aún más lejos, la materia es también sujeta por su inteligibilidad e inteligencia inmanentes, fuente de medida, orden y sentido en consonancia con aquella *metra* inmemorial, ordenadora del universo. La materia codifica sus propias formas y no hay elemento alguno que no lleve inscrita su medida.

De la autopoiesis material depende la condición emergente, creadora o –matricialmente dicha– naciente del ser, y no hay causa trascendente o fundamento sustancial más allá de la espontaneidad de la materia que explique su dinamismo autodiferencial. El enredo de la materia en múltiples flujos de acción, complejos y transversales, determina la imprevisibilidad de sus efectos, el desvío o quiebre de sus modelos de producción, y la irrupción de lo nuevo que ningún cálculo científico es capaz de prever. Stacy Alaimo habla en este sentido de una agencia material "revoltosa"[11] que escapa a toda previ-

---

[10] Jane Bennett, *Vibrant Matter…, op. cit.,* p. 55.

[11] Stacy Alaimo, *Bodily Natures, Sciences, Environment, and Material Self.* Bloomington &

sión o anticipación intelectual, mientras que Jane Bennett se refiere a la "turbulencia"[12] incalculable del dinamismo material.

La inmanencia material elimina todo presupuesto causal trascendente para diferir el origen a la espontaneidad libre de la materia y la novedad radical de su in-existencia, siempre retroactiva a la circularidad de lo originario. El viejo modelo de idealidades puramente actuales, reguladoras del equilibrio cósmico y garantes de su estabilidad, se esfuma de este modo en múltiples virtualidades inmanentes que hacen del universo la posible novedad radical de cada día. La consistencia dialéctica de una materialidad negativa, no-idéntica a sí misma, desajustada y contradicha por su propia diferencia, explica esa instancia de caos e indeterminación que hace posible crear. La materia despliega su virtualidad inmanente en multiplicidad de flujos, formas, cuerpos, intensidades, territorios, superficies, partículas, etcétera, inmanentes a su diferir indetenible.

Las nociones de actualidad material, inteligencia y emergencia creadora permiten restituir al lugar del origen un viejo paradigma materialista muy anterior al saqueamiento falogocéntrico y muy próximo al hilozoísmo de la conciencia primitiva. Se trata de aquel inmemorial arquetipo para el cual la inmanencia es pura vida y el universo, un gran viviente divino. Valdría la pena recordar a la sazón la clásica distinción entre *bios*: vida biológica, contingente y temporal, y *zoe*: vida eterna y universal. La primera atañe a los individuos orgánicos particularmente considerados; la segunda atañe al dinamismo ontológico esencial, ejecutado por un cosmos vivo e inteligente que autorregula cada uno de sus miembros. Hoy como ayer, para el ecofeminismo todo vive, lo orgánico y lo no orgánico, lo material y lo más que material, por participación en una eterna *zoe* universal.

Todo está lleno de vida, incluso –detalla Bennett– la electricidad, la comida, la basura, los metales, los minerales, la lluvia, las ratas muertas, las tapas de botellas, los aparatos, el fuego, el clima, la tierra, etcétera.[13] Cualquiera de estas texturas materiales com-

Indianápolis, Indiana University Press, 2010, p. 115.

[12] Jane Bennett, *Vibrant Matter…*, *op. cit.*, p. 166.

[13] Ibid, p. 106.

portan fuerzas activas, afectivas y efectivas, dispuestas en inter- e intra-acción con otros tantos elementos materiales. La matriz vital que diferencia y multiplica todas las cosas también las hermana en recíproca unidad. Por eso en su seno todo se relaciona con todo, los opuestos alternan y la dialéctica recupera constantemente el medio del devenir. La discriminación abstracta entre lo exterior y lo interior, el medioambiente y la subjetividad, lo natural y lo cultural, etcétera, que los separa intelectivamente como si se tratase de bloques sustanciales accidentalmente vinculados, no resiste la prueba de la complejidad y heterogeneidad material, respecto de la cual cualquier acción excluyente resulta "intento fútil" por separar lo que mater/realidad conecta e identifica.[14]

La acción recíproca material no es la acción entre dos entidades sustanciales, ni la causalidad de una cosa sobre la otra, sino el desdoblamiento de una sola y misma acción en la dualidad de sus agencias, recíprocamente causa de aquella. En el *continuum* material, los cuerpos actúan el uno adentro del otro mediante intraacciones que son, en rigor, diferencias relacionales de sí mismos. Karen Barad denomina intraacción a "la mutua constitución de agencias enredadas"[15] que no preexisten a su recíproca realización, sino que emergen simultáneamente de ella. La intraacción de materialidades vivas, humanas y no humanas, deconstruye el falso dualismo de un medio-ambiente exterior a la agencia subjetiva, y afirma en su lugar la conceptualidad de "un campo ontológico sin demarcaciones inequívocas entre lo humano, animal, vegetal o minera".[16] Flujos relacionales sin solución de continuidad atraviesan y enredan todas las cosas en la complejidad y transversalidad de cuerpos intractivos en/por otros.

El paradigma ecofeminista de un continuo material en recíproca interacción cuenta hoy con la contrastación científica de la así denominada tesis o hipótesis Gaia.[17] La hipótesis Gaia —cuyo nombre

---

[14] Ibid, p. 116.

[15] Karen Barad, *Meeting the Universe Halfway. Quantum Physics and the Entanglement of Matter and Meaning.* Durham & Londres, Durke University Press, 2007, p. 33.

[16] Jane Bennett, *Vibrant Matter…, op. cit.,* p. 116.

[17] Cf. Stephen H. Schneider, James R. Miller, Eileen Crist y Penelope J. Boston (ed.), *Scientists Debate Gaia.* Cambridge, MIT Press, 2004.

remite a la mítica figura de la tierra como organismo vivo y divino–
fue introducida a comienzos de 1970 por James Lovelock y Lynn
Margulis con el fin de explicar la retroalimentación bio-geo-climato-
lógica entre los organismos vivos y el medioambiente físico-químico
dentro de un mismo sistema autorregulado. La tesis Gaia propone
que lo orgánico y lo inorgánico emergen recíprocamente en un mismo ecosistema dinámico y medial, capaz de unificar y equilibrar la
multiplicidad de microsistemas particulares en un macroorganismo.
Desde el punto de vista científico, esta hipótesis tiene el mérito de
integrar en un solo campo de significación diversas disciplinas naturales, al modo como se integrarían en un mismo campo ontológico
las diversas energías materiales.

La hipótesis Gaia parece venir a corroborar desde el punto de
vista científico la superación del dualismo sustancialista por un monismo dinámico, abierto a la reciprocidad de múltiples agencias en
relación. Gaia supera asimismo la linealidad abstracta causa-efecto, dispuesta según el orden de las sustancias autosubsistentes y el
principio de la finalidad. En lugar del fundamento trascendente y el
finalismo causal, Gaia supone un sistema relacional autocontenido
en la inmanencia de sus propias agencias reticulares, constantemente intervenidas por múltiples factores aleatorios de complejidades
indiscernibles y efectos imprevisibles. La espontaneidad de una
agencia en reciprocidad intra y transactiva no tiene más fin que su
propia realización ni más tiempo que la oportunidad de su emergencia, y de aquí su determinación ontológica en los términos de un
dinamismo inmanente infinito, continuamente retroalimentado por
la indeterminación –caótica– de su origen.

El continuo material es dialéctico porque convierte su diferir
autoactivo en creaciones no-materiales, transmateriales, no-humanas y posthumanas, productoras de nuevos mundos. Respecto del
viejo patrón falogocéntrico –de una materia inmediata y puramente dada–, el nuevo patrón ecofeminista intra-actualiza naturaleza y
cultura de manera tal que la realidad material resulta ser, también
en este caso, desdoblamiento y mediación. En términos políticos,
el resultado final de este paradigma consiste en la conversión de
la naturaleza entera en agenciamiento ético y social. En lo que sigue, intentaremos mostrar las principales derivaciones políticas de

una ontología material, cuya materialidad se establece como sujeta social.

4.4. Síntesis posthumana de la ecopolítica

Que la materia viva sea agente político constituye el punto de llegada del ecofeminismo especulativo y el punto de partida de su praxis transformadora. Una materia activa y afectiva, autopoietica e inteligible reclama su incorporación a la esfera política no como mero objeto pasivo de la cosa pública humana a cargo de la gestión androcéntrica, sino como sujeta agente y participante de un entramado público intra-actuado por múltiples y heterogéneas agencias, humanas y no-humanas. La incorporación de todo actor material al agenciamiento de lo público exige superar los límites de la política clásica hacia un posfundacionalismo ecofeminista.

En efecto, la teoría política tradicional se basa en la gestión del sujeto racional, social por naturaleza e invitado a servirse del mundo natural como su amo y patrón. Sobre el sujeto racional recaen los derechos y deberes del ordenamiento sociopolítico clásico, mientras que a la pasividad del mundo material le corresponde subordinarse a los intereses humanos en beneficio de algunos. El posfundacionalismo ecofeminista, por el contrario, deconstruye tanto el purismo de la acción viril clara y distinta, cuanto la afasia de la naturaleza-objeto del designio humano. De su imbricación intra-activa emerge el paradigma posthumano de una democracia radical, que asume la mediación de fuerzas vitales diferenciadas, humanas y no humanas. El ámbito sociopolítico se extiende así al *continuum* material en su totalidad, bajo el supuesto de que todo cuerpo es sujeto efectivo, afectivo y creador.

El vitalismo ecofeminista supera por su propio peso el androcentrismo y se desplaza hacia una política biocentrada y posthumana, cuyo eje articulador reside en la transversalidad material, humana y no humana. El posthumanismo político subsiste en la tensión dialéctica entre lo orgánico y lo inorgánico, lo natural y lo cultural, lo dado y lo protésico, lo espontáneo y lo maquínico. Su sujeto no es unívoco ni unánime, sino descentrado, enredado, intractuado, desajustado y, en última instancia, negativo respecto de su propia identidad dinámica. Él in-existe en una síntesis dialéctica más-que-natural y más-que-cultural, claramente desengañado del sueño del hombre-medida.

Rosi Braidotti describe lo posthumano como un sujeto múltiple, no-unitario, nómade, híbrido, intervenido por la tecno-ciencia e interconectado a lo global en una escalada que desconoce precedentes históricos. Lo posthumano es "transversal a una red inmanente de conexiones no-humanas",[18] tan vivas e intractivas como cualquier otra materialidad. El sujeto posthumano de Braidotti no solo es capaz de devenir-animal –siguiendo el desiderátum deleuziano– sino también de "devenir-tierra, devenir-máquina",[19] con el mismo poder de una materialidad nomádica cuya "vitalidad mecánica"[20] o bien –en términos de Guattari– cuya "autopoiesis maquínica"[21] enreda múltiples agencias recíprocas. Virtualidades naturales, orgánicas, maquínicas, cibernéticas, informáticas, etcétera emergen de la materia vivente descubriendo en ella posibilidades aun inimaginables.

El devenir tecnológico, cibernético, maquínico, protésico o artificial del sujeto posthumano goza actualmente de un crecimiento exponencial y proyecciones insospechadas. Nanotecnología, genética y transgenética, fabricación de células madres, medicina genómica, neurociencias, inteligencia y afectividad artificiales, robótica, ingeniería protésica, etcétera, son algunos de los elementos que configuran hoy el horizonte de un futuro incierto, rendido a la espontaneidad vital de la materia misma. En tal contexto cultural nace el ciberfeminismo de Donna J. Haraway, propuesto como la nueva ontología del *continuum* biotecnológico. El *cyborg* es "un híbrido de máquina y organismo, una criatura de la realidad social tanto como de la ficción".[22] Su mérito ontológico consiste en la superación del dualismo entre lo viviente y la máquina, lo animal y lo humano, la naturaleza y la cultura, etcétera, y la reconstrucción de un orden ético y político afirmado en la transversalidad material. El mismo continuo más-que-material que robotiza lo humano, subjetiviza y vivifica la autopoiesis maquínica recíprocamente implicada en la intra-actividad del organismo vivo. A la sazón, creemos oportuno distinguir lo que son las potencialidades reales de la materialidad, inmanentes a su

[18] Rosi Braidotti, *The Posthuman…*, *op. cit.*, p. 193.

[19] Ibid, p. 66.

[20] Ibid, p. 91.

[21] Félix Guattari, *Caosmosis…*, *op. cit.*, pp. 51-52.

[22] Donna J. Haraway, *Manifestly Haraway*. Minneápolis & Londres, University of Minnesota Press, 2016, p. 5.

propia construcción dinámica y ciertamente imprevisibles, de una suerte de futurología nanorobótica dada a las fantasías de singularidades tecnológicas, asexuadas y cibernéticamente inmortales. Entre la ciencia ficción transhumanista y el realismo filosófico, median los cuerpos finitos, vulnerables, mortales y siempre nacidos.

El devenir-animal, -tierra, -máquina y -*cyborg* del sujeto posthumano es proporcional al devenir sujeto social, ético y político de la naturaleza no humana, de manera tal que la expansión material del mundo supone su sociopolítica. Dicho de otro modo, el *continuum* material se desdobla a sí mismo en un *continuum* ético-político, capaz de incorporar a la escena pública nuevas agencias humanas, posthumanas y cibernéticas. De esto da cuenta la propuesta ecofeminista de Barbara Holland-Cunz, tendiente a instalar el mundo natural en el seno de la teoría social en razón del carácter subjetivo y autoactivo de la naturaleza. La argumentación de Holland-Cunz se basa, más que en argumentos neo-científicos, en la *Filosofía de la naturaleza* de Schelling, cuyo romanticismo confiaba al mundo natural la fuerza dialéctica de lo absoluto, tal como lo veíamos al comienzo de este trabajo.

Subjetivación y socialización de la naturaleza reclaman sus derechos de libertad, justicia y participación, justificados por la inmanencia material y creadora de una misma vida replicada en todas las cosas. Esto conduce a un nuevo pacto democrático que –subraya Barbara Holland-Cunz– "rompa la primacía de la especie y comience un diálogo democrático de la naturaleza consigo misma",[23] es decir, de una naturaleza agencial sobrepuesta a la medida humana y reconocida como participante activo, transversal a todo agenciamiento material. En este mismo sentido, Jane Bennett se refiere a "una teoría materialista vital de la democracia"[24] en diálogo con la heterogeneidad de sus energías.

La cosa pública ecofemininista contiene la naturaleza más-que natural en la diversidad polifónica de sus agencias y flujos. Más aun, contiene lo político mismo "como una fuerza de la naturaleza",[25] recíprocamente intractuada por múltiples devenires. La renaturalización del hecho éticopolítico, elaborado en los términos transnaturales del materialismo

---

[23] Barbara Holland-Cunz, *Ecofeminismos…*, *op. cit.*, p. 262.
[24] Jane Bennett, *Vibrant Matter…*, *op. cit.*, p. 108.
[25] Ibid, p. 105.

especulativo, está produciendo conceptos tan novedosos y disruptivos de los viejos patrones androcéntricos como, por ejemplo, "ecología política",[26] "justicia medioambiental"[27] o "democracia de la tierra",[28] los cuales dan cuenta de la subjetividad viva del animal cósmico. La *Democracia de la tierra* de Vandana Shiva enumera los grandes principios éticos, políticos y económicos del ecofeminismo, que podríamos resumir en la consubstancialidad esencial de todos los seres de la tierra, el valor intrínseco de toda forma natural y cultural, y la salvaguarda de la vida en su infinita diversidad. El universo entero es para Shiva el bien común de esa democracia radical en la que todo ser es sujeto político y tiene el derecho a su conservación y expansión material.

Y lo específico del caso es que en esa nueva praxis ecopolítica las mujeres llevan la ventaja de una diferencia sexual conceptiva y nutricia, ligada a una historia de contención y cuidado, a una simbólica de celebración vital, y a una economía de cooperación y solidaridad que las pone a la vanguardia del proyecto cósmico-político.

4.4.1. Eco-política emergente. Apuntes del caso latinoamericano

La pobreza y precariedad de los países en vías de desarrollo, usualmente a cargo de corporaciones políticas y económicas escandalosamente corruptas y populistas, los expone de manera más severa a las catástrofes medioambientales, el problema alimentario, la violación de los derechos humanos básicos y la depredación tecnocapitalista de los recursos naturales. Por otro lado, las poblaciones rurales de esos países, en muchos casos autóctonas, mantienen un especial arraigo a la tierra que desconoce los excesos de la explotación capitalista. La vida de su gente transcurre en la inmediatez del entorno natural escasamente intervenido por obra tecno-científica, sus tradiciones y valores se conectan con lo telúrico, y la mujer protagoniza la escena de la vida cotidiana. Por tales razones, el ecofeminismo adquiere en esas culturas especial relevancia e interés.

---

[26] Ibid, pp. 104 ss.

[27] Cf. Stacy Alaimo, *Bodily Natures…*, *op. cit.*, pp. 27 ss.

[28] Cf. Vandana Shiva, *Manifiesto para una democracia de la tierra: justicia, sostenibilidad y paz*. Barcelona, Paidós, 2006.

Vandana Shiva encabeza el movimiento ecofeminista de los países emergentes como la abanderada de los derechos de los pueblos, la tierra y la diversidad vital. Shiva ha desplegado en la India una icónica campaña agroecológica contra la privatización de las tierras, el patentamiento de semillas genéticamente modificadas y su monopolio comercial, y el negocio de agroquímicos tóxicos como fertilizantes y herbicidas. Sus incansables intervenciones no han dejado de denunciar la expoliación de los bienes naturales -propiedad social de las comunidades locales- y su transformación en objetos de intercambio y lucro por poderosos grupos económicos que, amparados en la globalización y la comunidad internacional, obtienen de los gobiernos de turno el libre acceso a la naturaleza. Frente al avance corporativo global, Shiva defiende la inviolabilidad de los bienes materiales —naturales o culturales— de cada comunidad local, sujetas autónomas de derechos, y portadoras de una función social y colectiva inexpropiable e inalienable. Estos bienes materiales han sido gestados y cultivados a lo largo de una larga historia común, por lo cual su apropiación en beneficio privado violenta el sentido de lo público y causa injusticia al todo social.

El modelo ecofeminista de Shiva se basa en la praxis de las mujeres indias autóctonas y rurales, cuya vida transcurre en sincronía y continuidad con la naturaleza que las rodea, como si fueran un órgano más de la misma. Esas mujeres no se perciben ni se designan dueñas del mundo entorno, sino participantes en condiciones de reciprocidad y colaboración con el medio. Su trabajo imita las fuerzas creadoras de la naturaleza, contribuye a su desarrollo y potencia la expansión de la vida social. Según Shiva, la praxis de esas mujeres ofrece el modelo agroecológico alternativo a la depredación patriarcal, a partir del cual proyectar una agricultura en armonía con la naturaleza, solidaridad con la comunidad, y complementación e intercambio con otros pueblos o producciones locales.

Similar situación se observa en muchas comunidades rurales de América Latina, donde las mujeres padecen los peores efectos del desequilibrio medioambiental y han comenzado a diseñar estrategias colectivas de sustentabilidad y desarrollo. Contaminación de suelos y aguas, uso de fertilizantes químicos y glifosato, deforestación del Amazonas y otras zonas del Ecuador, privatización de ríos y tierras comunes son algunos indicadores del peligro que se ciñe a la supervivencia material y cultural de esas comunidades. Una de las principales estrategias políticas del ecofeminismo latinoamericano consiste en la creación de movimientos verdes locales a fin de resistir a las grandes corporaciones globalizadas y defender su hábitat, recursos y poblaciones. No obstante su fuerza de acción y unidad comunitaria, el lamentable costo de tales iniciativas son las decenas de activistas asesinadas por quienes representan los intereses del capital y el *establishment* político. Tal es el caso emblemático de Berta Isabel Cáceres Flores (1971-2016), lideresa indígena hondureña asesinada por oponerse a un proyecto hidroeléctrico en favor de corporaciones mineras, luego de recibir amenazas del Estado y la Iglesia. La reincidencia ecofeminicida incurre en el caso de la colombiana Emilsen Manyoma, asesinada junto con su esposo a comienzos del 2017 por denunciar el narcotráfico y el control paramilitar, y de la guatemalteca Laura Leonor Vásquez Pineda, asesinada en enero de 2017 por su oposición a un proyecto de minería extractiva. Los frecuentes ecofemicidios, que por una parte visibilizan la fuerza de la acción colectiva, descubren a la vez la magnitud de los intereses económicos en juego y la connivencia de las corporaciones estatales.

El caso de Brasil resulta de especial relevancia por la magnitud *in crescendo* de colectivos tales como *Mulheres Sem Terra*, de inspiración marxista, *Via campesina*, de alcance internacional, y *Mulheres Camponesas*. La propuesta común de tales movimientos consiste en una reforma agraria popular que garantice el acceso universal a la tierra, el agua, la energía, los alimentos, la mejora en la calidad de vida y la democratización de los bienes materiales. Via campesina introdujo el concepto de 'soberanía alimentaria' como el derecho de cada comunidad local a disponer de los bienes fundamentales de la naturaleza en su biodiversidad local y producir sus propios medios de subsistencia. En el contexto brasilero se destaca también el trabajo de la ecofeminista Ivone Gebara, quien a partir de la experiencia las mujeres rurales intenta pensar nuevos modelos de relación con la tierra y el cosmos. Gebara es, además de pensadora ecofeminista, teóloga y pastora protestante, cuyo pensamiento teológico apunta a una síntesis entre ecofeminismo y teología de la liberación.

El ecofeminismo popular latinoamericano hunde sus raíces en la idiosincrasia autóctona y telúrica de nuestros pueblos primitivos, su religiosidad ctónica, sus cultos agrarios a la fertilidad y su chamanismo iniciático. En el caso de las culturas andinas de tradición incaica, sobresale la veneración a la Pachamama −madre tierra, universo, mundo, lugar y tiempo− y la Mamacocha −madre de las aguas− por parte de los pueblos quechuas y aimaras habitantes de los actuales territorios de Ecuador, Perú, Bolivia, norte de Chile y Argentina. La Pachamama es la homóloga andina de la Diosa neolítica y paleo-agrícola, símbolo de la fertilidad y el crecimiento de las cosechas, asociada a los cultos chamánicos y mistéricos de la religiosidad popular. Al igual que aquella, la Pachamama es tanto principio de vida como vida misma, forma y contenido, materia y espíritu de un hilozoísmo universal medido por sus ciclos periódicos de nacimiento, decadencia y renovación. Su cuerpo es el cuerpo cósmico, su sangre es alimento universal y su ritmo dialéctico de nacimiento y muerte es continua transformación y regeneración. La energía vital de la Pachamama está inmediata y activamente presente en la intimidad subjetiva y la totalidad del mundo natural, lo cual no obsta la adoración de lugares específicos como manantiales o apachetas, donde consagrar sus templos. En el mismo sentido, su omnipresencia impersonal no obsta que ella se conecte de manera especial con las mujeres –quienes como ella conciben, nutren y cuidan–, y suela revelárseles bajo la figura de una campesina. Con la Pachamama es posible dialogar en cualquier momento y lugar, ya sea para pedirle el sustento diario, disculparse por alguna falta cometida contra ella o conseguir su favor.

La veneración de la Pachamama como divinidad principal de los pueblos andinos, pastorales y agrícolas, se remonta al 7000 ó 6000 a.C. y se ha mantenido hasta la fecha con las mutaciones propias del paso del tiempo. Su culto aglutina y expresa la idiosincrasia de su gente, centrada en la celebración de la vida, la veneración de la naturaleza y el cuidado de su equilibrio, ritmos y tiempos. Por participar de la armonía natural y la justicia cósmica, el orden social de estos pueblos se basa en una esencia común compartida por la comunidad, la reciprocidad entre sus miembros, el dinamismo complementario y alternante de sus diferencias y oposiciones, la mediación pacífica de los conflictos, y el valor conciliador de la palabra. En tal sentido se pronuncia el feminismo comunitario poscolonial de la activista aymara Julieta Paredes Carvajal, cuyo comunitarismo resulta disruptivo tanto del modelo individualista y competitivo del patriarcado hegemónico, como de la institucionalización del feminismo de *establishment*, supeditado a las políticas de turno. En *Hilando fino desde el feminismo comunitario*, la autora propone la construcción de un mundo capaz de cuidar y celebrar la vida, en el cual la diferencia sexual signifique una dualidad complementaria, sin jerquías ni exclusiones, inspirada en los principios de la autonomía, la reciprocidad y la promoción vital.

Tales son igualmente algunos de los valores recién incorporados a las nuevas Constituciones de Ecuador y Bolivia, en un claro intento por recuperar la idiosincracia originaria. La Constitución de Ecuador, reformada en 2010, introduce en su preámbulo el reconocimiento de las raíces milenarias de su pueblo y la celebración de "la naturaleza, la Pacha Mama, de la que somos parte y que es vital para nuestra existencia", a partir de la cual se propone construir "una forma de convivencia ciudadana en armonía con la naturaleza". La ciudadanía política de Ecuador emerge de la vida natural como una fuerza más de la naturaleza, en reciprocidad y continuidad con el todo vital. De allí el compromiso del Estado ecuatoriano con un medioambiente equilibrado y sustentable y su reconocimiento de los derechos de la naturaleza o Pachamama consagrados por el Art. 72: "la naturaleza o Pachamama, donde se reproduce y realiza la vida, tiene derecho a que se respete integralmente su existencia, y el mantenimiento y regeneración de sus ciclos vitales, estructura, funciones y procesos evolutivos". En el mismo sentido, la nueva Constitución de Bolivia, reformada en el 2008, invoca en su preámbulo a la "sagrada Madre Tierra con rostros diferentes", la Pachamama, por cuya consagración avanza hacia la refundación del país. La nueva Constitución ratifica la cultura ancestral indígena, sus saberes, valores, espiritualidades y cosmovisiones, a partir de los cuales intenta superar el Estado colonial, republicano y neoliberal para alcanzar un Estado Social de Derecho Comunitario, que garantice la propiedad colectiva y la función social de los territorios rurales indígenas.

El intento ecuatoriano y boliviano de refundar el Estado a partir de las raíces matriciales y telúricas de sus comunidades originarias expresa la fuerza de una tendencia que se proyecta como la simiente común del feminismo latinoamericano, basado en el ancestral modelo mater/real, vitalista y comunitario de nuestros pueblos. Mujeres rurales de innumerables comunidades indígenas fermentan la masa de un feminismo popular, contrahegemónico y poscolonial, que aspira a concentrar el 99 % del todo social y a traducir en paradigma de acción universal el modo en que las mujeres de las clases populares se relacionan con la naturaleza y la comunidad.

4.5. Ecos de religión

La conciencia ecofeminista implica tanto una cosmovisión ontológica derivada en praxis ético-política, cuanto una espiritualidad religiosa consustancial con la presencia inmanente y activa de la divinidad, en la cual es consagrado el universo entero. A diferencia de las religiones patriarcales –vertebradas por instituciones jerárquicas, dogmáticas, y dueñas del bien y del mal– la espiritualidad o religiosidad feminista es de carácter telúrico y popular, y apunta al contacto inmediato con lo divino a través de rituales chamánicos, esotéricos o místicos. La actitud de reverencia y celebración que la caracteriza a esta espiritualidad está presente en la conciencia religiosa primitiva y retorna hoy con la fuerza renovadora del feminismo.

La así llamada espiritualidad o religiosidad feminista nace en los Estados Unidos en la década del '70, en el marco de la segunda ola. Su abordaje incluye un amplio espectro de ideas y prácticas representadas por autoras como Carol Christ, Barbara G. Walker, Diane Stein, Miriam Simos –apodada Starhawk–, Zsuzsanna Budapest, Glennie Kindred y Grace M. Jantzen, entre otras. En lengua castellana, es destacable el trabajo de Marianna García Legar centrado en la espiritualidad matrística de la vieja Europa. Estas autoras coinciden en la búsqueda y recuperación de viejas tradiciones religiosas, a través de las cuales intentan reconvertir la conciencia presente de lo sagrado.

Tomamos aquí la acepción original –ciceroniana– de lo religioso o espiritual en tanto que experiencia de lo sagrado en su misterio terrible y fascinante, narrada y reactualizada por mitos, ritos, liturgias o símbolos cultuales en toda la amplitud de sus expresiones y tradiciones. La religión o espiritualidad feminista en particular se alimenta de la experiencia encarnada, material y telúrica de las mujeres, de sus capacidades, prácticas y tradiciones como fuente última de sentido y vehículos de sacralidad. Starhawk resume el objetivo central de este tipo de religión en "el empoderamiento de las mujeres y el socavamiento de los valores patriarcales en el marco de la religión, así como de otros caminos de la vida".[29] Desde un punto de vista negativo o deconstructivo, la espiritualidad feminista se distingue claramente de las religiones patriarcales hegemónicas: jerárquicas y centralizadas en lo político, dogmáticas y moralistas en lo doctrinal, culpógenas y punitivas en lo subjetivo. Desde otro punto de vista positivo o constructivo, se trata

---

[29] Starhawk, *Webs of Power. Notes from the Global Uprising*. Gabriola Island, New Society Publishers, 2002, p. 7.

aquí de un tipo de religiosidad descentralizada, múltiple, heterogénea y libre en la creación de sus vivencias, relatos y ritos. Sus cultores se congregan en comunidades horizontales y abiertas, flexibles en cuanto a sus elementos rituales, y libres de dogmas o moralismos. Las creencias, liturgias y símbolos de este tipo de religión se nutren en muchos casos de lejanas tradiciones prehistóricas y apuntan a lograr el contacto inmediato con la divinidad.

Común denominador de la espiritualidad feminista es la intuición y experiencia del cosmos como realidad sagrada, una y total, de la cual se desprende la actitud de reverencia y celebración cósmica que la caracteriza, en continuidad con la conciencia primitiva. Recordemos que para esa conciencia la realidad se parecía a un gran seno infinito, donde cada cosa gozaba de la fecundidad, inteligencia y medida inmanentes de la metra materna. El cuerpo sagrado de las mujeres y el cuerpo sagrado de la tierra obedecían a una misma energía creadora, y de allí esa metonimia sagrada y mística que convirtió a 'las madres' –decía Briffault– en las primeras sacerdotisas, chamanas y adivinas de la humanidad. La conexión privilegiada de las mujeres con lo sagrado expresa la memoria atávica de la humanidad, cuando la conciencia religiosa, todavía inocente y creadora, gozaba el privilegio de la vida y el favor de su renacimiento.

Bajo el impulso ecofeminista vuelve hoy aquella memoria sagrada del mundo y su vieja espiritualidad, aglutinada por la simbólica de la Diosa como arquetipo de una nueva conciencia religiosa. Diversos movimientos y grupos de mujeres comparten el deseo de explorar las vivencias materiales, ginésicas y ginérgicas del cuerpo femenino, inspiradas en la simbólica de la Diosa como metonimia de lo originario, y elemento, medio y fin de la vida. Al hilo de la crítica a las religiones patriarcales por su sadoespiritualismo, represor del cuerpo y su energía sagrada, el feminismo propone una espiritualidad inmanente en conexión inmediata con la matriz universal de la vida. La espiritualidad feminista se inspira en el logos cósmico, telúrico, material y divino que alimenta lo humano y no-humano, lo material y más-que-material. Sus principios ontológicos residen en el valor del cuerpo como medio de expresión y comunicación espiritual; el sentido relacional y comunitario de la existencia; la esencia común del gran viviente cósmico; y el protagonismo de las mujeres como sujetas de una ética diferencial, consustancial con la praxis de cuidado y reciprocidad matricial. Porque la Gran Madre es vida material, tierra y cosmos, su religión apela especialmente a la ginergia sexual, sensible, afectiva y extática como vehículos de divinización.

Barbara G. Walker y Carol P. Christ sustituyen el falocentrismo teológico por una "tealogía"[30] o conocimiento de la Diosa, fuente de sabiduría, potenciamiento y entusiasmo. Barbara Walker explica al respecto que la tealogía no representa el contramodelo dualista de la teología patriarcal o a la inversión sexual del modelo religioso hegemónico, sino que responde a una nueva identidad diferencial y recrea una concepción alternativa de la existencia emergida de las más antiguas tradiciones culturales, cuando lo femenino y lo masculino no eran todavía opuestos excluyentes sino participantes heterogéneos de una misma energía vital. La Diosa es por eso un *symbolon* universal y su tealogía, la mítica narración de un mundo concebido, parido y alimentado. Teálogas como Barbara G. Walker, Carol Christ, Mary Daly o Starhawk elaboran en torno a la Diosa un nuevo sistema simbólico de alcance ontológico y ético.

La mayoría de los símbolos tealógicos hacen referencia al dinamismo inmanente, medial y cíclico de la *metra* materna, a saber: el círculo, la luna, la sangre menstrual, la serpiente, la esfera, la rueda, la espiral, el árbol, la caverna, la caldera, etcétera. El uroboro que identifica comienzo y fin resuena en ellos como símbolo sagrado por antonomasia, expresión de la totalidad, equilibrio, interconexión, continuidad, cooperación y comunidad universal. Las grandes celebraciones tealógicas se articulan en torno a los ciclos vitales del sol y la luna, cuyos procesos energéticos macrocósmicos replican en el microcosmos de la vida humana, natural y social. Los ciclos solares componen la así llamada 'rueda del año', cuyas festividades se distribuyen en los siguientes ocho sabbats: los solsticios de invierno y verano; los equinoccios de otoño y primavera; y el término medio de las cuatro estaciones, a saber, *Imbolc*: culminación del invierno, *Beltane*: culminación de la primavera, *Lammas*: culminación del verano, y *Samhain*: culminación del otoño. En el caso de la luna, sus ciclos son celebrados durante los esbats en rituales nocturnos y extáticos relacionados estrechamente con la brujería. La

---

[30] Cf. Carol P. Christ, *Rebirth of the Goddesss: Finding Meaning in Feminist Spirituality*. Nueva York & Oxon Routledge, 1998, pp. xiv-xv. También: Barbara G. Walker, *Restoring the Goddess Equal Rites for Modern Women*. Nueva York, Prometheus Books, 2000, p. 209.

espiritualidad tealógica comprende también iniciaciones o ritos de pasaje a lo largo de diversas etapas o transformaciones vitales –nacimiento, menarca, mayoría de edad, casamiento, muerte, etcétera–, siempre mediadas por la simbólica del *regressus ad uterum* como un segundo nacimiento existencial.

La tealogía incluye prácticas de magia, brujería o adivinación, también arraigadas a viejas tradiciones prehistóricas y justificadas ontológicamente por la participación de todas las cosas en una misma esencia común inmediatamente presente. El resurgimiento de la brujería moderna o Wicca Dianica –en honor a Diana– se produjo en Inglaterra a mediados del siglo XX gracias al impulso de Margaret Alice Murray, cuyos estudios antropológicos identifican la brujería con los cultos neolíticos de la fertilidad, de raíces históricas que llegarían incluso al paleolítico superior. Según Murray, la brujería es originariamente tanto la religión de la Gran Madre como una cosmovisión filosófica, un estilo de vida y un patrimonio sapiencial de la comunidad transmitido a través de 'las madres'. Las brujas eran las mujeres mayores o ancianas –las madres de las madres–, depositarias de la autoridad moral y jurídica del grupo social, investidas de poderes sobrenaturales y poseedoras de la sabiduría de la comunidad. Ellas ejercían su poder en la oscuridad de la noche, generalmente reunidas en aquelarres durante los esbats, cuando se conectaban con la ginergia elemental y secreta de la vida. Actualmente, la brujería moderna es considerada por Starhawk como "una religión de la ecología[31] por su profunda sincronicidad con las fuerzas vitales.

Si bien las prácticas de brujería siempre fueron condenadas por el patriarcado religioso con la contundencia del mandato divino: "no dejarás con vida a la hechicera",[32] las brujas lograron sobrevivir durante la Edad Antigua y Media más o menos a la sombra de la religión oficial. El encarnizamiento del cristianismo contra la brujería se desató a partir de la Bula de Inocencio VIII en 1484, quien la declaró una herejía y dio inicio a una persecución que duraría hasta el siglo XVIII. La caza de brujas se realizó bajo el pretexto de crímenes tan desopilantes como mantener

---

[31] Starhawk, *The Spiral Dance: A Rebirth of the Ancient Religion of the Great*. San Francisco, Harper, 1999, p. 35.

[32] *Ex.* 22, 17.

sexo con el diablo, comer niños o provocar todo tipo de catástrofes naturales, enfermedades y pestes. Pese a los 9 millones de mujeres asesinadas durante esos siglos, lo cierto es que la sangre derramada no bastó para matar las raíces ancestrales de una práctica que ha definido históricamente la religiosidad de las mujeres y que hoy vuelve a renacer.

La brujería contemporánea conserva los principios ontológicos de las concepciones matriciales, empezando por la superación del dualismo y la afirmación de una identidad autodiferencial y dinámica, en las cuales espíritu y materia, alma y cuerpo, naturaleza y cultura, bien y mal, etcétera son concebidos en reciprocidad medial. Barbara Walker[33] explica que la brujería actual es una tealogía fundada sobre los siguientes principios filosóficos: 1) la función matricial de lo divino; 2) la identidad esencial entre el cuerpo y el alma; 3) el carácter sagrado e inviolable de la naturaleza; 4) la autonomía de la voluntad individual, libre de moralismos y disciplinamientos seudorreligiosos; 5) la circularidad del tiempo y el eterno retorno de lo sido, simbolizado por la Triple Diosa doncella, madre y chamana; 6) la inocencia de lo real y la integración dialéctica del bien y el mal; 7) la incorporación al culto de la sexualidad, el placer, el humor y el juego como fuerzas vitales positivas. Se trata, en otras palabras, de los viejos hilozoísmos mater/reales, cuya naturaleza celebratoria y festiva apela a lo maníaco como hierofanía sagrada.

Pionera de la nueva brujería feminista o wicca diánica es también Zsuzsanna Budapest, autora de *El libro Sagrado de los misterios de las mujeres*. En esa obra, Budapest destaca la índole política de la espiritualidad feminista y su compromiso con una liberación integral, que contempla la dimensión social, espiritual y religiosa de la existencia. Budapest considera que no habrá liberación efectiva de las mujeres hasta tanto no se libere su potencial divino y sagrado. También Miriam Simos o Starhawk, descuella como representante de la brujería, que ella integra a su praxis ecofeminista. A Starhawk se le debe la cofundación durante la década de 1970 de la tradición de brujería denominada *Reclaiming*, hoy esparcida de todo el mundo. Su obra intersecciona tealogía, praxis ecofeminista y participación en movimientos sociales tales como el Movimiento de Justicia Global o la Democracia directa[34].

---

[33] Cf. Barbara G. Walker, *The Woman's Encyclopedia...*, op. cit., p. 1090.

[34] Cf. Starhawk, *Webs of Power...*, op. cit.

La brujería constituye para Starhawk la acción cultual y celebratoria del ciclo eterno de nacimiento, muerte y renacimiento, sumada al compromiso ético de servir a la comunidad de pertenencia mediante prácticas de sanación, sacerdocio, adivinación, chamanismo, magia, docencia, etc. En el caso del ecofeminismo, ella promueve la preservación de pequeñas comunidades locales en su biodiversidad geográfica, económica y cultural, como expresiones heterogéneas de un cosmos viviente y sagrado. Brujería y ecofeminismo confluyen en la militancia sociopolítica de Starhawk, desarrollada a través de organizaciones horizontales de acción directa. Starhawk aboga por el debilitamiento de los Estados hegemónicos y el florecimiento de organizaciones internacionales como por ejemplo un Banco Mundial para la Restauración Económica, Agrícola y Democrática (BREAD). Su apuesta es por una transformación cultural que opere al modo de un ecosistema integral, alimentado por múltiples fuerzas, instituciones, grupos, individuos, iniciativas, etcétera, y articulado en redes de cooperación, sinergia y creación continua.

En última instancia, concebir el propio movimiento feminista como un ecosistema dinámico, integrado por infinidad de microsistemas locales e individuales, y atravesado por múltiples ginergias de diversa intensidad política, cultural, étnica, económica, ética y religiosa, esa concepción se presenta como el mejor futuro materno/material de virtualidades inagotables.

4.6. Algunas conclusiones

Si el punto de partida feminista reside en la propia experiencia *da sé*, material y sexuada, su punto de llegada apunta a una cultura del florecimiento material, de los cuerpos, la energía vital, la sensibilidad, que cultive efectivamente la vida en conexión y reconocimiento universal. El ecofeminismo emerge así como la conclusión obligada de un mater/realismo abocado al cuidado de la vida en la multiplicidad y heterogeneidad de sus formas. Por su consistencia mater/real, el ecofeminismo planteado en estas páginas supera la medida del homo-falo como centro y dueño del mundo para asumir la medida de esa *metra*-material llamada a devenir-mujer, niño, animal, tierra, máquina y universo

Ecoética y ecopolítica mater/reales se sotienen –para decirlo con Guattari– en ese "sentimiento de fusión en el seno del cosmos"[35] tan intuitivo y originario como la conciencia más arcaica de la humanidad. De ese sentimiento deriva el reconocimiento de filiación y hermandad de todas las cosas, la actitud de reverencia cósmica y el asombro festivo ante una realidad que fascina y aterra a la vez. Esta percepción trae aparejados nuevos modelos de producción y consumo sustentables, que dejen atrás el patrón depredador de la naturaleza, el consumismo desenfrenado y el *merchandising* de las necesidades vitales, que son derecho universal. Esto hace necesaria una nueva cultura de la vida, sexuada y material, centrada en los cuerpos gestantes, deseantes y creadores, respetuosa de su pulso energético y atenta a sus potencialidades de expansión. En ese sentido, la praxis histórica de las mujeres protagoniza la única alternativa de un futuro viable, cifrada en la resignificación ética y política del ser a partir del poder-ser naciente, nutricio y diferencial que lo mide y sostiene.

Si nada hay nuevo bajo el sol, menos lo hay en materia ecofeminista y mucho menos aún en cuestión espiritual y religiosa, donde los avances son siempre retroactivos al origen matricial. El ecosistema feminista incluye lo religioso por tratarse aquí de una dimensión constitutiva de la conciencia humana en su experiencia de lo real en tanto que sagrado, misterioso, hierofánico. En este sentido, entendemos que el pensamiento feminista quedaría incompleto si su devenir cultural no incluyera la dimensión religiosa y espiritual que pertenece esencialmente a la conciencia humana. Tal es la razón por la cual las pensadoras feministas no han dejado de insistir en la necesidad de redescubrir lo divino/femenino como última etapa en el camino de liberación subjetiva y cultural, preguntándose por ejemplo, como lo hacen Luce Irigaray y Grace M. Jantzen, "sobre qué cuerpo, sobre qué sangre será construida la religión de la post-modernidad":[36] la de la vida naciente o la de un crucifijo. Tras la muerte del dios padre y la proyección filosófica del horizonte posteológico contemporáneo, lo que resta pensar es el logos tealógico de una divinidad inmanente, pura ginergia mater/real en continuo dar a luz.

---

[35] Félix Guattari, *Caosmosis…, op. cit.*, p. 146.

[36] Cf. John D. Caputo (ed.), *The Religious*, Malden & Óxford, Blackwell, 2002, p. 228.

La Gran Madre vuelve hoy como *ethos* de una cultura naciente, símbolo de vitalidad y sabiduría inmanentes. Su cuerpo es cuerpo cósmico, su sangre es alimento universal y su ritmo ternario es continua transformación y regeneración. La espiritualidad que surge en torno al arquetipo de la Diosa da fe de la sacralidad de la vida, su filiación incondicionada y su hermandad universal. Ella celebra el nacimiento, la fecundidad, la materia, los cuerpos, la sensibilidad, el deseo y el goce, el juego creador, la expansión vital, el báquico delirio de una divinidad danzante. Cuando Barbara Walker afirma sin rodeos la urgente necesidad de "una religión que no sea un insulto a la inteligencia humana",[37] no solo denuncia con ello la manipulación extorsiva de las hordas del padre, sino que busca ante todo restituir lo religioso a la inmanencia vital.

En el mismo sentido, podríamos decir que necesitamos una política, una ética y una economía que no sean un insulto a los cuerpos humanos y no humanos, naturales y más-que-naturales. En lugar de estados nacionales corporativos que solo representan los intereses privados de unas pocas élites políticas y económicas, necesitamos radicalizar la democracia en organizaciones, movimientos, asambleas de acción directa y alcance internacional. Una democracia múltiple, heterogénea y plural, para la cual toda agencia material sea cosa pública, sujeta de afectos, efectos y derecho.

Para un ecosistema feminista, la cuestión no es priorizar jerárquicamente sexos, sexualidades, géneros o transgéneros, como tampoco excluir dualistamente materialidades humanas o no-humanas, orgánicas o no orgánicas, biológicas o culturales. La cuestión es la de integrar y mediar todas las fuerzas en un mismo seno capaz de generar, por acción recíproca y continuidad esencial, siempre más y nueva vida.

[37] Barbara G. Walker, *Restoring the Goddess Equal Rites…*, *op. cit.*, p. 32.

Concepciones mater/reales conclusivas

Hay conceptos puramente abstractos, tramitados en la contemplación especularizante y trascendente del falo-logos, y hay concepciones concretas, materiales, conceptivas y largamente gestantes de su propio nacimiento. Hay también conclusiones que cierran de manera clara, sólida y distinta, y las hay que vuelven a abrir obligadas por la fuerza circular de todo fin. La presente es una conclusión conceptiva y abierta porque pretende ser femenina y mater/real, y sueña con dar a luz en cavernosa oscuridad algún deseo, algún juego, algún hijo de la noche que sepa danzar.

La propuesta central de estas páginas ha sido la de restituir la mater/realidad que somos, que devendremos, de la cual hemos nacidos al lugar del origen, lo cual supone –por reciprocidad ontológica– la restitución del origen al estado mater/real de la identidad femenina. Lo intentamos desde diversos ángulos de análisis y niveles de comprensión, manteniendo fundamentalmente el registro ontológico de este trabajo e incursionando desde allí en el campo histórico, arqueológico, sicológico, religioso, éticopolítico, etcétera, sin perder nunca el horizonte de sentido metafísico al cual apuntamos. A través de esos variados indicadores teóricos buscamos abonar la idea que tomamos como punto de partida *quasi* metódico, a saber, la de un matricidio original oculto en los cimientos de la cultura falogocéntrica. Los cuatro capítulos transitados a lo largo de estas páginas, bastante dispares en su entramado teórico, responden sin embargo al objetivo común de restaurar la mater/realidad perdida en el desmadre del falogocentrismo hegemónico.

El capítulo 1 se propuso trazar las coordenadas especulativas del trabajo, como también sentar las bases de un arquetipo diferencial que quiebre el dualismo abstracto de la metafísica clásica y redescubra en su lugar un monismo dinámico y reflexivo, dialéctico y medial.

Tal disrupción superadora no es invento de la teoría feminista sino del idealismo absoluto con el cual comienza para algunos intérpretes, entre quienes me incluyo, un cambio de paradigma radical hacia la feminización de la filosofía. Entendemos que el idealismo instala un concepto de identidad inmanente, negativa, autodiferencial y medial, que está en la base del pensamiento contemporáneo en general y feminista en particular. En efecto, corrientes tales como el existencialismo, el pensamiento francés de la *différence* o *différance*, el post-estructuralismo lingüístico, el giro especulativo neo-realista y neo-materialista, o la así llamada Hegel *Renaissance* suponen en su base el concepto de una diferencia no dualista, autorreflexiva y dinámica. En el marco idealista y neo-realista de ese diferir originario y creador se desarrolló este trabajo, cuya conceptualidad ha reclamado ser esencialmente ontológica.

El capítulo 2 se concentró en el feminismo de la diferencia o el diferir sexual tal como ha sido elaborado por sus grandes representantes e intentando cierta transversalidad generacional entre la primera, segunda y tercera ola feminista. Respecto del capítulo anterior, la especificidad del segundo consistió en interpretar la diferencia ontológica en clave material y sexuada por una suerte de *reductio* al nacimiento del ser. Asimismo, se intentó aquí re-ontologizar la identidad femenina tanto fuera del dualismo heterosexista como de la indecidibilidad *queer*. Sexualizar la ontología y re-ontologizar la diferencia sexual, concebir y nombrar lo real en femenino y lo femenino en real, fueron el objetivo central del segundo capítulo. Si conceptos como 'mujer' o 'diferencia sexual' siguen causando un escándalo esencialista en los ambientes donde pululan los constructivismos socio-lingüisticistas, quizás lo más prudente —antes de convertir lo femenino en el significante vacío de todos falos— lo más prudente sería repasar la historia moderna y contemporánea de la filosofía a fin de abandonar definitivamente la noción dualista y sustancialista de la esencia, la identidad, la subjetividad. Podríamos resumir las conclusiones de este capítulo en cuatro grandes ideas, que sintetizan lo que podríamos llamar las cuatro grandes fórmulas de la sexuación: 1) la diferencia sexual es la esencia en sí y por sí de la identidad femenina en el sentido de un diferir inmanente y negativo -no-Todo y no-Uno- continuamente conceptivo, creador y transformador, que no se mide con alteridades externas sino con su propia virtualidad realizadora; 2) la materia/materno/matricial constituye la última metra y sentido de la diferencia sexual porque solo ella es capaz de desdoblar el ser en un nuevo nacimiento; 3) el ser-dos de la diferencia sexual deriva de su no-Uno y significa ante todo y sobre todo alteridad filial como modelo último de identidad recíproca y relacional; 4) el ser-dos de la alteridad ontológica significa también diferencia sexual mujer-varón, sin que esto suponga ni dualismo ni heterosexismo ni ejercicio de determinada sexualidad, sino más bien el límite externo de lo finito, su renuncia subjetiva a la omnipotencia narcisista de una totalidad (a)sexual.

El capítulo 3 avanzó sobre la construcción histórica del matricidio falogocéntrico intentando una suerte de brevísima filosofía feminista de la historia y la religión, deconstructora del *modus operandi* falogocéntrico y reconstructora de la matricialidad primitiva. La hipótesis histórico-filosófica directiva del recorrido trazado sostiene que el primer principio del dualismo falogocéntrico no reside en la oposición excluyente varón-mujer, ni en la neo-oposición excluyente cis vs. trans o hetero vs. homo, sino en la ruptura de la relación matricial, el desarraigo de la existencia y la alienación de las fuerzas vitales. Los 5 milenios de historia patriarcal son testigos del sacrilegio más profundo que la realidad haya conocido, a saber, el arrebato de su inocencia e integridad originales, dispuestas por nacimiento en continuidad esencial con la matriz de la vida y violentamente profanadas por las fantasmagorías del mundo ideal. Comenzó así la historia oficial de la civilización, cuya barbarie se remonta a las hordas del padre asesinado y el intercambio de mujeres. Sin embargo, mucho antes de ese comienzo oficial hubo otra historia y otra civilización, donde las mujeres gozaban de autonomía material y simbólica, y ejercían un rol cultural protagónico. No fantaseamos aquí con una suerte de lecho de rosas prehistórico, sujetado por un eterno femenino dulce y perfumado, ni con un gobierno de mujeres a la cabeza del poder gubernamental, sino que aludimos a una cultura primitiva donde la praxis vital y mater/real de las mujeres se traducía en conocimiento, arte, ciencia, religión, técnica, lazo social, igualdad y cooperación comunitaria, sincronía natural. La principal conclusión de una filosofía de la (pre-)historia y la religión matricial nos permite proyectar una cultura sexuada, capaz de poner en acción lo que las mujeres han actuado desde todos los tiempos.

El capítulo 4 saca las últimas consecuencias ecofeministas de asumir la diferencia mater/real como paradigma ontológico e interpretar a partir de ella el dinamismo ético y político de la realidad en su conjunto. En el ecofeminismo resuena, a escala infinita, aquel primer principio de Diotima que afirmaba la diferencia sexual femenina en el lugar de la mediación universal, esto es, en el lugar de un diferir original que une y relaciona todas las cosas. Lo específico de un dinamismo medial consiste en devenir uno siendo dos y conservarse tres siendo uno. Concebida en esos términos, la matricialidad expresa un modo de devenir universal determinado por la inmanencia, continuidad y reciprocidad de múltiples agencias enredadas, en cuya intersección se juega la superación del modelo androcéntrico por un biocentrismo posthumano. En su monismo material y sagrado, la espiritualidad ecofeminista recupera aquella vieja intuición hilozoista de un mundo lleno de divinidades.

El registro por antonomasia de este trabajo es el de un realismo ontológico material, sintetizable en siguientes coordenadas: inmanencia radical, desdoblamiento dialéctico del origen, continuidad cíclica del devenir, repetición continua de la diferencia, parentesco y simpatía universales. La inmanencia radical rememora el atávico arquetipo de la metra materna desdoblada, contradicha y diferenciada por su propia acción reflexiva. Como lo fue en la noche más profunda de todos los tiempos, la inmanencia se afirma en un origen diferido, implosionado, negado y partido por la alteridad a fin de concebir, contener y nutrir la multiplicidad naciente de lo finito. Su esencialidad in-existe activamente en todas las cosas como fuerza de creación y transformación, que es tanto negación y separación cuanto unidad y relación. Si en los sistemas falogocéntricos lo esencial trasciende y precede eternamente al ser, en los sistemas mater/reales la esencia es puesta por el devenir que ella misma concibe en una suerte de acción recíproca, retroactiva y circular, donde lo naciente resulta el origen mismo del ser. Y otro tanto vale para las categorías de identidad y sujeta, conceptualizadas a lo largo de este trabajo en los términos del desdoblamiento reflexivo mater/real.

El feminismo enunciado en estas páginas es el de un diferir creador y relacional, potencia de sí mismo y la alteridad. La diferencia mentada significa concepción y parición, y supone por lo tanto una indeterminación radical capaz de autodeterminarse. Para decirlo con Elizabeth Grosz, "el estatus ontológico de la diferencia sexual implica una indeterminación fundamental capaz de explicar la apertura, la incompletitud y las posibilidades de ser completado, suplementado por un reordenamiento posterior".[1] La indeterminación de la diferencia sexual referida por Grosz es inmanente a la identidad femenina y permanece abierta, en flujo y tensión con cada una de sus determinaciones particulares y contingentes a fin de mantener siempre en juego la dialéctica de la vida. En este sentido, la diferencia sexual es una categoría negativa que expresa la continua alteridad, incompletitud o disrupción de lo real, vale decir, su permanente devenir-mujer.

La negatividad ontológica de la identidad femenina quizás sea el rasgo más sobresaliente de su concepción contemporánea, subrayada no solo por el feminismo de la diferencia sino por otros representantes de la filosofía actual como Alain Badiou o Slavoj Žižek, en quienes reverbera aquella larga tradición mítica y romántica del caos nocturno y abisal. También para ellos, "la mujer designa más un proceso que una posición […] una mujer es el proceso de este no-ser que constituye todo el ser del Uno"[2]. O en otros términos, "la mujer es el fracaso ontológico que abre el espacio de la subjetividad. La mujer es un sujeto que precede la subjetividad"[3]. En cualquiera de los casos, lo femenino se transparenta en el corazón de lo real como ese trasfondo de negatividad insondable desde el cual lo sido comienza a ser.

Claro está que desde esta línea interpretativa, el concepto de diferencia sexual no puede ser reducido al sexo biológico, o al lingüísticamente construido, o al ejercicio de las sexualidades cualesquiera sean sus objetos de deseo o goce. Por el contrario, la diferencia sexual es diferir ontológico multiplicado en la cultura, la ética, la política, el derecho, la religión, etc., de donde nace el proyecto de una cultura sexuada, no en el sentido dualista de dividir el mundo en dos sexos opuestos ni de diseminarlo en indecidibles constructos trans, sino en el sentido inmanente de reconducir la subjetividad, el pensamiento, la ética, la política, el derecho, la religión, etcétera, al orden material, vivo y deseante que los constituye. Cuando la cultura asienta sobre la matriz de la vida, sus posibilidades de expansión son tan infinitas cuanto la virtualidad material de la cual nacen.

---

[1] Elizabeth Grosz, *Space, Time, and Perversion…, op. cit.*, p. 80.

[2] Alain Badiou, *The true Life*. Cambridge, Polity, 2017, pp. 94-95.

[3] Slavoj Žižek, *Incontinence of the Void. Economico-Philosophical Spandrels*, The MIT Press, Cambridge & London 2017, p. 147.

Insistimos en que la mujer referida en estas páginas es virtualmente conceptiva y concretamente conceptual: devenir más que posición, acto más que entidad, y sujeta más que sustancia. Esto supone apartarnos del registro sustancialista de «la mujer» como representación intelectual, fantasía síquica o significante fálico, para introducirnos en el registro concreto de la acción conceptiva, cuya universalidad y necesidad pertenece a la dialéctica de la finitud, la contingencia y el tiempo. Fuera de todo dualismo representativo, la mujer de la que hablamos no es simplemente universal ni particular, ni necesaria ni contingente, ni hetero ni homo ni bi, ni blanca ni negra, ni rica ni pobre, ni madre biológica ni no madre biológica, ni burguesa ni campesina, ni casada ni soltera. Ella es concretamente mujer *tantum*, gínesis y ginergia ontológicas, *factum* irreductible y absoluto de un ser capaz de concebir y fecundar de infinitas maneras posibles.

A lo largo de estas páginas llamamos mujer a la determinación del origen, el nuestro, el propio, el que significa nacer. Asimismo, entendemos por femenina la "potencia del eterno retorno del estado naciente",[4] en la que Guattari cifra la promesa de la regeneración. Finalmente, consideramos mater/real a la primera y última condición de posibilidad del estado naciente del ser, la cual decide de manera radical la estructura relacional y ternaria de una realidad en su conjunto, que no es jamás simplemente una, sino en todo caso medialmente dual. Nacer ocurre siempre en el centro, el médium, en la intimidad dialéctica del elemento matricial. Una vez restituido el origen a su mater/realidad, vuelven a la escena primitiva la inocencia del mundo, su hechura sagrada y esa libertad esencial que abre libre juego a la existencia.

La historia contemporánea de los movimientos feministas y de mujeres ha dado inicio a una nueva era cultural cuyos flujos y reflujos, marchas y contramarchas, aceleraciones, retrocesos y estampidas están reconfigurando el escenario socio-político actual, transponiendo sus viejas significaciones y transvalorando los obsoletos decálogos del padre. Sin embargo, la energía transformadora con la cual el feminismo se abre paso en el nuevo mundo que él mismo construye no nos impide ponderar los riesgos que la falsa alternativa

---

[4] Félix Guattari, *Caosmosis…, op. cit.*, p. 116.

'esencialismo-antiesencialismo', 'biologicismo-constructivismo' supone para la efectiva emancipación de las mujeres, la humanidad entera y lo real en su conjunto. Con eso queremos señalar la gran confusión esparcida por gran parte de la academia y la militancia de nuestros días para las cuales ser mujer no tiene mayor sentido que el de una construcción cultural, equiparable a la elección de determinado objeto sexual o a la autopercepción de un cuerpo habido o no habido, cuyo reconocimiento o no reconocimiento viene a ser igualmente construible. El antiesencialismo posfeminista ha caído en la trampa de un constructivismo radical, mediante el cual pretende subsanar los lamentables efectos del dualismo sustancialista por la eliminación de la identidad femenina o su reducción a significante vacío, capaz de significar todos los falos en la ausencia de lo real femenino. En la noche del absoluto nominalista trans, *queer* y neutre, todas las vacas son pardas, todos los planos de realidad son igualmente construibles y todos los sentidos, arbitrariamente decidibles. Sin embargo, detrás de esa omnipotente fantasía de no tener cuerpo o de tener cualquier cuerpo imaginable, detrás de ese transhumanismo ensoñado quedan los cuerpos reales, inenmendables e irreductibles, los cuerpos nacientes, mortales y finitos; los cuerpos de las mujeres menstruantes, abortantes, menopaúsicas, inseminadas, prostituidas, alquiladas para parir, violadas, solas, viejas, quebradas.

La última avanzada falogocéntrica desciende hoy del norte liberal y es aclamada por el sur populista, bajo el signo de un individualismo libertario que amenaza con derogar el último derecho que todavía tenían las mujeres: el derecho ontológico a una identidad propia, a su ginergia fecunda y creadora. Hemos pasado de la violencia del masculino a la violencia del neutre, cuya masculinización hegemónica apenas puede disimular la subordinación de lo femenino a los deseos falo-*queer*. Ante las huestes del progresismo posfeminista o transfeminista, una ontología feminista pasa por ser un abuso lingüístico, esencialista y retrógrado, un residuo reaccionario, una amenaza hetero-sexista, cuando no una inaceptable estigmatización transfóbica u homofóbica.

A juzgar por lo real, el sobrepeso queer de la academia actual parece no estar a la altura de la potencia que los movimientos de mujeres han logrado en los últimos años. Colectivos como la «marea verde», «ni una menos», «#NoEsNo», «#MeToo» o «Time's up» expresan la urgencia de un nuevo pacto sexual protagonizado –no ya por cuerpos o personas *queer*–, sino por sujetas mujeres: mujeres lesbianas, mujeres bisexuales, mujeres heterosexuales, mujeres que intercambian y juegan con infinitas sexualidades porque son ante todo sujetas mater/reales en diferir virtual inventándose a sí mismas. La acción colectiva de esas mujeres, la fuerza de los feminismos populares y la interseccionalidad de las diferentes agrupaciones feministas exigen hoy una respuesta teórica a la altura de sus reclamos, que afirme su identidad, visibilice sus reivindicaciones y potencie sus luchas en lugar de diluirlas y confundirlas en una neutralidad invisibilizante cuya agenda libertaria es dudosamente compatible con los intereses de las mujeres.

Tal es el contexto en el cual consideramos más urgente que nunca desarmar la falsa alternativa dualista entre la mujer eterna y universal, y la *queerness* indecidible e indeterminable: una falsa alternativa que no tiene respuesta ni salida, porque no tiene sentido. Lo que sí tiene sentido y realidad, mejor dicho, quienes tienen múltiples sentidos y heterogéneas realidades son las infinitas mujeres cuya universalidad concreta se dice de todas las maneras posibles. Ese sentido no es medible extrínsecamente por estereotipos genéricos o transgenéricos, sino que se mide en la inmanencia de su propia identidad, tan única e irrepetible cuanto su propio diferir sea capaz de hacerla. Ese continuo diferir soporta todos los dolores, las negaciones, contradicciones, ambigüedades y rupturas de ser sujeta en perpetua epigénesis. Un feminismo mater/real abarca los infinitos sentidos y realidades de todas esas mujeres. Las que salimos a denunciar la criminalidad del patriarcado y las que no logramos salir; las que pudimos hablar y las que morimos calladas; las que somos negras, indias y blancas; obreras, profesionales y ricas; las hetero, las tortas, las camionas, las bi; las madres del paco, de la guerra, del hambre, del dolor, de tantos hijos e hijas entregadas, desaparecidas, surrogadas; las que abortamos en clandestinidad y las que pagamos con sangre el precio de haber deseado; las prostitutas y las damas; nosotras que somos siempre las más solas, las más viejas, las más pobres, y aunque seamos burguesas y letradas somos igualmente el continente negro del sistema. En todas nosotras anida esa mater/realidad que anhela fecundarse y dar a luz.

Hoy como ayer, la cuestión de la diferencia sexual es la cuestión de nuestros días, lo que urge seguir pensando desde las categorías que el nuevo siglo especulativo y los nuevos colectivos históricos nos ofrecen. Seguir pensando la diferencia sexual para volver a dar nacimiento y nacer, para poder crear y jugar en paz, para sobrevivir al fin y recuperar la inocencia del origen, para devenir-mujer, niño, universo, divinidad.

Bibliografía

AA.VV., *Guerras que yo he visto. Saberes de mujeres en la guerra*, Cuadernos inacabados nº 45. Madrid, horas y Horas, 2001.

ADDAMS, Jane, *Peace and Bread in Time of War*. Nueva York, The Macmillan Company, 1922.

ALAIMO, Stacy, *Bodily Natures, Sciences, Environment, and Material Self*. Bloomington & Indianapolis, Indiana University Press, 2010.

ALAIMO, Stacy y HEKMAN, Susan (eds.), *Material Feminisms*. Bloomington, Indiana University Press, 2008.

AMORÓS, Celia, *Hacia una crítica de la razón patriarcal*. Barcelona, Anthropos, 1985.

AQUINO, Santo Tomás de, *Suma Teológica*. Madrid, BAC, 2010.

ARISTÓTELES, *Física*. Madrid, Gredos, 1995.

———*Metafísica*, Gredos. Madrid, 1994.

———*Reproducción de los animales*. Madrid, Gredos, 1994.

———*Política*. Madrid, Gredos, 1988.

BADIOU, Alain. *The true Life*. Cambridge, Polity, 2017.

BACHOFEN, Johann J., *El matriarcado: Una investigación sobre la ginecocracia en el mundo antiguo según su naturaleza religiosa y jurídica*, trad. María del Mar Linares García. Madrid, Akal, 1992.

——— *Myth, Religion and Mother Right. Selected Writings of J.J. Bachofen*, trad. Ralph Manheim. Londres, Routledge, 1967.

BARAD, Karen, *Meeting the Universe Halfway. Quantum Physics and the Entanglement of Matter and Meaning*. Durham & Londres, Durke University Press, 2007.

BARING, Anne y CASHFORD, Jules, *El mito de la diosa*. Madrid, Ediciones Siruela, 2014.

BATTERSBY, Christine, *Phenomenal Woman*. Nueva York, Routledge, 1998.

BEISER, Friedrich C., *Hegel*. Nueva York & Londres, Routledge, 2005.

———— *The Romantic Imperative. The Concept of Early Romanticism*. Cambridge, Harvard University Press, 2003.

———— *German Idealism. The Struggle against Subjectivism, 1781-1801*. Cambridge, Harvard University Press, 2002.

BENJAMIN, Jessica, *Shadow of the Other. Intersubjectivity and Gender in Psychoanalysis*. Nueva York & Londres, Routledge, 1998.

————*A Desire of One's Own: Psychoanalytic Feminism and Intersubjective Space*. Milwaukee, Center for Twentieth Century Studies, 1985.

BENNETT, Jane, *Vibrant Matter: A Political Ecology of Things*. Durham, Duke University Press, 2010.

BENVENISTE, Émile, *Indo-european Language and Society*, trad. Elizabeth Palmer. Miami, University of Miami Press, 1973.

BIRULÈS, Fina (ed.), *El género de la memoria*. Pamplona, Pamiela, 1995.

———— *Filosofía y género. Identidades femeninas*. Pamplona, Pamiela, 1992.

BLANCHOT, Maurice, *Le Pas Au-Delà*. París, Gallimard, 1973.

———— *L'Entretien infini*. París, Gallimard, 1969.

BOULOUS WALKER, Michelle, *Philosophy and the Maternal Body. Reading Silence*. Londres, Routledge, 1998.

BOURDIEU, Pierre, *La eficacia simbólica. Religión y política*, trad. Alicia B. Gutiérrez y Ana Teresa Martínez. Buenos Aires, Biblos, 2010.

BRAIDOTTI, Rosi, *The Posthuman*. Cambridge, Polity, 2013.

———— *Metamorfosis. Hacia una teoría materialista del devenir*. Madrid, Akal, 2005.

———— *Nomadic Subjects: Embodiment and Sexual Difference in Contemporary Feminist Theory*. Nueva York, Columbia University Press, 1994.

BRAIDOTTI, Rosi, y DOLPHIJN, Rick (eds.), *This Deleuzian Century. Art, Activism, Life*. Leiden & Boston, Brill Rodopi, 2015.

BREMMER, Jan N., *Greek Religion*. Óxford, Oxford University Press, 1994.

————— *The early Greek Concept of Soul*. Princeton, Princeton University Press, 1983.

BRIFFAULT, Robert, *The Mothers. The Matriarchal Theory of Social Origins*. Nueva York, Howard Fertig, 1993.

————— *The Mothers. A Study of the Origins of Sentiments and Institutions*, 3 vols. Londres, George Allen, 1927.

BRYANT, Levy, SRNICEK, Nick y HARMAN, Graham (eds.), *The Speculative Turn: Continental Materialism and Realism*. Melbourne, Re.Press, 2011.

BUDAPEST, Zsuzsanna E., *The Holy Book of Women's Mysteries: Feminist Witchcraft, Goddess Rituals, Spellcasting, and Other Womanly Arts*. Berkeley, Wingbow Press, 1989.

BURIN, Mabel y MELER, Irene, *Género y familia. Poder amor y sexualidad en la construcción de la subjetividad*. Buenos Aires, Paidós, 1998.

BURKERT, Walter, *Homo Necans. The Anthropology of Ancient Greek Sacrificial Ritual and Myth*, trad. Peter Bing. Berkeley & Los Ángeles, University of California Press.

BUTLER, JUDITH, *El género en disputa. El feminismo y la subversión de la identidad*. Barcelona, Paidós, 2001.

————— *Subjects of Desire. Hegelian Reflections in Twentieth-Century France*. Nueva York, Columbia University Press, 1987.

CAMPBELL, Joseph, *The Masks of God: Primitive Mythology*. Nueva York, Viking Press, 1959.

————— *The Masks of God: Occidental Mythology*. Nueva York, Arkana, 1964.

————— *The Masks of God: Creative Mythology*. Nueva York, Viking Press, 1970.

CAPUTO, John (ed.), *The Religious*. Malden & Óxford, Blackwell, 2002.

CAVARERO, Adriana, *In Spite of Plato. A Feminist Rewriting of Ancient Philosophy*. Nueva York, Routledge, 1995.

CHANTRAINE, Pierre, *Dictionnaire Étymologique de la Langue Grecque*. París, Éditions Klincksieck, 1974.

CHODOROW, Nancy, *The Reproduction of Mothering: Psychoanalysis and the Sociology of Gender*. Berkeley, University of California Press, 1999.

CIGARINI, Lia, *La política del deseo. La diferencia femenina se hace historia*, trad. María-Milagros Rivera Garretas. Barcelona, Icaria, 1996.

CLEMENT, Grace, *Care, Autonomy, and Justice: Feminism and the Ethic of Care.* Boulder, Westview Press, 1996.

COLEBROOK, Claire y BUCHANAN, Ian (eds.), *Deleuze and Feminist Theory.* Edimburgo, Edinburgh University Press, 2000.

COLLIN, Françoise, *Praxis de la diferencia. Liberación y libertad.* Barcelona, Icaria, 2006.

CHRIST, Carol P., *Rebirth of the Goddess: Finding Meaning in Feminist Spirituality.* Nueva York & Oxon, Routledge, 1998.

COOLE, Diana y FROST, Samantha (eds.), *New Materialisms: Ontology, Agency, and Politics.* Durham & Londres, Duke University Press, 2010.

DALY, Mary, *The Church and the Second Sex.* Boston, Beacon Press, 1985.

———— *Pure Lust. Elemental Feminist Philosophy.* Boston, Beacon Press, 1984.

———— *Gyn/Ecology: The Metaethics of Radical Feminism.* Boston, Beacon Press, 1978.

———— *Beyond God the Father: Toward a Philosophy of Women's Liberation.* Boston, Beacon Press, 1974.

DE BEAUVOIR, Simone, *El segundo sexo*, I, trad. Pablo Palant. Buenos Aires, Ediciones Siglo XX, 1972.

DE LAURETIS, Teresa, "Imaginario materno y sexualidad", en *Debate Feminista*, 6/11 (1995), pp. 283-301.

———— *Technologies of Gender: Essays on Theory, Film, and Fiction.* Bloomington & Indianápolis, Indiana University Press, 1987.

DELEUZE, Gilles, *En medio de Spinoza.* Buenos Aires, Cactus, 2008.

———— *Foucault.* Buenos Aires, Paidós, 1987.

———— *Nietzsche y la filosofía.* Barcelona, Anagrama, 1986.

———— *Logique du Sens.* París, Les Éditions de Minuit, 1969.

———— *Différence et repetition.* París, PUF, 1968.

———— *Proust et les Signes.* París, Presses Universitaires de France, 1964.

DELEUZE, Gilles y GUATTARI, Félix, *¿Qué es la filosofía?* Barcelona, Anagrama, 2006.

———— *Mil mesetas. Capitalismo y esquizofrenia*, trad. José Vázquez Pérez. Valencia, Pre-textos, 2002.

DERRIDA, Jacques, *Donner la mort*. París, Galilée, 1999.

——— *Khôra*. París, Galilée, 1993.

——— *Marges de la Philosophie*. París, Les Éditions de Minuit, 1972.

——— *De la Grammatologie*. París, Les Éditions de Minuit, 1967

——— *L'écriture et la différence*. París, Éditions du Seuil, 1967.

DEVALL, Bill y SESSIONS, George, *Deep Ecology: Living as if Nature Mattered*. Salt Lake City, Smith Books, 1985.

DIETRICH, Bernard Clive, *The origins of Greek Religion*. Berlín & Nueva York, Walter de Gruyter, 1974.

DINNERSTEIN, Dorothy, *The Mermaid and the Minotaur: Sexual Arrangements and Human Malaise*. Nueva York, Harper & Row, 1976.

DIOTIMA, *La sapienza di partire da sé*. Nápoles, Liguori Editore, 1996.

——— *Oltre l'uguaglianza. Le radici femminili dell'autoritá*. Nápoles, Liguori Editore, 1995.

——— *Il cielo stellato dentro di noi*. Milán, La Tartaruga edizioni, 1992.

——— *Mettere al mondo il mondo. Oggetto e oggettivitá alla luce della differenza sessuale*. Milán, La Tartaruga edizioni, 1990.

——— *Il piensero della differenzia sessuale*. Milán, La Tartaruga, 1987.

DODDS, Eric R., *The Greeks and the Irrational*. Berkeley & Los Ángeles, University of California Press, 1951.

DOLPHIJN, Rick y VAN DER TUIN, Iris, *New Materialism: Interviews and Cartographies*. Michigan, Open Humanities Press, 2012.

DONZELOT, Jacques, *La policía de la familia*, trad. Alejandrina Falcón. Buenos Aires, Nueva Visión, 2008.

DORLIN, Elsa, *Sexo, género y sexualidades. Introducción a la teoría feminista*. Buenos Aires, Nueva Visión, 2009.

DOUGLAS, Allen, *Mircea Eliade y el fenómeno religioso*, trad. J. Fernández Zulaica. Madrid, Cristiandad, 1985.

DUBY, Georges y PERROT, Michelle (eds.), *Historia de las mujeres*, trad. Marco Aurelio Galmarini. Madrid, Taurus, 2000.

DUNHAM, Jeremy, GRANT, Iain y WATSON, Sean, *Idealism. The History of a Philosophy*. Montreal & Kingston, McGill-Queen's University Press, 2011.

DRUCAROFF, Elsa, *Otro logos. Signos, discursos, política.* Buenos Aires, Edhasa, 2016.

EHRLICH, Paul R., EHRLICH, Anne H. y HOLDREN, John P., *Human Ecology. Problems and Solutions.* San Francisco, W. H. Freeman, 1973.

ELIADE, Mircea, *Tratado de historia de las religiones,* trad. A. Medinaveita. Madrid, Cristiandad, 2000.

———— *Historia de las creencias y las ideas religiosas,* 3 vols., trad. Jesús Valiente Malla. Barcelona, Paidós, 1999.

———— *El mito del eterno retorno. Arquetipos y repetición,* trad. Ricardo Anaya. Barcelona, Planeta-Agostini, 1984.

ENGELS, Friedrich, *El origen de la familia, la propiedad privada y el Estado.* Madrid, Planeta-Agostini, 1992.

ERNOUT, Alfred y MEILLET, Antoine, *Dictionnaire Étymologique de la Langue Latina. Histoire des Mots.* París, Librairie C. Klincksieck, 1939.

FEMENIAS, María Luisa, *Feminismos de París a La Plata.* Buenos Aires, Catálogos, 2006.

———— *Sobre sujeto y género. Lecturas feministas desde Beauvoir a Butler.* Buenos Aires, Catálogos, 2000.

FEMENIAS, María Luisa, Ariel Martínez, y Rolando Casale (eds.), *Judith Butler fuera de sí. Espectros, diálogos y referentes polémicos.* Rosario, Prohistoria Ediciones, 2017.

FERNÁNDEZ, Ana María, *La mujer de la ilusión. Pactos y contratos entre hombres y mujeres.* Buenos Aires, Paidós, 1994.

FERRARIS, Maurizio, *Manifiesto del nuevo realismo.* Madrid, Biblioteca Nueva, 2013.

FIRESTONE, Shulamith, *The Dialectic of Sex. The Case for Feminist Revolution.* Nueva York, William Morrow and Co., 1970.

FOUCAULT, Michel, *La inquietud por la verdad. Escritos sobre la sexualidad y el sujeto.* Buenos Aires, Siglo XXI, 2013.

FOX, Warwick, *A Theory of General Ethics. Human Relationships, Nature, and the Built Environment.* Cambridge, MIT Press, 2006.

FREUD, Sigmund, *Obras Completas,* 24 vols. Buenos Aires, Amorrortu, 1978-1985.

FRIEDAN, Betty, *La mística de la feminidad*. Madrid, Júcar, 1974.

GABRIEL, Markus, *Transcendental Ontology. Essays on German Idealism*. Nueva York, Continuum, 2011.

GADON, Elinor, *The Once and Future Goddess: A symbol for our time*. Nueva York, HarperCollins, 1989.

GARCÍA BAZÁN, Francisco, *Presencia y ausencia de lo sagrado en Oriente y Occidente*. Madrid, Biblioteca Nueva, 2001.

GARCÍA LEGAR, Marianna, *La rueda de Izpania. Fiestas de la tierra y espiritualidad matrística en la península ibérica*. Barcelona, ed. Mariana García Legar, 2017.

GATENS, Moira, *Imaginary Bodies. Ethics, Power and Corporeality*. Nueva York, Routledge, 1996.

——— *Feminism and Philosophy. Perspectives on Difference and Equality* Bloomington-Indianápolis, Indiana University Press, 1991.

GEBARA, Ivone, *La sed de sentido. Búsquedas ecofeministas en prosa poética*. Montevideo, Doble Clic, 2002.

———*Intuiciones ecofeministas: ensayo para repensar el conocimiento y la religión*. Montevideo, Doble Clic, 1998.

GILLIGAN, Carol, *In a Different Voice*. Cambridge & Londres, Harvard University Press, 1982.

GIMBUTAS, Marija, *The Living Goddesses*. Berkeley & Los Ángeles, University of California Press, 2001.

———*The Goddesses and Gods of Old Europe. 6500 – 3500 BC. Myths and Cult Images*. Berkeley & Los Ángeles, University of California Press, 1996.

———*The Civilization of the Goddess*, Joan Marler (ed.). Nueva York, Harper Collins Publishers, 1991.

———*The Language of the Goddess*. San Francisco, Harper & Row, 1989.

GÓMEZ RODRÍGUEZ, Amparo, *La estirpe maldita. La construcción científica de lo femenino*. Madrid, Minerva Ediciones, 2004.

GOULD DAVIS, Elizabeth, *The First Sex*. Nueva York, G. P. Putnam's Sons, 1971.

GRAVES, Robert, *The White Goddess*. Londres, Faber & Faber, 1948.

GROSZ, Elizabeth, *The Incorporeal: Ontology, Ethics, and the Limits of Materialism*. Nueva York, Columbia University Press, 2017.

———— *Becoming Undone: Darwinian Reflexion on Life, Politics, and Art.* Durham-Londres, Duke University Press, 2011.

———— *Space, Time, and Perversion. Essays on the Politics of Bodies.* Nueva York & Londres, Routledge, 1995.

———— *Volatile Bodies. Toward a Corporeal Feminism.* Bloomington-Indianápolis, Indiana University Press, 1994.

———— *Jaques Lacan. A Feminist Introduction.* Nueva York, Routledge, 1990.

———— *Sexual Subversions, Three French Feminists.* Sydney, Allen § Unwin, 1981.

GROSZ, Elizabeth y PROBYN, Elspeth (eds.), *Sexy Bodies. The Strange Carnalities of Feminism.* Nueva York, Routledge, 1995.

GUATTARI, Félix, *Plan sobre el planeta. Capitalismo mundial integrado y revoluciones moleculares.* Madrid, Traficantes de sueños, 2004.

———— *Caosmosis.* Buenos Aires, Manantial, 1996.

GUY, Donna J., *Las mujeres y la construcción del Estado de Bienestar. Caridad y creación de derechos en Argentina*, trad. Sol Peláez. Buenos Aires, Prometeo, 2011.

HAMINGTON, Maurice, *Embodied Care: Jane Addams, Maurice Merleau-Ponty, and Feminist Ethics.* Champaign, University of Illinois Press, 2004.

HARAWAY, Donna J., *Manifestly Haraway.* Mineápolis & Londres, University of Minnesota Press, 2016.

HEGEL, Georg W. F., *Enciclopedia de las ciencias filosóficas en compendio: para uso de sus clases*, trad. R. Valls Plana. Madrid, Alianza, 2005.

———— *Escritos de juventud*, ed. José M. Ripalda, 1ª ed. Buenos Aires, Fondo de Cultura Económico, 1978.

———— *Ciencia de la Lógica*, trad. A. y R. Mondolfo. Buenos Aires, Solar-Hachette, 1968.

———— *Fenomenología del espíritu*, trad. W. Roces. México, Fondo de Cultura Económica, 1966.

HERITIER, Françoise, *Masculino/Femenino II. Disolver la jerarquía*, trad. Marcos Mayer. Buenos Aires, Fondo de Cultura Económica, 2007.

———— *Masculino/Femenino I. El pensamiento de la diferencia.* Barcelona, Ariel, 1996.

HERMANN, Imre, *L'instinct filial*, trad. G. Kassai. París, Denoël, 1972.

HIRD, Myra J., *Sex, Gender, and Science*. Nueva York, Palgrave Macmillan, 2004.

HOLLAND-CUNZ, Barbara, *Ecofeminismos*. Madrid, Ediciones Cátedra, 1996, pp. 35-38.

HYPPOLITE, Jean, *Génesis y estructura de la "Fenomenología del espíritu" de Hegel,* trad. F. Fernández Buey. Barcelona, 3ª ed., Península, 1998.

————— *Logique et existence. Essai sur la logique de Hegel*. París, Presses Universitaires de France, 1953.

INGRAM, Penelope, *The Signifying Body. Toward an Ethics of Sexual and Racial Difference*. Nueva York, SUNY, 2008.

IRIGARAY, Luce, *To Be Born. Genesis of a new Human Being*. Nueva York, Palgrave Macmillan, 2017.

————— In *the Beginning, She Was*. Londres y New York, Bloomsbury, 2013

————— *Ética de la diferencia sexual*. Trad. Agnès González Dalmau y Ángela Lorena Fuster Peiró. Castellón, Ellago Ediciones, 2010.

————— *Espéculo de la otra mujer.* Madrid, Akal, 2007.

—————*Key Writings*, ed. L. Irigaray. Nueva York, Continuum, 2004.

————— *Democracy Begins Between Two*, trad. Kirsteen Anderson. Londres, The Athlone Press, 2000.

————— *Êntre Orient et Occident. De la singularité à la communauté*. París, Bernard Grasset, 1999.

————— *Êntre Deux*. París, Grasset, 1997.

————— *I Love to You. Sketch of a Possible Felicity in History*, trad. Alison Martin. Nueva York, Routledge, 1996.

————— *Sexes and Genealogies,* trad. Gillian C. Gill. Nueva York, Columbia University Press, 1993.

————— *Yo, tú, nosotras*, trad. Pepa Linares. Madrid, Cátedra, 1992.

————— *Le Temps de la différence. Pour una révolution pacifique*. París, Librairie Générale Française, 1989.

————— *This Sex Which Is not One*, trad. Catherine Porter y Carolyne Burker. Ithaca, Cornell University Press, 1985.

—————*Éthique de la différence sexuelle*. París, Les Éditions de Minuit, 1984.

—————*L'oubli de l'air chez Martin Heidegger*. París, Les Éditions de Minuit, 1983.

María J. Binetti

——— *Le corps-à-corps avec la mére*. Montreal, Les editions de la pleine lune, 1981.

——— *Ese sexo que no es uno*. Madrid, Saltés, 1981.

——— *Speculum de l'autre femme*. París, Les Éditions de Minuit, 1979.

IRIGARAY, Luce y MARDER, Michael Marder, *Through Vegetal Being: Two Philosophical Perspectives*. New York, Columbia University Press, 2016.

JAMES, Edwin Oliver, *The cult of the Goddess* Mother. *An Archaeological and Documentary Study*. Nueva York, Frederick A. Praeger, 1959.

JANTZEN, Grace M., *Becoming Divine: Towards a Feminist Philosophy of Religion*. Manchester, Manchester University Press, 1988.

JARDINE, Alice, *Gynesis: Configurations of Woman and Modernity*. Ithaca, Cornell University Press, 1985.

JOHNSTON, Adrian, *Adventures in Transcendental Materialism. Dialogues with Contemporary Thinkers*. Edimburgo, Edinburgh University Press, 2014.

JUNG, Carl G., *El hombre y sus símbolos*, trad. Luis Escolar Bareño. Barcelona, Caralt, 1984.

——— *Psicología y religión*, trad. Ilse T. M. de Brugger. Buenos Aires, Paidós, 1961.

KINDRED, Glennie, *Sacred Earth Celebrations*. East Meon, Permanent Publications, 2004.

KNIBIEHLER, Ivonne, *Historia de las madres y de la maternidad en Occidente*, trad. Paula Mahler. Buenos Aires, Nueva Visión, 2001.

KOJÈVE, Alexander, *Introduction à la lecture de Hegel: leçons sur la «Phénomenologie de l'esprit» professées de 1933 à 1939 à l'École des Hautes-Études*, ed. Raymond Queneau. París, Gallimard, 1947.

KRIER, Theresa y HARVEY, Elizabeth D. (eds.), *Luce Irigaray and Premodern Culture. Thresholds of History*. Londres & Nueva York, Roudledge, 2004.

KRISTEVA, Julia, *Female Genius: Life, Madness, Words: Hannah Arendt, Melanie Klein, Colette: A Trilogy*. 3 vols. Nueva York, Columbia University Press, 2001.

——— *Etrangers à nous-mèmes*. París, Fayard, 1988.

——— "Stabat mater" (1976), en *Historias de amor*. México, Siglo XXI, 1987.

——— *Al comienzo era el amor. Psicoanálisis y fe*. Barcelona, Gedisa, 1986.

KRUKS, Sonia, *Retrieving Experience: Subjectivity and Recognition in Feminist Politics*. Ithaca, Cornell University Press, 2001.

LACAN, Jacques, *Escritos I*. Buenos Aires, Siglos XXI editores, 2008.

——— *Le Séminarie libre XX: Encore*. París, Éditions du Seuls, 1975.

LACOUE-LABARTHE, Phillipe y NANCY, Jean-Luc, *The Literary Absolute. The Theory of Literature in German Romanticism*, trad. P. Barnard y C. Lester. Nueva York, State University of Nueva York Press, 1988.

LEMOINE, Walewska, "La mujer y el conocimiento científico", en *Revista Latinoamericana de Historia de las Ciencias y la Tecnología*, 3/2 (1986), pp. 189-211.

LERNER, Gerda, *The Creation of Patriarchy*. Nueva York, Oxford University Press, 1986.

LÉVINAS, Emmanuel, *Totalidad e infinito. Ensayo sobre la exterioridad*, trad. Daniel E. Guillot. Salamanca, Sígueme, 1999.

LÉVI-STRAUSS, Claude, *Las estructuras elementales del parentesco*. Buenos Aires, Paidós, 1969.

LÉVY-BRUHL, Lucien. Barcelona, *El alma primitiva*, Planeta-Agostini, 1986.

LEWIS, James, *Magical Religion and Modern Witchcraft*. Nueva York, SUNY, 1996.

LOMBARDI, Alicia, *Entre madres e hijas. Acerca de la opresión psicológica*. Buenos Aires, Paidós, 1988.

MALABOU, Catherine, *The New Wounded. From Neurosis to Brain Damage,* trad. Steven Miller. Nueva York, Fordham University Press, 2012.

——— *Ontology of the Accident. An Essay on Destructive Plasticity,* trad. Carolyn Shread. Cambridge-Malden, Polity, 2012.

——— *Changing Difference. The Feminine and the Question of Philosophy*, trad. Carolyn Shread. Cambridge & Maden, Polity, 2011.

——— *What Should We Do with Our Brain?*, trad. Sebastian Rand. Nueva York, Fordham University Press, 2008.

——— *The Future of Hegel. Plasticity, Temporality and Dialectic,* trad. Lisabeth During. Nueva York, Routledge, 2005.

MARLER, Joan (ed.), *From the Realm of the Ancestors. An Anthology in Honor of Marija Gimbutas*. Manchester, Knowledge, Ideas & Trends, 1997.

———— *The Civilization of the Goddesss*. Nueva York, HarperCollins Publishers, 1991.

MAUSS, Marcel, *The Gift. The Form and Reason for Exchange in Archaic Societies*, trad. Mary Douglas. Londres, Routledge, 1990.

MEAD, Margaret, *Masculino y femenino*, trad. Rosalía Pereda. Madrid, Minerva, 1994.

MELLOR, Mary, *Feminismo y ecología*. México, Siglo XXI, 2000.

MIES, María y SHIVA, Vandana, *La praxis del ecofeminismo*. Barcelona, Icaria, 1998.

MOI, Toril, *What is a Woman and Other Essays*. Óxford, Oxford University Press 2001.

MORGAN, Lewis Henry, *Ancient Society*. Tucson, University of Arizona Press, 1985.

MORTENSEN, Ellen, *The Feminine and Nihilism. Luce Irigaray with Nietzsche and Heidegger.* Oslo, Scandinavian University Press, 1994.

MORTON, Timothy, "This Biosphera which Is no One: Toward Weird Essentialism", en *Journal of The British Society for Phenomenology*, 46/2 (2015), pp. 141-155.

MOTZ, Lotte, *The Faces of the Goddess*. Nueva York, Oxford University Press, 1977.

MURARO, Luisa, *La verdad entre los sexos, un espejismo o, mejor, una farsa*, en "Duoda. Estudis de la Diferència Sexual", 39 (2010), pp. 93-97.

———— "La verdad de las mujeres", en *Duoda. Estudis de la Diferència Sexual*, Barcelona, 38 (2010), pp. 71-126.

———— *El Dios de las mujeres*, trad. M. Rivera. Madrid, Garretas, horas y Horas, 2006.

———— *El orden simbólico de la madre*, trad. Beatriz Albertini. Madrid, horas y Horas, 1994.

———— *Tre lezioni sulla differenza sessuale*. Roma, Edizioni Centro Culturale Virginia Woolf Gruppo B, 1994.

———— *Non credere di avere dei diritti. La generazione della libertà femminile nell'idea e nelle vicende di un gruppo di donne*. Turín, Rosenberg & Sellier, 1987.

———— *Maglia o uncinetto. Racconto linguistico-politico sulla inimicizia tra metafora e metonimia.* Roma, Manifiestolibri, 1981.

MURRAY, Margaret Alice, *The Witch-Cult in Western Europe. A Study in Anthropology.* Londres, Oxford University Press, 1921.

NANCY, Jean-Luc, *Hegel. L'inquiétude du négatif.* París, Hachette, 1997.

NARI, Marcela, *Políticas de maternidad y maternalismo político. Buenos Aires, 1890-1940.* Buenos Aires, Biblos, 2004.

NASH, Mary y AMELANG, James (eds.), *Género e historia.* Valencia, Alfons el Magnánim, 1990.

NEUMANN, Erich, *The Great Mother*, trad. Ralph Manheim. Princeton, Princeton University Press, 1991.

———— *The Origins and History of Consciousness,* 2 vols. Nueva York, Harper & Brothers, 1962.

NICHOLSON, Linda (ed.), *Feminismo-Posmodernismo.* Buenos Aires, Feminaria Editora, 1992.

NODDINGS, Nel, *Starting at Home. Caring ands Social Policy.* Berkeley, University of California, 2002.

NORTON, Mary Beth, *Liberty's Daughters: The Revolutionary Experience of American Women, 1750-1800.* Boston 1980.

NOVALIS, *Himnos a la noche. Cantos espirituales. Otros poemas,* trad. Manuel de Montoliu. Buenos Aires, Ediciones del Mediodía, 1971.

———— *Los fragmentos. Los discípulos en Sais,* trad. Mauricio Maeterlinck. Buenos Aires, El Ateneo, 1948.

PAREDES, Julieta, *Hilando fino desde el feminismo comunitario.* México, Creative Commons, 2013.

PARISI, Luciana, *Abstract Sex. Philosophy, Biotechnology and the Mutations of Desire.* Nueva York, Continuum, 2004.

PLATON, *Diálogos.* Madrid, Gredos, 1999.

PLUMWOOD, Val, *Feminism and the Mastery of Nature.* Londres & Nueva York, Routledge, 1993.

POMEROY, Sarah B., *Diosas, rameras, esposas y esclavas. Las mujeres en la antigüedad clásica,* trad. Ricardo Lezcano Escudero. Madrid, Akal, 1987.

PRECIADO, Beatriz, "Multitudes Queer: note pour une politique des anormaux", en *Multitudes* (2003), 12: 17-25.

PRESTON, James J., *Mother Worship. Theme & Variations*. Chapel Hill, The University of North Carolina Press, 1982.

PULEO, Alicia H. (ed.), *La ilustración olvidada. La polémica de los sexos en el siglo XVIII*. Madrid, Anthropos, 1993.

RADFORD RUETHER, Rosemary, *Introducing Redemption in Christian Feminism*. Shefffield, Sheffield Academy Press, 1998.

——— *Gaia & God. An ecofeminist Theology of Earth Heating*. San Francisco, Harper, 1994.

RAWLINSON, Mary, HOM, Sabrina y KHADER, Serene J. (eds), *Thinking with Irigaray*. Nueva York, SUNY Press, 2011.

RICH, Adrienne, *Nacemos de mujer. La maternidad como experiencia e institución*, trad. Ana Becciu. Madrid, Cátedra, 1996.

RICHARDSON, Sarah S., *Sex Itself. The Search for Male & Female in the Human Genome*. Chicago & Londres, University of Chicago Press, 2013.

RIES, Julien (ed.), *Tratado de Antropología de lo sagrado*, 3 vols. Madrid, Trotta, 1995.

RIVERA GARRETAS, María Milagros, *La diferencia sexual en la historia*. Valencia, PUV, 2005.

———*Nombrar el mundo en femenino*. Barcelona, Icaria, 1994.

ROHDE, Erwin, *Psyché, the Cult of Souls and Belief in Immortality Among the Greeks*, trad. W. B. Hillis. Londres, Routledge & Kegan Paul, 1925.

ROSS WHARTON, Edward, *Etymological Lexicon of Classical Greek. Etyma Graeca*. Chicago, Ares Publishers, 1974.

RUBIN, Gayle, "The Traffic in Women. Notes on the Political Economy of Sex", en Rayna R. Reiter (ed.), *Toward an Anthropology of Women*. Nueva York & Londres, Montly Review Press, 1975, pp. 157-210.

ROHDE, Erwin, *Psyche: The Cult of Souls and the Belief in Immortality*, trad. W. B. Hillis. Abingdon, Routledge, 2001.

RUDDICK, Sara, *Maternal Thinking: Toward a Politics of Peace*. Boston, Beacon Press, 1995.

SANTA CRUZ, María Isabel (ed.), *Mujeres y filosofía. Teoría filosófica de género*, I-II. Buenos Aires, Centro Editor de América Latina, 1994.

SAU, Victoria, *El vacío de la maternidad. Madre no hay más que ninguna.* Barcelona, Icaria, 1995.

SCARPI, Paolo (ed.), *Le Religioni dei Misteri*, 2 vols. Milán, Fondazione Lorenzo Valla-Arnoldo Mondadori, 2004.

SCHELLING, Friedrich W. J., *Las edades del mundo.* Madrid, Akal, 2002.

————— *Escritos sobre filosofía la naturaleza.* Madrid, Alianza, 1996.

————— *Investigaciones filosóficas sobre la esencia de la libertad humana y los objetos con ella relacionados*, trad. H. Cortés y A. Leyte. Barcelona, Anthropos, 1989.

————— *Le système de l'idéalisme transcendantal*, trad. Christian Dubois. Louvain, Éditions Peeters, 1978.

SCHLEGEL, Friedrich, *Dialogue on Poetry and Literary Aphorism,* trad. Ernst Behler - Roman Struc, The Pennsylvania State University Press, 1968.

————— *Fragmentos*, trad. E. Uranga. México, Universidad Nacional Autónoma de México, 1958.

SCHNEIDER, Stephen H., MILLER, James R., CRIST, Eileen y BOSTON, Penelope J. (ed.), *Scientists Debate Gaia.* Cambridge, MIT Press, 2004.

SCHOR, Naomi, "This essentialism which is no one. Coming to grips with Irigaray", en *Bad Objects. Essays Popular and Unpopular.* Durham, Duke University Press, 1995, pp. 44-62.

SCHULTE-SASSE, Jochen (ed.), *Theory as Practice. A Critical Anthology of Early German Romantic Writings.* Mineápolis & Londres, University of Minnesota Press, 1997.

SCOTT, Joan W., *Only Paradoxes to Offer. Cambridge*, Harvard Univesity Press, 1996.

SHIVA, Vandana, *Manifiesto para una democracia de la tierra: justicia, sostenibilidad y paz.* Barcelona, Paidós, 2006.

————— "Las mujeres en la naturaleza", en María José Agra Romero (ed.), *Ecología y feminismo.* Granada, Comares, 1998, pp. 161-178.

SILVA, Carmen S. M., *Feminismo popular e lutas antissisêmicas.* Recife, Sos corpo, 2016.

SJÖÖ, Monica y MOR, Barbara, *The Great Cosmic Mother: Rediscovering the Religion of the Earth*. Nueva York, Harper Collins Publishers, 1991.

SKOCPOL, Theda, *Protecting Soldiers and Mothers: The Political Origins of Social Policy in the United States*. Cambridge, Belknap Press of Harvard University Press, 1992.

SLOTERDIJK, Peter, *Esferas I-III*, trad. Isidoro Reguera. Madrid, Siruela, 2003.

SOLER, Colette, *Lo que Lacan dijo de las mujeres. Estudio de psicoanálisis*. Buenos Aires, Paidós, 2010.

STARHAWK, *Webs of Power. Notes from the Global Uprising*. Gabriola Island, New Society Publishers, 2002.

————— *The Spiral Dance: A Rebirth of the Ancient Religion of the Great*. San Francisco, Harper, 1999.

————— *Goddess, Dreaming the Dark: Magic, Sex, and Politics*. Boston, Beacon Press, 1997.

STEIN, Diane, *Essential Reiki: A Complete Guide to an Ancient Healing Art*. Nueva York, Crossing Press, 1995.

STEPHENS, Elizabeth, "Feminism and New Materialism: the Matter of Fluidity", en *Interalia. A Journal of Queers Studies*, 9 (2014), pp. 186-202.

STOLLER, Robert, *Sex and Gender: On the Development of Masculinity and Femininity*. Nueva York, Science House, 1968.

STONE, Alison, *Luce Irigaray and the Philosophy of Sexual Difference*. Cambridge, Cambridge University Press, 2002.

STONE, Merlin, *When God was a Woman*. San Diego, Harcourt Brace, 1978.

TARDUCCI, Mónica, "Adopción y parentesco desde la antropología feminista", en *La Ventana. Revista de Estudios de Género*, 37 (2013), pp. 109-111.

—————(ed.), *Maternidades en el siglo XXI*. Buenos Aires, Espacio Editorial, 2008.

TORRADO, Susana, *Historia de la familia en la Argentina (1870-2000)*. Buenos Aires, Ediciones de la Flor, 2003.

TRÍAS, Eugenio, *La edad del espíritu*. Barcelona, DeBolsillo, 2006.

TUANA, Nancy y TONG, Rose, *Feminism & Philosophy*. Óxford, Westview Press, 1995.

TUBERT, Silvia, *Del sexo al género. Los equívocos de un concepto*. Madrid, Feminismos, 2003.

———— *Figuras de la madre.* Valencia, Cátedra, 2001.

VAN DER TUIN, Iris, *Generational Feminism: New Materialist Introduction to a Generative Approach.* Nueva York y Londres: Lexington Books, 2014.

VIGETTI-FINZI, Silvia, *El niño de la noche. Hacerse mujer, hacerse madre*, trad. Pepa Linares. Madrid, Cátedra, 1993.

WALKER, Barbara G., *Restoring the Goddess Equal Rites for Modern Women.* Nueva York, Prometheus Books, 2000.

———— *Woman's Dictionary of Symbols and Sacred Objects.* Nueva York, Castle Books, 1988.

———— *The Crone: Woman of Age, Wisdom, and Power.* San Francisco, Harper & Row, 1985.

———— *The Woman´s Encyclopedia of Myths and Secrets.* San Francisco, Harper Collins, 1983.

WARREN, Karen J., *Filosofías ecofeministas*, trad. Soledad Iriarte. Barcelona, Icaria, 2003.

WELLDON, Estela V., *Mother, Madonna, Whore. The Idealization and Denigration of Motherhood.* Londres, Karnac, 1992.

WHITFORD, Margaret, *Luce* Irigaray: *Philosophy in the Feminine.* Londres, Routledge, 1991.

WHITMONT, Edward, *Return of the Goddes.* Nueva York, Crossroad, 1982.

WIELAND, Christina, *The Undead Mother. Psychoanalytic Explorations of Masculinity, Femininity and Matricide.* Londres, Karnac Books, 2002.

WILSON, Elizabeth A., *Psychosomatic. Feminism and the Neurological Body*, Durham & Londres, Duke University Press, 2004.

WINNICOTT, Donald W., *Playing and reality.* Londres & New York, Routledge, 2005.

WITT, Charlotte, *Feminist Metaphysics: Explorations in the Ontology of Sex, Gender and Identity.* Durham, University of New Hampshire, 2011.

WUNN, Ina, *Las religiones en la prehistoria*, trad. María Dolores Ábalos. Madrid, Akal, 2012.

YOUNG, Iris Marion, *On Female Body Experience: "Throwing Like a Girl" and Other Essays.* Nueva York, Oxford University Press, 2005.

ZAMBONI, Chiara, *La filosofía donna*. Atlanti del pensiero, Colognola ai Colli 1997.

ŽIŽEK, Slavoj, *Incontinence of the Void. Economico-Philosophical Spandrels*. Cambridge & London, The MIT Press, 2017.

————— *Disparities*, London & Oxford, Bloomsbury, 2016.

————— *Absolute Recoil. Towards A New Foundation of Dialectical Materialism*. Londres & Nueva York, Verso, 2014.

————— *The Parallax View*. Cambridge & Londres, The Mit Press, 2006.

————— *Órganos sin cuerpo. Sobre Deleuze y consecuencias*. Valencia, Pre-textos, 2004.

————— *The Ticklish Subject: The Absent Centre of Political Ontology*. Londres, Verso, 1999.

————— *The Sublime Object of Ideology*. Londres & Nueva York, Verso, 1989.

Impreso por TREINTADIEZ S.A. en 2018
Pringles 521 (C1183 AEI)
Ciudad Autónoma de Buenos Aires
Teléfonos: 4864-3297 / 4862-6794
editorial@treintadiez.com